U0963628

高等学校市场营销学系列教材

体育产业市场营销学

主编　汪志刚

WUHAN UNIVERSITY PRESS
武汉大学出版社

图书在版编目(CIP)数据

体育产业市场营销学/汪志刚主编.—武汉：武汉大学出版社，2019.8(2023.7 重印)
高等学校市场营销学系列教材
ISBN 978-7-307-21065-3

Ⅰ.体…　Ⅱ.汪…　Ⅲ.体育产业—市场营销—高等学校—教材　Ⅳ.G80-052

中国版本图书馆 CIP 数据核字(2019)第 152334 号

责任编辑:唐　伟　　　责任校对:李孟潇　　　版式设计：马　佳

出版发行：**武汉大学出版社**　(430072　武昌　珞珈山)
(电子邮箱：cbs22@ whu.edu.cn　网址：www.wdp. com.cn)
印刷:武汉邮科印务有限公司
开本:787×1092　1/16　印张:12.75　字数:299 千字　插页:1
版次:2019 年 8 月第 1 版　　2023 年 7 月第 3 次印刷
ISBN 978-7-307-21065-3　　定价:35.00 元

前　言

体育市场营销学作为市场营销学的一个分支，是市场营销学应用于体育市场实践的产物。我国体育市场营销开始于 1984 年中国第一次参加奥运会，并且成就了健力宝，其是体育营销的开创者。进入 21 世纪后，在全民健身和健康中国热潮的推动下，体育产业成为朝阳产业，能够带动相关产业的发展。同时随着我国企业对体育营销有了进一步的认识和了解，体育营销的运作更趋理性、成熟。目前我国体育营销发展进入一个全新的阶段，许多企业纷纷开展了体育营销，不仅仅为了促进企业的产品销售，且手段方式更具有多元化。正是在这样的大背景下，我们编写了这本《体育市场营销学》。

本书主要依据教育部高教司制定颁布的核心课程教学基本要求编写，在全面吸收近年来该领域理论和实践的最新成果的基础上，结合市场营销学领域中的先进营销理论和方法，涵盖了体育经济、管理类专业本课程所应掌握的基本知识点、基础理论和基本技能，力求动态反映科学技术和经济社会迅速发展给体育市场营销带来的变化，为正在学习和从事体育市场营销的人们提供一本具有时效性和实用性的教科书。

本书一共分为十章。第一章是关于体育产业和体育营销的基本理论。从体育产业和体育市场的概念分析入手，围绕国内外体育产业和体育营销的发展，介绍了体育营销的基本概念，对体育市场进一步细分。第二章是体育市场营销环境。从宏观和微观两个不同的层面进行分析，结合案例介绍了营销环境分析方法。第三章是市场调查。为获得切实可行的市场营销方案，市场调查与预测是体育企业必须开展的社会实践活动。第四章和第五章是关于体育市场营销的战略。通过分析体育消费者的类型和行为，比较不同类型消费者的特点。根据消费者的需求进行体育市场细分，明确体育目标市场如何进行选择，最终确定体育产品或组织的市场地位等。第六章是体育市场营销组合，主要包括产品策略、价格策略、渠道策略和促销策略，简称 4P 策略。第七章和第八章是关于体育广告和体育赞助，这两部分在体育市场营销中占有较大的比重，有着较为成熟的运作模式，是体育市场开发的重要组成部分，在体育营销实践中具有不可替代的作用。第九章是关于体育营销策划。体育营销组织、执行和控制是确保体育营销目标、实现体育组织目标非常重要的一个环节。第十章结合案例，分析企业的体育营销活动。

本书在撰写过程中，注重将体育市场营销理论与体育实践有效地结合起来，全书一共摘选了 17 个案例。在各章节内容之内，也注重将一些背景材料和实践环节贯穿于全书。既适合于高校体育经济、管理专业、社会体育专业本科生和研究生，也适合于体育经济管理工作者、体育投资者及对体育产业、体育企业经营管理感兴趣的有关人士。

在本书编写过程中，许多同行都曾对本书的编撰与修改提出过十分宝贵的意见，给予了积极的协助与支持，在此谨致衷心的感谢。同时，本书还借鉴了国内外体育市场营销学大量最新的研究成果，参考和引用了原有多种版本体育市场营销学教材及其他相关著作与研究成果，在此谨作说明。本书的出版得到了武汉体育学院经济与管理学院的大力支持，在此表示衷心的感谢！

本书的编写分工如下，第一章由武汉体育学院汪志刚和范冷静编写；第二章由广州体育职业技术学院王晓燕编写；第三章由武汉体育学院体育科技学院李静编写；第四章由武汉体育学院张蕾编写；第五章由湖北生物科技职业学院熊瑛编写；第六章由武汉体育学院汪志刚和薛朝编写；第七章由武汉体育学院牟鄹琳和武汉大学王刚编写；第八章由武汉体育学院汪志刚和王帅星编写；第九章由武汉体育学院段红艳编写；第十章由武汉体育学院汪志刚和徐珍编写；全书由汪志刚负责统稿。

由于编者水平有限，本书可能有不足与不当之处，敬请广大读者批评指正。

汪志刚

2019 年 5 月 6 日

目　录

第一章 体育产业与市场营销

体育产业是指为社会提供体育产品的同一类经济活动的集合以及同类经济部门的综合。体育产业作为国民经济的一个部门，具有与其他产业相同的共性，即注重市场效益、讲求经济效益，同时又具有不同于其他产业部门的特性。其产品的重要功能还在于提高居民身体素质、发展社会生产、振奋民族精神、实现个人的全面发展和社会文明的全面进步。

第一节 体育产业与体育市场

一、体育产业的发展

随着世界经济不断发展，人们的生活质量得以迅速提高，体育活动在世界范围内得以广泛开展，作为一个投入和产出规模巨大的产业，体育活动不论在产值还是就业构成上均已成为国民经济部门的重要组成内容，也是国民提高生活质量的重要方式。体育产业的前向和后向关联效应使其日益成为影响国民经济发挥的举足轻重的部门，在许多经济发达的国家中，体育产业甚至发展成为支柱性产业之一。

（一）国外体育产业的发展历程

从影响体育产业发展的市场因素、制度因素、需求因素、社会文化因素、市场经济体制、企业制度、工业化、城市化、收入水平与支付能力、体育人口规模、体育商业化和大众化等方面，可以将国外体育产业的发展历程划分为以下3个阶段：

1. 体育产业的形成时期（18世纪中叶—20世纪中叶）

体育产业的形成是市场经济制度发展的必然产物。市场经济制度最突出的特征在于不仅倡导一切物品和服务的货币交易，同时也为这种交易创设了赖于进行的法人治理结构和与之相配套的游戏规则及运行机制与秩序。历史地看，市场经济制度在英国的建立和随后发生的产业革命，极大地拓展了英国的国内市场和世界市场。当市场的触角无处不伸时，体育运动按照市场逻辑进行商业化、职业化来组织和经营也就开始流行。特别是在世界市场的开辟过程中，英国人同时将足球、赛马、橄榄球、拳击、高尔夫等“户外运动”传播到了殖民扩张的国家和地区。史料记载，1750年在英国的纽玛克特由一批贵族资助成立的“赛马俱乐部”，是世界上第一个按照所有权与经营权分离原则运营、具有现代法人治理结构模式的商业化和职业化体育俱乐部。随后，其他许多的体育项目也纷纷效仿这种运行模式，并由此开始了世界上最早的体育产业化之路。

美国作为一个移民国家，在移民发展过程中也从世界各地带来了不同体育项目和传统。早在19世纪初，美国人借鉴英国体育俱乐部的模式，开始纷纷创建商业化的体育俱乐部。然而，由于美国的社会文化传统迥异于英国，英国的模式搬到美国并未奏效。直到1876年，当威廉·赫尔伯特通过全新的制度安排创新棒球俱乐部模式进而建立起联盟制的全美棒球联盟之后，联盟制才真正推动了美国棒球运动的商业化进程。在棒球的商业化运作成功基础上，美国的篮球、橄榄球、冰球等体育项目也迅速地建立起联盟制的组织。如此一来，按照两权分离、实行委托-代理制的体育联盟制开始主导着美国的体育产业化发展之路。

尽管国外体育产业化的起步较早，但受制于社会经济发展的特定阶段和水平，特别是体育大众化尚未普及，以及两次世界大战的影响，体育产业化的规模并不大，在国民经济部门中的地位也未显露出来。除了美国的体育产业形成一定的规模外，其他发达国家的体育产业仍停留在初创阶段。

2. 体育产业的勃兴时期（20世纪中叶—20世纪80年代）

20世纪中叶至20世纪80年代是世界上主要发达国家体育产业蓬勃兴起的时期。众所周知，1945年第二次世界大战结束后，西方国家开始了战后的经济重建工作，一些发展中国家也纷纷摆脱殖民统治而宣告政治独立并谋求国民经济体系的建立和发展。在凯恩斯注意国家干预理论和政策的指导下，西方国家迅速医治好了战争的创伤，赢得了战后20多年的经济繁荣。正是国民经济的高速增长，促进了国民经济体系的不断完善及国民生活水平快速提高。伴随经济实力的增强和市场体系的日益完善，作为满足人们多样化生活追求目标的体育消费需求也日益膨胀起来。由此，导致了体育健身运动与休闲娱乐从过去富人的特权转变为大众化、平民化的时尚生活需要。

具体到不同的国家，各自体育产业勃兴的黄金时期并不完全相同。美国的体育产业大规模兴起于20世纪50—60年代，英国与法国的体育产业大规模兴起于20世纪60年代，而德国和日本的体育产业则勃兴于20世纪70年代。因此可以看出，西方发达国家体育产业的勃兴不是与其经济高速增长期并肩而行，而是多在高速增长之后的经济发展平稳期或衰退期。

3. 体育产业发展的高峰期（20世纪90年代以来）

20世纪90年代以来，西方国家普遍迈进了罗斯托所说的大规模高消费和追求生活质量的发展阶段。经济的高度发达为体育产业的进一步发展和完善提供了强大的物质基础和市场需求。特别是1984年洛杉矶奥运会通过商业运作获得巨大的成功，不仅一改此前每次举办大型体育赛事均背上沉重的财政负担的困境，而且还获得了巨额的盈余。此后的汉城奥运会、巴塞罗那奥运会、悉尼奥运会、意大利世界杯、美国世界杯、法国世界杯、韩日世界杯等，无一不使主办国获得巨大的商业利益，对主办国的经济发展起到了重要的促进作用。这使各国充分认识到了无论是世界性的奥运会、世界杯、锦标赛，还是洲际、全国性或地区性的体育赛事，均可以通过成功的商业化运作获取重大的经济效益和社会效益。正是体育所蕴藏的无限商机和产业带动效应，引发了各国竞相争办各级体育大赛的热情，也因此带动西方国家的体育产业进入另一个高峰期。从前述的西方主要国家体育产业概貌可以看到，体育产业目前已发展成为大多数国家国民经济中的支柱性产业。

(二)中国体育产业的发展历程

1. 体育产业的形成时期(1980—1994年)

中国的体育产业是在改革开放后从计划经济体制向市场经济体制转轨过程中逐渐形成和发展起来的。1980年以前,可以说中国并不存在市场经济意义上的体育产业。无论是在体制和运行机制,还是在观念上,体育的运行和管理与计划经济体制相适应,是一种高度集中的政府计划安排。体育在范畴上归属于国家的事业,体育组织和管理部门分别具有事业和行政的性质,体育活动经费基本上由国家财政拨款。计划经济体制下的体育部门既没有产业化经营的制度条件,也没有市场基础,因而不可能成为独立自主、自负盈亏的市场主体。

中共十一届三中全会以后,中国开始了市场化的改革和发展。从20世纪80年代初起,原来高度集中的体育管理体制也开始了变革。为了解决体育发展经费的不足,体育系统开展了体育活动的有偿服务。体育界所开展的经营创收应该算是中国体育产业的开端,尤其是1980年举办的"万宝路广州网球精英大赛"使主办者得到为数可观的资金,标志着我国体育竞赛市场的起步。之后,随着计划体制的逐步改革和市场体制的逐步形成,体育系统在"以体为主,多种经营"的方针指引下,涉及体育场馆租赁、体育旅游、体育广告、体育健身娱乐、体育技术咨询服务及培训等内容的体育经营活动和实体日益增多。据不完全统计,1980—1994年,体育系统的经营创收总收入约为160亿元,这在一定程度上弥补了体育经费的缺口。

尽管受制于当时的经济发展水平和传统观念以及市场化的程度,体育消费行为的大众化还缺乏完善的制度条件和坚实的物质基础,但在体育经营管理方面毕竟迈开了商业化的步伐。其中,足球项目率先进入以体制改革和机制转换为核心,以实体化、俱乐部制和产业开发为重点的经济体育职业化的时期。体育产业化经营的最重大事件莫过于1994年开始的中国足球甲级联赛,它开创了中国竞技体育职业化和商业化的先河,标志着中国体育市场的形成。

客观来看,一方面,体育产业经过改革开放十多年的形成过程,取得了一定成绩,为加快体育事业的发展发挥了积极作用;另一方面,我们又必须看到,体育自身的价值潜力和优势尚未充分发挥,体育产业的支柱型产业主体尚未形成,体育产业的本体化发展还有待加强,体育产业还远远不能适应社会经济发展的需要。

2. 体育产业的发展时期(1995年至今)

中国体育产业的真正发展是在20世纪90年代中期以后。1995年6月,原国家体委制定并颁布了《体育产业发展纲要》。这份纲要的重要意义在于,它明确了体育的产业性质和体育的经济属性,界定了体育产业的边界,提出了我国体育产业发展的指导思想和目标以及政策措施。在《体育产业发展纲要》中,将我国的体育产业划分为:①体育主体产业,具体包括体育竞赛表演、训练健身、娱乐、咨询、培训等;②体育相关产业,包括体育器械及体育用品业等;③其他各类体育产业活动。提出了我国发展体育产业的目标:争取用15年左右时间,逐步建成适合社会主义市场经济体制、符合现代体育运动规律、门类齐全、结构合理、规范发展的体育产业体系。1995年10月,八届人大四次会议通过的《国民经济和社会发展"九五"计划和2010年远景目标纲要》指出:要"形成国家和社会共同兴办体育事业的格局，走社会化、产业化的道路”。这是国家第一次将体育社会化、产业化写入跨世纪的纲领性文件中，明确地指出了体育事业改革发展的方向和道路，为我国体育的社会化、产业化发展奠定了理论基础和法律基础。

经过十几年的市场化改革，到20世纪90年代末，中国体育产业已超越了简单地仅把体育系统介入商贸、服务性等经济活动，从而使体育产业的发展进入社会化、职业化、商业化的发展阶段。特别是我国竞技体育市场经历了一个从无到有乃至迅速扩展的过程，竞技体育的市场化和产业化已经粗具规模。这主要表现在：

(1) 以职业化、社会化为特征，按照现代企业制度组织的体育职业俱乐部相继建立。

(2) 以足球、篮球、排球、乒乓球和武术等为核心的体育赛事表演业日益成熟。

(3) 职业俱乐部赖以生存的市场体系逐步形成，门票、广告、电视转播权、体育经纪、体育赞助和体育彩票等体育主体产业也空前活跃。

(4) 体育场馆经营管理按社会化和市场化方式逐步向公众开放，为健身休闲市场的发展提供了巨大的空间。

(5) 以体育用品为主的体育相关产业迅速崛起。

与此同时，大众体育的产业化也有了迅速的发展，体育健身娱乐市场形成了投资主体和消费群体多元化的格局。据统计，1998年全国体育消费总额约1400亿元，其中城市消费1040亿元，全国居民的文化体育消费指数年平均增长率已达5%以上。体育产业产值在GDP中所占比重约为0.6%。

目前，我国体育行业已经进入快速发展期，体育产业增加值占GDP比重会逐步提升，相比美国以及日韩提升空间大。2000年12月，国家体育总局在全面分析了体育改革与发展所面临的机遇与挑战后，从全局的战略高度进一步制定了《2001—2010年体育改革与发展纲要》。其中提出的关于体育产业发展的目标是，努力把体育产业培育成国民经济新的增长点，使城乡体育消费稳步增长，体育产业规模不断扩大，将体育产业产值占GDP的比重由目前的0.6%提高到2010年的1.5%左右，缩小我国体育产品与国外的差距，提升我国体育产业的国际竞争力。数据显示，我国体育人口已达3亿多人，体育产业的产值以30%的速度在增长，各类体育健身娱乐活动逐渐成为社会时尚。而北京获得2008年奥运会主办权和中国加入WTO，无疑又为我国体育产业的发展提供了新的契机。2012—2016年我国体育行业产值和增加值都在不断增长，2016年国家体育产业总规模为1.9万亿元，增加值为6474.8亿元，占同期国内生产总值的比重为0.9%，体育产业总产出比2015年增长了11.1%，增加值增长了17.8%，增长十分迅速。并且2016年国家体育总局发布了《体育产业发展“十三五”规划》，在国家政策大力支持引导下，预计到2020年我国体育产业总产值能顺利实现突破3万亿元的目标，从业人员数超过600万人。到2022年体育产业规模将进一步超过3.5万亿元，增加值也将达1.14万亿元。从现在我国体育产业的发展趋势来看，体育产业将与“互联网+”“AI+”“物联网”快速融合，以全民健身、体育产业等为基本架构，整合教育、医疗、金融、旅游、文化等“体育+”资源，构建一种全新、高级的体育生态系统，并且体育消费需求从传统的体育制造用品消费转向娱乐性消费、观赏性消费；消费者对于新型体育运动的消费需求增强，如马拉松、竞技体育、雪上运动、户外运动等。产业增加值在国内生产总值中的比重达1.0%，体育服务业增加值占比超过 30%。竞赛表演业、健身休闲业、场馆服务业、体育中介业、体育培训业、体育传媒业、体育用品业和体育彩票成为发展的重点行业。

二、体育产业发展的意义

纵观体育产业的发展历程，体育产业的形成和发展是市场经济发展和社会生活水平与人类文明进步的产物和必然。体育产业作为当今国民经济重要支柱产业之一在全世界迅猛崛起，使体育从过去少数人的享受转向今天的大众化消费，从过去国家的社会福利事业转变为今天的国民经济新的增长点。体育产业兴起的重要意义还在于，体育已突破其仅仅作为社会文化方面功能的历史局限，体育的经济价值得到发现，体育所具有的社会、文化和重要的经济功能得以更加全面充分地发挥。

（一）体育产业对经济发展的意义

1. 促进国民经济的增长

早在 21 世纪初期，我国国家体育总局就已经明确指出，要努力以体育产业的发展促进我国国民经济的增长，使其能够成为我国国民经济的新增长点。我国体育事业刚开始发展的时候，大部分都是公益性的，是非营利性的，大部分都没有包括经济行为。相关统计资料显示，在美国，早在 20 世纪 90 年代，体育产业就能够为美国带来 3000 亿美元的经济效益。而在我国，2010 年体育产业总产值仅为 300 亿元人民币，但在 2014 年达到了 3500 亿元人民币，到 2015 年，国家体育产业总产出（总规模）为 17000 万亿元，占同期国内生产总值的比重为 0.8%。在短短 5 年时间里，增长了 10 倍多。

2. 为社会提供众多的就业机会

20 世纪 90 年代以来，许多国家经济发展变缓，劳动就业成为社会重要问题，体育产业在解决劳动力就业问题方面的作用日益体现出来。从国际经验看，举办一次奥运会或者世界杯足球赛这类的特大型赛会，可使举办城市基础设施水平向前迈进 20 至 50 年，并提供数以万计的就业机会。汉城奥运会给韩国创造了 3.4 万个就业岗位，从申办成功到赛事正式开始，共增加了 76 万个就业机会。到 1999 年，悉尼奥运会筹备已给当地提供了 15 万个就业机会。国际足联一份调研报告说，估计足球运动直接和间接雇用的人数高达 4.5 亿人。欧盟在 2007 年发布的《体育白皮书》中揭示，2004 年欧盟各国体育产业从业人数 1500 万，占欧盟当年总就业人数的比例为 5.4%。而在中国，根据不完全统计，在 2008 北京奥运会筹办过程中，从 2002 年到 2007 年平均每年新增 30 多万个就业岗位，累计增加了 190 多万个新岗位，其中新增的岗位包括建筑行业、制造生产行业、高新技术产业、旅游业、社会服务业、文化体育产业等。2009 年我国体育产业吸纳就业人口 319.13 万人，2010 年增加到 336.98 万人，呈递增趋势。由此看出体育产业的发展可以解决中国就业难的问题，有效地缓解社会压力。

3. 有助于国家产业结构的调整

体育产业的发展有助于调整国家产业结构。当前，我国千家万户都普遍关注全民健康，随着国民健康意识的提高，在第三产业中体育事业显得越发重要。全民健身具备消费公共产业的性质，绝对不能只借助个人力量来提供，这就需要体育产业充分发挥自身功能。体育产业中除部分体育用品业属于第二产业的制造业外，大多数属于第三产业，并且随着经济社会的发展，我国一、二、三产业比重在不断调整，三次产业结构趋于合理。第一产业占比不断下降，由2013年的10%降到2017年的4.8%，再到2018年的4.4%；2013年第二产业占比为43.9%，2017年为38.9%，2018年第二产业占比也为38.9%；第三产业占比不断上升，从2013年的46.1%上升到2017年的56.3%，2018年第三产业占比56.5%，远远超过第二产业。体育产业作为第三产业，必然推动第三产业占比的不断上升，在我国未来产业结构升级和优化过程中，也将会占据重要的地位，更加有效地促进第三产业及相关产业的发展。

4. 刺激和拉动消费市场

体育产业发展可以拉动消费市场。随着物质生活质量日益提高，人们都想要选择一种让人身心舒服以及健康的生活方式。可以说，追求健康成为现代人的一项共识。调查分析结果表明，2014年全国经常参加体育锻炼的人数百分比为33.9%（含儿童青少年），比2007年增加了5.7个百分点；20岁及以上的人群为14.7%，其中，城镇居民为19.5%，乡村居民为10.4%，与2007年相比，城镇增加了48.0%。① 根据2017年国家最新全民健身状况调查公报数据，相比2016年，整体全民运动健身的人群比例增长近8个百分点，尤其是20~40岁人群，锻炼人群比例翻了一番，逐渐缩小了与发达国家之间的差距。20~40岁人群是社会的中坚力量，具有旺盛的娱乐和消费需求，C端消费价值更高。② 根据《全民健身计划（2016—2020年）》，到2020年，参加体育锻炼的人数将明显增加，每周参加1次及以上体育锻炼的人数达到7亿，经常参加体育锻炼的人数达到4.35亿。③ 从参与健身锻炼具体状况上来讲，人们参与健身锻炼的目的是为了增强身体体质、预防疾病衰老、开发智力等，总结起来就是为了身体健康。人们参与体育活动的热情日益高涨，体育消费正在成为消费热点。体育竞赛表演、休闲健身等属于服务消费产业，能够为广大居民提供多样化、多层次的消费需求，体育产业的发展能够满足居民的享受型、发展型需求。中国统计局数据显示，2017年我省城乡居民体育消费支出人均2028元，与2007年城乡居民体育消费人均的1175.95元相比增长了72.45%，体育消费增长迅速，是体育产业拉动消费需求的直接体现。随着消费需求的结构不断优化，服务消费增速快于实物消费增速，娱乐教育体育文化服务消费支出稳步增长，占消费性支出的比重由2012年的12.2%涨到2017年的14.07%，整体处于上升趋势。体育消费是娱乐教育文化消费的重要组成部分，未来体育消费的快速增长将拉动整体的消费需求。

5. 人力资本投资的重要形式

据统计，在美国由于职工患病或过早死亡，给生产造成的损失平均每年为250亿美元，相当于国民生产总值的3%。据我国的调查，群众体育开展较好的企业，职工的出勤率要比一般单位高2.12%。在现代企业中，企业文化建设越来越受重视。其中职工体育是重要的组成部分，它不仅关系到职工的健康，可以提高出勤率，减少发病率，而且还有利于增强企业的凝聚力、向心力，发扬团队精神，提高企业的整体实力。它是企业无形资

---

① 数据来源：《2014年全民健身活动状况调查公报》。

② 数据来源：《2017年全民健身活动状况调查公报》。

③ 数据来源：国务院关于印发《全民健身计划（2016—2020年）》的通知。

产的组成部分。

6. 吸收社会游资

体育产业中的体育彩票业、体育赞助业对于吸收社会闲散资金用于繁荣经济、推动体育事业的发展是极有价值的。据国家体育彩票管理中心统计，我国在 2001 年全国共售体育彩票 192 亿元，筹集公益金 57.6 亿元。到 2014 年，经过十多年的发展，体育彩票累计销售了 7354 亿元。在 2015 年体育彩票的销售量达到 1664 亿元，筹集体彩公益金 415 亿元。2016 年度销量达 1881.5 亿元，同比增长 13.1%，筹集体彩公益金 448 亿元。2017 年中国体育彩票年销量再创历史新高，首次突破 2000 亿元大关，达 2096.92 亿元，比上年增长 11.45%，筹集体彩公益金 523.26 亿元。① 这笔经费不仅在某种程度上解决了体育事业发展经费不足的问题，而且可使闲散资金对国民经济作出更大的贡献。体育赞助主要是通过企业等对体育的投入而获得经费来源。另外，体育企业通过股票发行也可吸纳社会资本，国外不少俱乐部，如英超的曼彻斯特联和西甲的皇家马德里等俱乐部，通过股票的发行获得巨大的经济效益。

（二）体育产业对社会发展的意义

1. 对社会精神文明建设有积极的作用

体育产业为社会提供了重要的文化活动场所和科学、健康的生活方式，将社会大部分的闲暇时间利用起来。不仅满足了青少年体育娱乐需要，而且为老年人、残疾人提供了更好的健康保证。同时，体育产业对社会的安定、社区良好环境的建设和社区文化的建立起到很大的作用。可以说，体育产业对社会精神文明建设的特殊作用是其他产业所不能替代的。

2. 维护社会健康

随着城乡居民平均寿命普遍延长，体育产业成为维护社会健康的最重要的产业，对于处于亚健康状态的人群有重要作用，它所提供的体育健身、体育休闲娱乐活动是改善亚健康状态的最有效、最科学、最廉价的方式。

3. 改善生活方式、提高生活质量

现代生活方式强调生活质量，而生活质量主要取决于经济、教育、健康等要素，健康以及健康导致的长寿是人们获取更好生存机会的基本生命前提。然而，人们的生活方式中常包含许多不良的消费习惯，影响人们的健康，危害生命的延续。体育产业可以引导家庭和个人进行科学的消费，抵制不良的生活方式，提高生活质量。因此，体育消费的数量和比例常常被用来衡量家庭生活质量的标准。

三、体育市场的发展

（一）体育市场的起源

体育市场于 20 世纪 50 年代末 60 年代初出现在美国等西方发达国家，其基本动因源于“体育也是表演”的概念。在当时的历史背景下，体育运动应当保持其纯洁性还是与经济社会并轨，运动员服用兴奋剂应当受到什么样的惩罚等问题引起了全社会的关注。体

① 数据取自中资领航发布的《2016—2021 年中国体育产业领航调研与投资战略规划分析报告》。

育运动到底是自娱自乐的消耗性行业还是能够产生社会效益从而推动生产关系发展的生产力因素成为争议的焦点。体育运动能否通过市场交换实现其自身价值从而完成自身发展也成为一个敏感的话题。当运动员逐渐被社会认可，运动员参与市场交换并通过自身的表演获取相应的报酬和奖励时，体育运动实质上已不知不觉地进入了经济领域。体育运动不仅有健康和教育功能，还有娱乐和消遣的功能。体育运动的普及和大众百姓的广泛参与，创造出了一个新的体育消费结构，从而形成了巨大的体育市场。体育运动对人类的生活方式和价值观念有着巨大影响这一事实，很快就被精明的商人注意到，开始尝试着把商业手段运用到体育之中。于是，一个崭新的市场——体育市场诞生了。

（二）我国体育市场的发展

我国体育市场的发展大体上可以分为三个阶段。

（1）第一阶段是从中华人民共和国成立到1978年底。在国家高度集中的体制模式下，体育被国家体委控制，既不可能形成分散的市场主体，也不可能提供多种形式的市场体育产品。除了全民健身运动外，只有一些国家计划控制的比赛项目，基本上没有商业性的体育运动，即只有计划机制的运行，而无市场机制的调节。但中华人民共和国成立后，我国培养了一大批体育人才，有些体育项目也从无到有地发展起来，为体育市场的形成准备了前提条件。所以，这一阶段是体育市场发展的准备阶段。

（2）第二阶段是从1979年到1992年。党的十一届三中全会后，在“有计划的商品经济”的改革思想指导下，国家体委提出体育社会化的方针，不断拓展体育投资渠道，使过去由体委一家办转变为各行各业大家办，对体育场馆也提出了“以体为主，多种经营”“由事业型向经营型转变”的要求，从而开始出现体育场馆出租、土地转让、兴办公司等有形资产的经营创收活动。但在这一时期的体育只是充当一种推动经贸活动的手段，其产业地位和商业价值并未得到大多数人的认同，更没有形成独立的体育市场。所以，这一阶段可以看成是体育市场发展的起步阶段。

（3）第三阶段是1993年至今。1993年全国体委主任会议上制定了《关于培育体育市场，加快体育产业化进程的意见》，提出了体育要“面向市场，走向市场”的基本思路。以此为契机，体育体制改革逐步深化。这一阶段的改革集中体现在三个方面：一是按现代企业制度的要求组建了一批体育企业。如上海虹口体育场、湖南新德实业集团等，为体育市场的完善准备了市场主体。据1994年国家体委的统计，当时全系统的经营实体共有1949个，其中全民企业1335个，集体企业70个，中外合资企业28个，其他形式的经营实体16个。二是开辟了部分国内外商业性竞赛市场、体育彩票市场等，使各体育细分市场发展起来逐渐构成统一的体育市场体系。三是以出售体育竞赛的电视转播权、产品专利权、广告制作权与大众体育有偿服务为特征，使体育市场产品从有形产品向无形产品拓展，促进了体育市场产品系列的形成。四是协会制、俱乐部制的运行机制开始运作，为体育市场机制充分发挥作用奠定了基础。

四、体育产业与体育市场的关系

体育产业在近年来是名副其实的朝阳产业，在20世纪90年代中后期，我国体育产业就具有了较为完整的产业形态和较为完善的体育行业的制度。并且，我国的体育广告业、体育建筑业、体育博彩业、体育旅游业以及体育用品业等具体行业在这一时期也得到了充分的发展。1995 年 6 月，国家体育总局出台了《1995—2010 年体育产业发展纲要》，明确指出：中国体育产业要用十五年时间逐步建成适合社会主义的市场经济体制，符合现代体育运动规律，门类齐全、结构合理、规范发展的现代体育产业体系。在这样的背景和政策指导下，我们要大力发展体育产业就需要促进体育市场繁荣。因此，对体育产业与体育市场的区别与联系进行深入认识，有利于促进二者的健康快速发展。

（一）体育产业和体育市场的概念认识

随着体育产业化发展，体育市场也得到了繁荣发展，体育与经济的关系日益密切，体育产业在经济和社会发展中扮演着越来越重要的角色，受到了社会各界的关注。中国体育市场的产业化开始于 20 世纪 80 年代，体育产业发展相对落后于西方发达国家。近年，我国体育产业和体育市场得到了较大程度的发展，对两者的认识如表 1-1 所示。

表 1-1　关于体育产业和体育市场的认识

体育产业	体育市场
广义的体育产业：生产体育物质产品和精神产品，提供体育服务的各行业的总和	广义的体育市场：全社会体育服务产品交换活动及交换关系的总和
产品的重要功能：提高居民身体素质、发展社会生产、振奋民族精神、实现个人的全面发展和社会文明进步	狭义的体育市场：直接买卖体育服务这种特殊的消费品的场所；消费者购买体育服务、观赏体育比赛和参与体育活动的经营场所
经济学意义：是国民经济的一个部门，具有与其他产业相同的共性，即注重市场效益、讲求经济效益，同时又具有不同于其他产业部门的特性	经济学意义：为了满足体育方面的需求而购买或准备购买体育产品和服务的消费者群体

（二）体育产业和体育市场的分类

体育产业是国民经济的一个重要组成部分，可以分为体育本体产业、体育外围产业、体育中介产业和体育产业消费者。其中，体育本体产业包括体育竞技业与大众健身业，是整个体育产业的核心；体育外围产业包括体育用品商、体育器材商、体育旅游业商、体育博彩商和体育建筑商等；体育中介产业包括体育广告商、体育赞助商和体育保险业等；体育产业消费者是体育产业的决定力量。

体育市场分类有多种标准。由于体育市场在很大程度上是由体育消费决定的，一般是从消费的角度对体育市场进行分类，分为体育物质产品的消费和体育服务产品的消费两类。进一步将体育市场分为体育物质产品市场和体育服务市场两类，其中体育服务产品市场又可以再分为体育劳动力市场、体育中介市场、体育用品市场、体育健身娱乐市场、体育竞赛市场、体育传媒市场、体育博彩市场、体育旅游市场等。

综上所述，体育产业与体育市场既有区别又有联系。体育产业的重要目的是谋求获利，注重经济效益，具有商业性质。体育产业的发展，有赖于体育市场体系的完善，只有不断培育和扩大体育市场，才能运用市场机制合理配置和高效利用有限的体育资源（人力、物力和财力)，掌握发展体育事业的主动权，提高体育事业为社会服务的整体效能。同样，体育消费是体育市场形成的前提，也是体育产业发展的基础，没有体育消费就没有体育市场，更谈不上发展体育产业了。由此可见，发展体育产业、开发体育市场的关键是扩大体育消费，如果不抓住体育消费这个核心，就会使体育市场管理难见成效，更难促进体育产业的发展。所以，在培育与开发体育市场时，最重要的是引导居民的体育消费，扩大体育需求，鼓励和引导我国居民积极进行体育消费，优化我国居民的消费行为和结构，带动体育市场进一步发展。

第二节 市场营销与体育营销

一、市场营销

(一) 市场

"市场"这个词，传统的观念是指买主和卖主聚集在一起进行交换的场所。现代经济中，市场是指那些具有特定的需要和欲望，而且愿意并能够通过交换来满足这种需要或欲望的全部潜在顾客群体。现代交换经济中的基本流程是：制造商在资源市场（原材料市场、劳动力市场、金融市场等）购买各种资源，然后把它们转变为产品和服务，再将其售给中间商，由中间商把产品转售给消费者。消费者则出卖自己的劳动力，然后得到货币收入，以此来支付他们所购买的商品和服务的价款。政府从资源开发商和中间商市场那里购买产品，付钱给他们。政府向这些市场征税，回过来提供各种必需的公共服务。

(二) 营销

学者们从社会学和管理学的角度对营销作了不同阐释。

从社会学角度来看，"营销是个人和集体通过创造提供出售，并同别人自由交换产品和价值，以获得其所需所欲之物的一种社会和管理过程"。

从管理学角度来看，营销被描述为"推销的艺术"。著名的管理学家彼得·德鲁克就曾说过："可以设想，某些推销工作总是需要的，然而营销的目的就是要使推销成为多余，营销的目的在于深刻地认识和了解顾客，从而使产品或服务完全适合他的需要而形成产品的自我销售，理想的营销会产生一个已经准备来购买的顾客，剩下的事就是如何便于顾客得到产品或服务。"所以，要使推销活动有效，就必须以其他营销功能作为前提，如需求评价、产品开发等。如果营销者认识到消费者的各种需求，开发适当的产品，制定适当的价格，选择适当的分销渠道和促销手段，这些产品就会很容易销售出去。

(三) 市场营销

所谓市场营销，就是识别、预测消费者的需要，选择目标市场，然后运用组织所拥有的资源，比竞争者更好地满足这些需求并获得利益的过程。由此可以看出，市场营销的基本目标是"获得顾客、挽留顾客和提升顾客"。"交换"是市场营销的核心，市场营销的基本业务就是为了实现交换，不断地"创造、传播和交付顾客价值和管理顾客关系"。交换过程能否高效、顺利地进行，取决于营销者创造的产品和价值满足顾客需求的程度，以及对交换过程管理的水平。

二、体育营销

体育营销这种提法最先出现在20世纪90年代初期的美国，是近几年国内外新兴的概念。体育营销是一种战略，是依托于体育活动，将产品与体育结合，把体育文化与品牌文化相融合以形成特有企业文化的系统工程。体育营销实际上包括两方面的内在含义。

一方面是以体育为主体的体育营销。体育是消费市场的重要组成部分，体育项目的参与者和观众是体育产品链的现实和潜在的消费者，以体育为主体的体育营销就是发现体育项目的参与者和体育观众的兴趣并为他们开发出相应的产品和服务，让目标消费者接纳，实现其价值。

另一方面则是以企业为主体的体育营销。企业借助体育去营销产品和服务，让企业和消费者通过体育产生共同的焦点，形成共鸣，带动品牌和产品形象的提升，使体育和服务能够更好地满足现实和潜在的需求。以企业为主体的体育营销由浅及深可分为三个层次：(1) 体育活动场合的广告宣传、明星推广和符合体育文化的产品设计，如体育比赛场所的广告牌，电视体育节目中的广告、购买球衣广告和聘请体育明星作产品代言人就是较为典型的方式。(2) 体育赞助，即企业以“体育慈善家”的身份借助赞助等手段对体育项目、体育比赛等体育事业提供支持，将体育文化与企业品牌融合，上升为企业特有的企业文化，以提高企业的知名度和美誉度，确立良好的企业形象和公共关系。(3) 一定程度地参与体育活动，参与体育这一商品的生产与价值实现，并从体育活动中取得直接有形和间接无形的经济回报。三个层次之间不是相互排斥的关系，高层次包含低层次，各层次间并没有截然的界限。层次越高的行为，要求企业对体育营销作的投入越大，所带来的回报也越大越长远。

三、体育营销与市场营销的区别

体育营销是市场营销的一种形式。体育营销与一般市场营销的区别主要体现在体育营销包括体育有形产品和无形产品。能满足消费者需求的、有形的物质产品称为体育有形产品，如体育用品店销售的有形体育产品网球、网球拍、冰球设施、健身器材等。相应地，无形的、非物质的商品称为体育无形产品，如运动竞赛、健身指导与培训、体育课、体育信息等。

体育无形产品的市场营销具有以下特征：

(一) 无形性

体育服务在购买之前是看不见、摸不着，听不见、闻不到的。体育消费者购买一场精彩体育比赛的门票时，并非购买一个座位，而是购买观赏比赛的权利。当比赛结束时，消费者可能两手空空，但他们却拥有一段美好的能与他人一同分享的记忆。所以NBA、世界杯以及奥运会的体育营销人员千方百计努力创造让消费者难以忘怀的体验过程。

(二) 变动性

体育服务是高度易变的。体育服务的质量与提供服务的人员、时间、环境乃至季节气候密切相关。体育服务的生产与消费是同时进行的，这使质量控制变得很难操作。引起体育服务变动的因素很多，如需求的波动使体育服务高峰时间里的产品质量难以保持一致；

不同体育服务者的服务技巧，也会导致消费者主观感受出现差异；运动员在主客场不同环境气氛条件下，其专业水准表现也会大相径庭。正是由于许多体育服务企业缺乏相应的行业标准，消费者购买体育服务往往有一定的风险性。消费者从体育服务企业购买服务产品中所获得的满意度，常常低于体育有形产品的满意度。这就大大增加了体育服务企业营销人员对服务产品营销的难度。因而体育服务企业更应该采取相应的策略，如保证体育服务企业必须有对应的组织和资源，实行标准化服务，降低体育服务表现不稳定的风险，并对体育服务人员的执业资格进行认证。这才有利于增加营销机会。

（三）不可分割性

体育服务的不可分割性表明体育服务与销售不可分离，生产过程与交换过程、消费过程同时发生。在一场体育比赛的情况下，运动员、娱乐者和球迷之间没有分离情况，比赛在生产的同时也在消费。体育服务的不可分割性意味着体育服务提供者和消费者在交易发生时必须同时在场，两者的直接接触构成了产品的一部分。另一方面是体育消费者和服务提供者都必须了解整个服务运作系统，因为他们需要共同参与体育服务的生产。最后，体育消费者参与生产过程意味着体育服务组织也必须选择、雇用和培训顾客。这意味着可以为消费者带来诸如降低价格、增加价值、节省等候时间等一系列好处。所以体育服务企业的管理人员既要善于管理雇员又要善于管理顾客。

（四）易消失性

易消失性是指产品的贮存能力。商品容易贮存，但服务如果不被消费，就会消失。如果一堂网球专业训练课是安排在上午10点进行，但没有学生参加，时间和金钱就消失了。一个有20000个座位的体育场，如果在某一场比赛时只销售出15000张门票，那么没有销售出去的5000张门票是不可能储存起来留待下一场比赛销售的。在成本固定的情况下，没有销售掉的5000张门票所造成的损失永远无法弥补。这种对服务提供者有用却没有需求或需求不足的“无效期”，被称作“无价值的产品容量”（马修·尚克，2002）。为减少“无价值产品容量”的问题，体育营销者可以尝试通过控制其他营销组合变量来刺激需求，如降低价格或者使用其他促销方式来刺激消费者的兴趣。

（五）以专业化为导向

体育服务企业尽可能雇用能胜任体育服务的专业技术人员来为消费者提供优质体育服务。在大多数的体育服务交易中，消费者总相信体育服务人员有提供预期服务结果的能力。体育服务人员在消费者心中应是一个地地道道的专业人士，其外表形象、行为举止、内在素质和态度都必须符合消费者心中专业人士的标准，这才有利于达成体育服务交易。

（六）中间商作用减弱

体育无形产品中的大部分服务产品并不需要通过中间商销售给消费者，其营销往往是直接与消费者接触。所以不必考虑中间商的因素，这样可以更有效地对营销费用的分配和使用实行控制。

四、体育营销的发展

（一）国外体育营销的发展

相关资料表明，体育营销起源于西方发达国家。体育作为营销的一种载体，在西方延伸的历史实际上很久，可以追溯到古罗马的竞技场。然而，尽管很久以前西方就有了体育营销的思想萌芽及个别案例，但由于受经济发展水平及技术条件的限制，当时的体育营销非常稚嫩，并没有引起人们的关注。因此，作为现代营销手段，体育营销的运用时间很短。1900年第二届现代奥运会在巴黎举行，与此同时还举办了博览会。应当说，这是众多企业首次大规模地举行一次体育营销活动。20世纪60年代初期，具有现代意义的以运动员、运动队和运动会等为载体进行市场推广的技术——体育营销应运而生。在日益激烈的国内、国际市场竞争中，具有现代意义的体育营销借其独特优势乘势兴起，步入了高速发展的快车道。

在国际上，体育和经济密不可分。第二次世界大战后，西方主要资本主义国家经济持续增长，人们的生活水平显著提高。竞技体育，尤其是职业体育、大众体育，特别是以健身和休闲为主要内容的娱乐体育迅速勃兴，体育的经济功能日益强大，体育的产业地位进一步得到确立。在一些发达国家，体育产业在经济链中占据重要位置，创造了巨大的经济效益和社会效益。2015年全球体育产业将达到1453.4亿美元，尤其在体育产业发达的北美、西欧和日本，体育产业已经进入了国内十大支柱产业之列。同时，体育市场的发展也给体育营销创造了无数的机会。此外，体育市场营销公司的蓬勃发展对体育营销的演进起到了巨大的推动作用。在第23届洛杉矶奥运会中，美国政府正是借助体育市场营销公司，通过42个经济部门的官方与非官方通力合作，成功地把传媒业、旅游业、娱乐业、博彩业、建筑业、零售业等行业综合在一起。利用有形资产和无形资产，把体育产业由零散、小规模的经营扩展到全方位、多层次、多科学技术的经营，充分与奥运会衔接，取得了巨大的社会效益和数十亿美元的经济效益。具体表现为国家当年经济增长率增长了1.07%，就业率也得到了提高。国家、商业公司和个人都取得了巨大的商业回报，减轻了社会压力，可谓“三赢”。同时，开创了奥运会在体育营销上的新纪元。因此许多力求开发国际市场、参与国际竞争、走国际化、全球化的道路的国外企业将体育营销作为企业发展的一项长期战略。

（二）体育营销在中国的发展

体育营销风行于国外的同时，也引起了国内一些企业的关注。虽然随着现代体育运动在中国的传播，体育营销这一手段早已被植入中国，但具有典型意义的案例却是在中国进行改革开放之初健力宝饮料所进行的体育营销。1984年中国第一次参加奥运会的契机成就了健力宝的体育营销史，也造就了它的辉煌。健力宝集团是体育营销的开创者，当时其敏锐地看到了中国第一次参加奥运会必将载入史册的良机，拿出40多万元赞助代表团。健力宝饮料也随着中国体育健儿走出国门、走向国际，由此获得了“中国魔水”的地位和荣誉。此后该公司常年为中国女排、中国足球队等提供训练饮料及部分经费，为全运会、全国首届少数民族运动会、亚运会以及奥运会提供赞助等。自从1984年赞助第23届奥运会中国体育代表团以来，截至1999年，健力宝赞助中国体育事业发展的资金已经超过了3.5亿元。这种以体育活动为阵地的宣传方式，使健力宝在国内外各种赛事中频频亮相，并通过新闻媒体的传播，大大提高了知名度，使得健力宝曾连续十年位居中国第一饮料的地位。最风光时健力宝总资产近40亿元，年销售收入40多亿元，并组建了自己的足球队。经历了很长时间的体育营销积淀，健力宝稳固了自己在体育运动领域的根基。为了创造更持久、爆发性更强的品牌曝光度，健力宝并没有故步自封，而是阔步走向更广更远的天地。不仅专注于足球领域，健力宝还将体育营销的策略版图扩展到 NBA 项目中。2016—2017 年，健力宝强势登陆了 NBA 赛事直播现场，共计投放了 200 多场 NBA 顶级赛事，更囊括了圣诞大战、新春贺岁战、全明星赛三大重点赛事。健力宝借助 NBA 的影响力和各大媒体的平台优势，在短时间内捕捉、聚集注意力，触及受众群体，完成了一次品牌信息的高质量露出。同时随着全民健身热潮兴起，路跑赛事接踵而至。健力宝以运动饮料为基础，以宁夏黄河金岸（吴忠）国际马拉松的自有赛事 IP 为主轴，线上线下互通联动，跨界精准触及目标群体：线下在宁马赛事现场，通过派发健力宝和原动力饮料，为跑者提供能量补给，从而进行产品推广。线上利用健力宝官方自媒体平台发声，整合全媒体资源，促成宁马与健力宝产品的可持续、可参与、可全面覆盖的传播效果，多维度传达其运动口碑。由此，健力宝纵深打造了 2016—2017 跨年体育营销矩阵，正式迈向多元化体育营销。

在我国体育营销的发展过程中，如果说 1993 年在上海举行的商业化运作的首届东亚运动会和 1997 年在上海召开的第八届全运会上国内企业进行的体育营销是“牛刀小试”的话，那么 2001 年第九届广州全运会突破历届全运会筹办模式、首次引入市场运作机制——赞助商制度，则给国内众多企业进行体育营销提供了“大练兵”的良机。从此，我国企业对体育营销有了进一步的认识和了解，体育营销的运作也不再那么稚嫩而更趋理性、成熟。

众多国际巨头进驻中国，在中国开展体育营销。中国经济的国际化使得国内的竞争异常激烈，中国企业也已开始利用体育营销这一“利器”进行反击了。尽管这种反击还远谈不上能与其有效抗衡，但毕竟为总结我国体育营销初步经验和进一步探索体育营销的普遍规律进行了许多有意义的尝试。例如，2004 年 3 月 26 日，联想集团在北京与国际奥委会签署合作协议，正式成为第六期国际奥委会全球合作伙伴（简称 TOP），这是奥运历史上中国企业首次获此资格。这意味着在 2006 年都灵冬季奥运会和 2008 年北京奥运会上，所有的台式电脑、笔记本电脑、计算技术设备上的 LOGO，都将只有一个，那就是来自中国的 Lenovo。同时意味着联想是继可口可乐、通用电气、恒泰人寿、柯达、麦当劳、松下、三星、斯伦贝谢、斯沃琪和维萨等品牌之后第十一个国际奥运会的顶级赞助商。目前还有一些企业也开展了体育营销，如阿里巴巴设立阿里体育，基于电商和数据基因，构建体育基础服务平台，提出要以数字经济思维创新发展体育产业链，与欧讯、盛开、WIGE 合作，投资恒大足球等；万达设立万达体育，瞄准上游赛事资源，并购布局，志在建立全球最大体育公司，6.5 亿美元收购美国世界铁人公司 100% 股权（美国铁人三项）、10.5 亿欧元收购盈方体育、入股马德里竞技、拥有长白山度假区等；乐视设立乐视体育，以体育直播为入口，积累版权资源，拟打造体育生态中心，并从广告与付费收入中获利，拥有 F1 运营权、女足超级联赛赛事运营权、国际冠军杯中国赛事运营权、自有马拉松赛事运营权，与黑龙江体育局、苏州太湖度假区、海口政府合作等；腾讯设立腾讯体育，紧扣社交和游戏，挖掘体育赛事价值。这些都使中国的体育营销发展进入一个全新的阶段。

第三节 体育营销的基本概念

体育营销就是以体育活动为载体来推广自己的产品和品牌的一种市场营销活动，是市场营销的一种手段。

一、体育营销的定义

体育营销包括两个层面：一是指将体育本身作为产品营销。从一支球队和它的运动员，到一场赛事、一次运动会，都可视为营销学意义上的产品，这个层面可以称为“体育产业营销”。二是指以体育为载体而进行的非体育产品的推广和品牌传播等营销现象。比如我们在世界杯中所看到的赞助商的一切活动和身影，以及它们产品、品牌的巧妙展示等。我们通常所说的体育营销是指后一个层面。

通过对体育营销的定义可看出体育营销的三重含义：

(1) 所有营销是建立在赞助方、体育项目和观众三者基础之上，缺少任何一方都不能称为成功的体育营销。

(2) 体育营销是围绕赞助而展开的。赞助能将运动项目形象与企业品牌形象有机结合起来。转移机制的起点是赞助，形成认知、产生兴趣、依恋、增强渴望，直至顾客购买，转移过程结束。运动项目内涵附着于品牌，而转移效果的强弱决定于调节变量，即运动项目与赞助企业的相似性、赞助级别、运动项目的频率及产品的复杂程度。

(3) 品牌主要是为顾客做的，用品牌去争取顾客、维系顾客。赞助是开展体育营销的首要因素，但仅有赞助是不够的。在取得与运动项目或组织建立联系后，不仅要从营销传播技术的角度去营造品牌，从企业发展的角度去管理品牌，更重要的是能否做到从全新的品牌视角进行品牌价值的营造、管理。实际上，品牌营造、管理已经成为一项战略性管理主题，是否有能力创造品牌价值并使其保值、增值日益成为决定企业成败的关键。

二、体育营销的特点

(一) 体育活动背后蕴涵商机

随着体育热潮的广泛传播，体育以其观赏性、竞技性和游戏性的特点，成为最被广泛认同的人类活动。由此产生的注意力经济和体育经济，深深影响着企业发展或品牌增值。很多的企业已深刻认识到体育营销塑造品牌的魔力，同时更清醒地认识到体育活动背后蕴藏着无限商机。

(二) 它是公益性和公信力高的体育活动

体育是人类共同的事业，赞助体育或者进行其他形式组合的体育营销，其观众注意力、品牌渗透力和影响力，是其他类型的广告所不能达到的。传播效果易被接受，受众的排斥阻力相对弱一些，商业性及功利性不明显。同时，它可以激发个人情感依恋以及群体性和晕轮效应。

(三) 体育营销沟通面广、针对性强

在重大比赛现场，观众数量之多是其他事件营销所不能企及的。赛事直播，媒体受众

更是广泛。体育本身就是一种世界性语言，它打破了信仰、文化、语言和种族等种种障碍。因此，其非常有利于企业与目标对象进行沟通，快速提升品牌价值，快速推进品牌国际化。

三、体育营销对象

体育营销对象面广量大、有针对性，大致可以分为体育消费者、体育产品和体育生产商或中间商。

（一）体育消费者

需求决定供给，有什么样的需求就会产生相应的供给。根据消费者的需求不同，体育消费者可以分为以下三大类：

1. 观赏性体育消费者

观赏性体育消费者是指用货币或其他成本（时间成本和机会成本）购买各种体育产品的消费者。如观看各种体育比赛、体育表演、体育电视、体育多媒体等。观众既可以在现场观看，也可以通过其他传播渠道如电视、互联网、广播等进行观看。

2. 参与性体育消费者

参与性体育消费者是指体育运动项目的参与者。尽管参与目的、动机不定，但主要有两种类型，即有组织的参与者和无组织的参与者。无组织的参与者是指那些进行没有外力控制或支持的体育活动参与者，如进行小场地的足球比赛、排球的传球练习、家庭的健身锻炼等；有组织的参与者是指参与在协会、联盟或权威机构的组织下进行的各种体育竞赛（主要包括业余比赛、职业比赛两大类）的体育活动参与者。

3. 赞助性体育消费者

由于体育赛事或运动往往能吸引大量的消费者参与或观赏，能有效地提升企业的社会知名度，吸引一些企业和社会组织加入体育赛事或活动中，它们通过投入资金或物品进行交换，使它们的名字或产品与一项体育赛事相联系。

（二）体育产品

体育产品是指向体育观众、参与者和赞助商提供利益的一种商品或服务，或者是二者的结合体。商品被认为是向消费者提供有形利益的物质产品。体育商品包括器械、服装和鞋。相比之下，服务被认为是无形的、非物质的产品，如一场体育竞赛或是健身课。体育经营者出售他们的产品是以产品能够提供给消费者的利益为基础的。不管是体育参与者、体育观众，还是体育赞助商，对体育产品的购买都是以获得利益为基础的。体育产品可以分为以下几个类型：

1. 体育比赛

体育产业最重要的产品是体育赛事。围绕体育赛事产生了一系列相关的体育产品。没有体育比赛，也就没有电视转播权、体育特许产品、收集品、纪念品、特许体育场馆等。而运动员和体育场馆是构成体育比赛的两大主要因素。运动员在体育比赛中被看作体育产品，他们可以在场上或场下满足消费者的需求。而体育场馆是保证体育比赛的必要条件，体育场馆不仅仅是观众观看比赛的地方，它有可能是一个包括餐馆、酒吧、野餐地和豪华包房在内的多功能的休闲场地。

2. 体育健身培训与指导

体育健身培训与指导是指为不同阶层和有不同需求的人们提供健康服务、体育技术培训、运动训练营和运动指导等。健康服务是当前最具有发展潜力的一个行业，它提供运动处方、健身指导、保健康复等一系列的服务产品。

3. 体育用品

体育用品是指体育产业中生产、分配和销售的有形产品，为体育服务的开展提供有效的保障。它包括装备器械、服装、特许商品、纪念品等。目前，中国已成为全球最大的体育用品和服装生产基地，全球著名体育服装和装备企业都在中国设有生产基地。

4. 体育信息

体育信息是指向消费者提供体育新闻、数据统计和各种体育相关事项的服务产品。体育专业记者、杂志、互联网、电视和电台、体育科学研究所、体育高等院校都可以看作体育信息的生产者。

（三）体育生产商或中间商

生产商是指产品和服务的生产者，而要将生产者生产出来的产品销售出去，需要经销商和零售商等中间商的力量。主要有以下几类：

1. 权威机构

权威机构是指那些不仅经营体育产品，而且颁布和实施有关规章、条例，决定体育比赛的时间和地点，并且向运动员提供比赛的组织。如IOC和中国的国家体育总局及各省市体育局、各项目运动管理中心、中国体育科学学会、各运动项目协会、中国奥委会等权威机构。这些机构在体育产业政策的制定、体育赛事的举办等方面都具有重要的作用。

2. 赞助商

这里所指的赞助商实际上也是一种体育中间商。它赞助体育是为了更好地销售体育产品和服务。赞助商既可以作为体育的消费者，同样也可以通过购买或以产品交换的形式提供体育赛事。体育比赛吸引观众观看比赛，相应地，观众吸引了赞助商，赞助商可以通过赞助来吸引消费者，使消费者对赞助商有一定的了解。此外，赞助商也可向目标观众宣传赛事。可以说，赞助商作为一个重要的中间商，联系着赛事和观众。

3. 媒体

媒体将赛事的信息及时地带给消费者。作为中间商的媒体可能是现在体育行业中最强大的力量，媒体的主要收入来源于出售广告时段。媒体将体育赛事不断进行拓展和深化，在时间和空间上进行延伸。同时媒体本身也处在不断变革之中，随着信息技术的发展，网络媒体对现有的电视、广播、报纸等提出了新的挑战。

4. 经纪人

体育经纪人是指在取得合法资格后，从事居间、行纪、代理等经纪业务的个人或组织。尽管很多人把经纪人与和合同谈判联系在一起，但其实经纪人所能做的远不止这些，在实际经纪活动中包括市场调查、产品设计与包装、价值评估、促销等营销环节延伸。

5. 体育器材制造商

体育器材制造商提供消费者运动所需要的各种运动器材，是体育活动有效开展的保障条件之一。尽管运动器材厂商在满足运动竞赛所需的器材方面起着重要的作用，但它们在体育赞助中也扮演着重要的角色。由于与体育有着天然的联系，体育器材制造商往往是运动赞助商。

四、体育营销的功能

体育营销是个复杂的系统执行过程。体育营销最基本的功能就是对企业产品和形象重新设计、定位，使之与体育文化相符，并且把企业的资源进行重新整合，使企业的一切经营完全服务于体育营销。在这个执行的过程中会综合运用多种形式，将体育活动中体现的体育文化融入企业的各个环节，实现体育文化、品牌文化与企业文化三者的融合。从而引起消费者与企业的共鸣，并在消费者心目中形成长期的特殊偏好，由此形成企业的一种竞争优势。从微观经济学的视角来讲，每个企业都以追求自身的最大利益和自身的发展为终极目标，体育营销的功能正是在帮助企业实现自身的终极目标中得以展现。

五、体育营销存在的问题

魅力四射的体育营销并非处处散发迷人的风采，目前我国企业在体育营销上就存在不少问题和误区，以至于不少企业花费巨资投到体育营销，却因收效甚微而打了水漂。总结起来，存在的问题有以下几个方面。

其一，企业活动通常难以达到长期连续性，很难收到好的效益。三星电子通过一个循序渐进的、系统整合的过程，不断地在重大体育赛事宣传自身的品牌，从 1988 年至今从未中断过，这种系统的体育营销使其品牌逐渐深入人心并征服大众。其二，企业参与此类活动的组织能力不强，往往不能实现与其他组织的协调性。其三，体育营销作为营销方法的一种，没有与企业其他营销活动和总体营销目标保持一致，这引发了内耗。企业需要综合考虑各种因素，如运用各种营销工具、设计促销活动和传播载体、综合考虑活动方案的可行性、与目标顾客的接触程度以及活动失败的弥补措施等。其四，企业应将商业营销与人文精神很好地结合起来。此外，企业在体育营销上的投入经常流于盲目，而非量力而行，开展什么层次和规模的体育营销经常不能实际考虑企业自身的定位、实力和战略目标。

第四节 体育市场介绍

市场是商品交换的场所，是商品交易双方交换关系的总和。从生产关系的角度看，体育市场是指体育产品交易双方交换关系的总和。随着体育产业化发展，人们对于体育产品的需求和体育服务的需求进行相互交换，从而形成了体育市场。体育市场分类化和规模化发展又形成了体育市场体系，进而完善了体育产品和体育服务的交换市场。狭义的体育市场是指商品交换，商品买卖的地点或场所，是一个空间的概念。因而，体育市场被认为是直接交易体育商品和服务的场所，即进行体育消费的场所。消费者购买体育服务，观赏或者参与体育活动，如观看比赛、健身运动、体育锻炼等。广义的体育市场是商品交换关系和商品交换活动的总和。商品的生产者、经营者和消费者，为了满足相互之间的特定需求，通过出售自己的商品或从别人手中购买自己所需的商品，在交换活动中实现商品的价值。广义的体育市场反映出体育生产者、经营者和消费者之间的经济利益，也反映出参与市场活动各方面的关系。因此，这个体育市场是社会所有体育商品和服务的交换活动、交换关系的总和。体育市场是人们进行体育商品和体育劳务交易的场所及其形成的有机联系。

根据体育市场的构成要素，即体育市场客体，也就是市场主体买卖交易的标的物，可以把整个体育市场体系大致分为以下类型：体育劳动力市场（或称为体育主体市场）、体育中介市场、体育用品市场、体育健身娱乐市场、体育竞赛市场、体育传媒市场、体育博彩市场、体育旅游市场以及其他体育衍生市场。

一、体育劳动力市场

体育劳动力市场也称为体育主体市场，它的市场客体是运动员的运动竞技或表演能力以及教练员、裁判员的专业技能。运动员是体育尤其是竞技体育的灵魂，因此，体育劳动力市场构成了体育产业的主体和基础，其他体育市场都直接或间接地以它为中心。

体育劳动力市场的主体双方，其中一方是运动员、教练员和裁判员等，他们是体育劳动力的供给者；另一方则是俱乐部、运动队、经纪公司等，他们是体育劳动力的需求者。

在计划经济时代，我国的体育劳动力都是由国家全额投资培养，那时的体育劳动力往往以国家事业单位干部的身份从事体育活动，因此并不存在体育劳动力市场。进入市场化的改革阶段，体育劳动力的培养以及其使用方式都出现了多元化的趋势，这将为我国体育劳动力市场的发育提供坚实的现实基础。

二、体育中介市场

体育中介市场是指体育组织或个体为实现体育产品或服务的交易充当媒介而形成的中介活动领域和产生的各种代理关系的总和。体育中介市场服务活动包括经纪代理类、咨询代理类和监督类三个方面。体育中介市场是体育市场的重要组成部分，对核心市场的规范发展产生极大的制约作用，促进体育市场主体之间的交易活动，降低市场运作成本，提高市场效率，推动体育市场中各类资源有序流动，保护市场主体的合法权益，维护市场公平竞争的秩序，对体育市场的发展与完善发挥着无可替代的特殊功能作用。

体育中介服务是一种非实物商品，影响体育中介服务定价的主要有以下两方面的因素：第一是体育中介服务所耗费的物质资本和人力资本，这部分往往是体育中介服务商的主要运营成本；第二是中介服务需求者对体育中介服务的满意度，虽然满意度与中介服务的效率和质量有一定的关联，但是满意度是体育中介服务消费者个人的心理体验，具有强烈的主观性和随意性。因此，体育中介服务的质量和效率并不是体育中介服务产品需求者报价高低的唯一影响因素。

在发达国家，体育中介市场非常活跃，其中介服务几乎渗透到体育活动的所有环节。我国的体育中介虽然处于发育阶段，但是已经陆续涌现出一批具有一定实力的体育中介组织，比如曾经成功运作姚明转会美国 NBA 的厦门飞人体育推广有限公司。

从体育市场体系的全局看，成熟、有序的体育中介市场并不是独立存在的，而是必须以体育市场的整体发育度为前提和基础。从体育中介市场本身分析，由于体育中介服务产品的无形，如果没有一套严格、有效的制度加以约束，那么体育中介市场将陷入混乱。总之，体育中介市场既是体育市场体系发展的必然产物，同时又是促进体育市场体系发展的重要因素。

三、体育用品市场

体育用品市场是体育物质产品交易流通的场所。体育用品的门类繁多，大致分为以下几类：体育服装类、体育器械类、体育器械设施类、体育仪器类、运动食品饮料类以及运动药品类。

体育用品市场的主体包括政府、企业、各类社会团体以及家庭等。体育用品市场的主体构成了体育用品市场的供给者和需求者，供求双方规模的大小主要取决于经济发展水平的高低。根据马斯洛的需求层次理论，人们只有在解决了温饱等生理需求的条件下才可能满足休闲需求。体育用品主要是满足人们对休闲的需求，因此体育用品市场主体规模的扩大是以经济实力的增强为前提的。体育用品市场的客体门类广泛，小到一个鱼钩，大到现代化的巨型体育馆。体育用品的企业可能涉及服装制造业、建筑业、汽车工业、各种装备制造业、食品饮料业、医药业等。从这个角度看，体育用品的多样性使体育市场在产业关联上发挥了巨大的作用。

2007 年至 2015 年，我国体育用品行业增加值逐年扩大，从 1009.00 亿元增长到 2755.50 亿元，年复合增长率为 13.38%。2016 年行业整体增速较快，增加值突破 3000 亿元大关，达到 3077 亿元，我国已成为继美国之后第二大体育用品消费市场，行业竞争力显著提升。目前中国体育用品市场仍然处于起步阶段，城市居民对体育用品的消费正在向中高档方向发展，已达到小康生活标准的农村地区，对中低档体育用品的消费，逐步形成新的需求。因此，未来中国体育用品市场，仍具有较大的发展空间。

随着社会发展，生活水平提高，人们越来越意识到健康和运动的重要性。根据国家体育总局的全面健身计划，到 2020 年全国将会有 40%的人口积极参加各类体育活动。这些因素将会推动国内体育用品市场在未来几年内继续保持高速发展。

四、体育健身娱乐市场

体育健身娱乐市场的客体是体育娱乐这一非实物产品。体育娱乐历史悠久，形式多样，如我国古代的各类游戏（骑马、打猎、垂钓、对弈、歌舞表演等）。如果借鉴法国休闲学家罗歇·苏的娱乐分类理论，可以把体育娱乐分为以下四种：

身体性体育娱乐：如太极拳、健美操、登山等，它的娱乐体验来源于身体的运动。

实用性体育娱乐：如生活中的家居装饰、缝纫编织等各种 DIY 活动，它的娱乐体验在于创造某种实用的结果。

社会性体育娱乐：如参加俱乐部，最终使运动与交友合二为一，此外还包括各种狂欢活动。

文化性体育娱乐：即通过体育传媒对自身感官的刺激作用而获得愉悦，如欣赏歌舞表演、观摩体育比赛等。

体育娱乐市场的供给者主要有体育娱乐公司、政府以及社区体育娱乐团体；其需求者可以是家庭、企业，也可以是政府以及各类社会组织。体育娱乐市场主体的规模往往受到社会经济发展水平的制约。经济学家告诉我们，体育娱乐属于闲暇需求，闲暇需求取决于收入，而收入又取决于劳动。

体育娱乐市场的媒体主要是一些体育娱乐服务公司，这些服务公司一方面为体育娱乐供给方提供策划、娱乐需求信息的收集与咨询以及娱乐活动的组织等服务；另一方面为体育娱乐的需求者搜寻体育娱乐信息以及安排体育娱乐活动。

受居民收入的制约，我国的体育娱乐市场起步较晚，体育娱乐消费还没有完成从时尚消费向大众日常消费的转变。但是进入20世纪90年代，体育娱乐市场伴随经济改革的发展而迅速成长。据统计，2017年我国高尔夫场地共有496家，其中北京、上海、深圳和广州的体育娱乐市场最为发达。《全民健身计划纲要》的实施以及我国加入WTO和2008年北京奥运会等多项世界级体育赛事的举办，极大激起了广大人民群众参与体育的热情，人们积极投身于各类体育健身休闲娱乐活动之中。这也导致了我国全民健身公共服务建设进一步推进，国家体育总局也不断推进“三身边”建设（即群众身边的场地设施、群众身边的组织建设和权重的身边活动），截至2015年底，国家各类公共体育场馆已经达到了110多万个，体育健身指导站、各类体育健身站点达到25万多个。2016年中共中央、国务院印发了《“健康中国2030”规划纲要》之后，全民健身运动蓬勃发展，医疗卫生服务体系日益健全，人民健康水平和身体素质持续提高，进一步促进了体育健身娱乐业的发展。

五、体育竞赛市场

现代体育竞赛，无论是世界性、洲际性还是全国性、地区性的竞赛，规模都是越办越大，越办越铺张豪华，耗资越来越多。由于竞赛规模扩大和竞技水平提高，举办竞赛的国家或地区所耗费的资金也越来越多，1964年东京奥运会和1998年汉城奥运会耗资都在30亿美元以上；1990年由我国举办的第十一届亚运会耗资也在25亿元人民币左右；1992年巴塞罗那奥运会耗资74亿多美元；2004年雅典奥运会耗资150亿美元；2008年北京奥运会耗资400亿美元；2012年伦敦奥运会耗资约110亿美元；2016年里约奥运会耗资131亿美元。随着社会经济的发展，群众物质生活水平的提高，运动竞赛的规模还将扩大，所以，规模大、耗资多，是现代大型运动竞赛的显著特点。

企业、财团的赞助逐渐成为竞赛资金的主要来源之一。巨额的竞赛经费，单靠政府和地方拨款是不可能的，需要多方筹集、多方投入。因此竞赛就需要寻求企业公司和商业财团的帮助，没有它们的捐赠和赞助，比赛就很难进行。1984年洛杉矶奥运会，赞助400万美元以上的财团就有30家；1988年汉城奥运会赞助的企业近100家；1992年巴塞罗那奥运会有2800家企业予以赞助。近年来，随着体育赛事的发展，2008年北京奥运会赞助的企业有29家；2012年伦敦奥运会的赞助商及合作伙伴将近60家；2016年里约奥运会赞助的企业有25家。除了奥运会之外，还有一些其他的赛事，如：2017年中国足球超级联赛的赞助商数量已经突破10家；2018年中国网球公开赛有1个首席赞助商、2个钻石级赞助商、6个白金赞助商、2个独家合作媒体和7个独家合作伙伴及14个供应商。在2015年中国网球比赛上，首席赞助商赞助了3000万元，钻石赞助商为1500万元，白金赞助商为800万元以上。在2009年世界斯诺克中国公开赛上，赞助商上就达到了17家。这些数据足以说明，在国内无论是综合性运动会还是单项运动竞赛活动，无论是全国性比赛还是地区性比赛，都需要寻求企业的赞助。企业和财团也希望借竞赛机会，投入资金、开拓市场、宣传声誉、推销产品，提高其知名度和国际竞争力。社会生产需要体育，体育离不开社会生产的发展。在未来社会中，它们之间的结合将越来越紧，密不可分。

现代运动竞赛有着参赛人员多、运动项目多、耗费资金多的特点。其经济关系十分复杂，不仅固定资产投资多，竞赛业务费的收支面广而复杂，而且牵涉到政府机关、企事业单位、社会团体以及家庭和个人。运动员自报到之日起，住宿、交通、副食补贴，裁判员的差旅费，大会工作人员的补贴以及医疗费等，都需要做足预算。同时参赛运动员流动性大，给管理工作带来困难，市场物价的变动也必须纳入调整预算。

第23届奥运会上尤伯罗斯成功的商业经营，给人们树立了奥运会商业经营的范例。由于竞赛规模越来越大，耗资越来越多，需要与财团合作并利用商业手段进行经营和管理。如在运动竞赛中对运动员进行重奖，对电视广播权进行招标，大量吸引广告，大量吸引观众等。包括我国在内的许多国家，举办全国性或地区性运动竞赛都实行招标制，这是将运动竞赛引向商业化的一个实际步骤，一些具有较高观赏性和刺激性的比赛，如拳击、赛马、高尔夫、足球等，其商业性更浓。

六、体育传媒市场

传媒就是借助印刷、影视、广播和互联网等媒体进行信息和知识的传播。体育传媒市场是媒体与媒体之间、媒体与受众之间以及媒体与其他组织机构之间就体育及其相关信息的传递、接受而进行交易的场所。可见，体育传媒市场的客体是体育信息。

体育传媒市场的供给者是各类媒体。国际知名的体育传媒系统有ESPN和STAR SPORTS，中国体育媒体的佼佼者有《体坛周报》《足球》《南方体育》《中国体育报》《球报》和《21世纪体育》等。体育传媒市场的需求者则是受众或其他机构。在信息技术飞速发展的时代，媒体样式日新月异。在多元媒体的作用下，受众的注意力与喜好呈现出细分化、个性化的态势，这导致复合媒体逐渐取代单一媒体。所谓复合媒体，就是指将电视、广播、报刊、互联网、手机短信等单个媒体的资源进行整合，在这个基础上传播信息。于是受众乐意通过不同的媒体渠道接受同一家传媒企业的服务。在这个背景下，体育传媒市场也进入了“一个竞争的时代”，媒体间的合作博弈成为传媒市场竞争的实质。

体育传媒市场完成体育信息传递的过程与媒体刺激人体感官（如听觉与视觉等）的过程是合二为一的。这个过程及其完成方式正是广告所需要的，因为广告的核心目的就是刺激受众以诱发其购买欲望。因此，当代体育传媒市场与广告赞助成了“孪生兄弟”，哪里有体育赛事转播，哪里就充斥着赞助厂商的广告。巨额的广告赞助费极大地增强了体育媒体的资本实力，从而提高了体育信息传播的速度和质量。高质量的音画效果又加强了对受众的吸引，最终使广告赞助商再次不惜血本地购买赞助权。这个正反馈的过程正是体育传媒市场生生不息的真实原因。

虽然我国的体育传媒市场还处于启蒙发育阶段，但是在WTO的框架下，国内体育传媒市场必将全面开放。为此，我国的体育传媒业应顺应“竞合”的时代潮流，积极谋求与国外媒体的合作，在合作中壮大。1988 年，体坛传媒的第一份刊物《体坛周报》在湖南长沙创刊，1994 年后借助中国甲 A 联赛和欧洲足球联赛的大量报道，逐渐开始占据中国体育传媒市场，曾在 2001 年中国世界杯出线时创下期发量 262 万份的纪录。经过 20 年的发展，《体坛周报》已经成为全国发行量最大的体育类报纸，被中国新闻研究中心评为体育类报刊中影响力、公信力最强的媒体。其拥有华人圈最大的专业体育编辑、记者团队，专业人才遍布全球五大洲。作为中国体育平面媒体集团的领头羊，它是全球包括 FIFA、FIBA 等各大国际体育组织在中国的首选合作伙伴。随着市场经济体制的不断完善，近年来我国也出现了各式各样的体育媒体，这不仅丰富了人们获取体育信息的渠道，而且极大地推动了我国体育传媒业的发展。电视媒体主要以 CCTV-5 为代表，包括各地方台的体育频道以及在中国落地的 ESPN 和星空体育（Star Sports）；体育广播主要由全国性和地方性广播网的体育广播构成；体育报纸主要有全国性和地方性综合类报纸的体育版和专业性体育报纸两类，而专业体育报纸的发展更为突出。

近年来新媒体快速发展，互联网、手机电视、移动电视也加入了体育新媒体传播的大军中。中国互联网络信息中心发布第 42 次《中国互联网络发展状况统计报告》报告显示，截至 2018 年 6 月，中国网民规模达到 8.02 亿人，与 2017 年相比增长 3.8%，互联网普及率为 57.7%。其中手机网络视频用户规模为 57786 万人，与 2017 年末相比增长 2929 万人，移动视频用户的增长依然是网络视频行业用户规模增长的主要推动力量。2009 年底，中央电视台打造的中国网络电视台（CNTV）上线，其中很重要的一个内容和功能就是支持体育节目的同步直播。此外，新浪体育、PPTV 等在线视频平台也发力推出体育直播节目。例如，在 2012 年伦敦奥运会期间，越来越多的中国公众习惯于借助手机或者平板电脑等移动设备，通过微博、移动 App 等新兴平台关注“赛事新闻”“金牌榜”“赛事结果”等资讯。数据显示，除门户网站之外，“微博”已经成为公众关注排在第二位的互联网平台，还有 38%的人通过“社交网站”关注伦敦奥运。在伦敦奥运会开幕式期间，用户通过社交媒体发送的与奥运会有关的消息达到 966 万条，Facebook 用户生成的奥运会主题内容超过 1.16 亿条；Twitter 生成的奥运会内容超过 1.5 亿条；新浪微博用户累计访问达到 3.1 亿次；共发出 3.93 亿条奥运会相关微博。中国的人人网上传的与奥运相关的日志有 16 万多篇，状态 600 多万条，照片 45 万张，分享达到 900 万次，奥运会相关的公共主页粉丝增长到了 100 万人以上。调查发现，有 69.3%的受众用手机上网实时关注奥运动态，45.4%的人通过手机收看比赛获报道等，19.5%的调查对象订阅了与体育运动相关的手机报服务。在这样的传播背景下，通过社交化、移动化的方式来分享体育、关注体育、传播体育的人群也越来越多。

七、体育博彩市场

体育博彩市场的客体是各类投注项目的中奖期望。通俗地讲，期望就是“运气”的概率估计。因此，我们可以认为体育博彩市场买卖的是“运气”和“潜在机会”，而“运气”和“潜在机会”是以彩票为载体的。

体育博彩市场的供给者是博彩公司以及其他机构（如基金会等），需求者是彩民。由于博彩存在规模经济，因此，体育彩票的供给者往往借助专业的彩票发行与销售公司的中介的服务完成发行。体育彩票的定价主要取决于对彩票的实际中奖概率的估算，其特征是“小面额”博“大奖”。

我国的体育博彩开始于1990年亚运会。1994年国家体育彩票管理中心正式成立，开启了体育彩票全国统一发行、规范管理的新一页。到1995年体育彩票的收益金达到3亿元，1997年体育彩票的发行额度达到5亿元，1999年则上升为40亿元。到2013年，全国31个省市区中有26个省市区的体育彩票销售量超过10亿元，其中江苏、山东和广东销量突破百亿元，全国总销售量高达1327.9亿元。短短二十年的发展，与1994年相比增长上百倍，创造了世界彩票发展史上的一个增长奇迹。截至2015年体育彩票的销售量达到1664亿元，筹集体彩公益金415亿元；2016年度销量达1881.5亿元，同比增长13.1%，筹集体彩公益金448亿元；2017年，中国体育彩票年销量再创历史新高，首次突破2000亿元大关，达2096.92亿元，比上年增长11.45%，筹集体彩公益金523.26亿元。体育彩票发展为我国体育事业、公益事业和社会经济的发展作出了卓有成效的贡献。

但是，这个市场也存在许多不足：其一是博彩业的法律地位有待进一步明确；其二是投注项目过于单调，这不能满足快速增长的彩民的投资或娱乐需求；其三是发行主体缺乏多元化，应出台相关法律，保障私人企业在符合法规的前提下拥有彩票发行权；其四是缺乏对体育博彩市场对外开放的研究和实践；其五是各级彩票机构要密切跟踪分析彩票市场变化情况，切实加强彩票发行销售工作；其六是各级财政部门要进一步加强彩票市场监管工作，及创造良好的外部环境，维护彩票市场正常秩序，促进彩票事业健康发展。

八、体育旅游市场

体育旅游市场是体育产业与旅游产业的交叉型复合市场，它把消费者的旅游观光和体育健身、娱乐等多个层次的休闲需求有机地结合起来，使旅游者在同一时间内享受多重的服务内容。

体育旅游市场的客体包括体育旅游的项目及其内容。体育旅游的项目丰富多彩，一些学者对它进行如下的分类：

（1）休闲体育旅游：包括钓鱼、登山、冲浪、骑马、高尔夫、跳舞、游泳等。

（2）健身体育旅游：包括保龄球、网球、健美、溜冰、台球、潜水、羽毛球等。

（3）体育观赏和大型赛事旅游：包括观看奥运会旅游、亚运会、世界杯、观看NBA旅游、观看其他大型球赛或运动会旅游等。

（4）极限体育旅游：包括蹦极、狩猎、激流、森林探险、秘境旅游等。

（5）竞技体育旅游：包括帆船、滑雪、射箭、滑翔伞等。

体育旅游市场的主体包括旅行社、旅游景点经营公司以及旅游者。体育旅游需求也属于休闲需求，因此其市场主体的规模受经济发展水平的制约。随着经济的发展，人们收入水平得以提高，于是闲暇替代劳动的机会越来越多，旅游和体育也就成为闲暇活动消费的热点。

目前，开发我国体育旅游市场的优势大致有3点：一是国内体育旅游消费群体迅速壮大，居民收入水平的快速增长，已经激活了国内的体育、旅游市场。这奠定了国内体育旅游公司拓展国内市场的前景。二是政府重视体育旅游市场的发展。以2002年日韩世界杯为例，为了吸引观看世界杯的游客到中国旅游，北京市旅游局在该年 3 月就打出了“您已经来到亚洲，长城就在你身边”的口号。同时策划了球王贝利在长城上做宣传的活动，让他表演了一回世界上最古老的足球运动——蹴鞠。近万册精美宣传画册也发放给了境外球迷，以诚邀全世界的球迷到北京来。三是自 20 世纪 90 年代以来，国内旅游而取得了持续扩展的业绩，这为国内旅行社今后着力经营体育旅游项目积累了许多丰富的战略经验。但是，我们也应该清楚意识到该市场存在的弱势：一是国内缺乏具有专门运作体育旅游项目的企业；二是国内体育旅游业尚未具备全面应对加入 WTO 后服务业对外开放的实力；三是缺乏横跨体育产业与旅游业的优秀企业集团。面对国际体育旅游市场的激烈竞争，我们的策略是寻求能够扬长避短的合作性竞争。

第二章　体育营销环境

第一节　体育营销环境的含义和特征

【案例导入 2-1】

安踏与冰雪的不解之缘

2017 年 9 月 28 日，安踏与北京 2022 年冬奥会和冬残奥会组织委员会签约仪式在首都体育馆举行，安踏正式成为北京 2022 年冬奥会和冬残奥会官方体育服装合作伙伴，跻身 2022 北京冬奥会最高级别的赞助层级。北京市副市长、北京冬奥组委执行副主席张建东致辞说，北京冬奥会是我国重要历史节点的重大标志性活动，对于展现国家形象、促进国家发展、振奋民族精神，具有重大而深远的意义。

平昌冬奥会中安踏已经成功打响全球化战略第一枪。中国代表团在开、闭幕式身着简洁清新的洁白羽绒服亮相堪称惊艳，被不少网友称赞为“大气白”。国际奥委会主席巴赫在内的国际奥委会官员穿着带有明显安踏 LOGO 的黑色长款羽绒服，引发热议，也被网友大赞“高级黑”。此外，中国短道速滑运动员武大靖夺冠后的振臂怒吼、短道速滑队主教练李琰在遭受争议判罚后的愤怒……安踏与这些画面一起定格在国人的记忆里。

安踏体育用品有限公司执行董事、安踏品牌总裁郑捷致辞说，早在 2010 年，安踏就和中国冰雪结缘。今天，安踏与北京冬奥组委在此牵手，正式成为北京 2022 年冬奥会和冬残奥会官方体育服装合作伙伴。过去 8 年，安踏与中国奥委会一道伴随中国体育代表团连续历经伦敦、里约两个奥运周期，签约完成后，安踏将连续四个奥运周期成为中国奥委会的合作伙伴。安踏在倾心为中国体育、中国运动员提供最优质的产品和服务同时，借助奥运强大的影响力以及高端专业属性，成长为中国体育用品领先品牌、世界第四大市值的体育用品品牌。未来安踏不仅将继续在北京冬奥、中国代表团层面助力，也将在大众冰雪运动推广和大众冰雪市场开发层面不断努力，积极布局冰雪产业，发挥安踏的优势，切实推动中国冰雪事业的发展。

2015 年安踏成功成为首个“百亿俱乐部成员”后，2016 年安踏集团在中国内地的安踏店（包括安踏儿童独立店）共 8860 间，安踏的品牌美誉度及销售得到明显提升。市值首次突破 600 亿元，无疑再次让市场眼睛一亮。分析认为，除了推出高性价比的创新产品外，这很大程度上得益于安踏抓住里约奥运会契机，采取了行之有效的营销手段。安踏与克莱·汤普森（Klay Thompson）及曼尼·帕奎奥（Manny Pacquiao）等世界知名代言人的合作，无疑也为百尺竿头的安踏带来了更进一步的品牌美誉度。安踏的快速发展归功于多品牌精准定位、消费者渠道全覆盖及独特的商业模式。2016年，备受关注的FILA业务维持高增长势头，继续成为年内安踏发展的强劲引擎之一。截至2016年12月31日，在中国内地、香港及澳门的FILA店铺（包括FILA KIDS独立店）共802间。电商成增长新动力。值得一提的是，电子商贸继续是安踏集团增长最快的业务之一。目前，安踏电商业务已经发展成为一个提供广泛网上主打产品的平台，并且可以销售安踏、安踏儿童、FILA、FILA KIDS、NBA系列的在线独有专供款产品。

独特并有效的“单聚焦、多品牌、全渠道”战略成为安踏充分发掘市场潜力的关键，该战略成功引领安踏全面覆盖所有消费者的需求，并且助力其在各个体育用品行业细分市场增加市场份额。据了解，安踏提出的“单聚焦”即将资源单聚焦在体育用品行业，并承诺以工匠精神生产最好的体育用品产品。而“多品牌”可以分为两个层面，其一为全覆盖的品牌组合以捕捉体育用品产业市场细分区隔的需求：包括从大众消费者到高端消费者，从功能性体育用品到时尚体育用品，从成人市场到儿童市场，从大众运动到细分运动市场；其二为致力于进一步强化除了安踏、安踏儿童、FILA、FILA KIDS、DESCENTE及NBA系列产品以外的品牌线。与此同时，对“全渠道”的布局使安踏得以通过多种形式的分销网络，包括街铺、商场、百货公司、奥特莱斯、网店及电商平台，让各品牌及产品能够覆盖到各自的目标消费者。

“安踏之道”缔造中国奇迹。在零售业疲软的外围环境下，安踏之所以能连续突破自己，再创业绩高峰，归根到底全凭强而有力的企业文化、价值观及团队精神以支撑。所谓“安踏之道”，包括四个维度：以消费者为导向、以市场地位为目标、以贡献者为榜样和以创新为生存之本。事实表明，“安踏之道”的确立对集团的发展至关重要。不难发现，安踏的“单聚焦、多品牌、全渠道、全覆盖”战略正是以消费者为核心。与此呼应的是“安踏之道”的第一层要旨即为“以消费者为导向”。这要求安踏在制定每一条产品线的时候，要有完整的前期研究，坚持“下一道工序就是客户”。下一步，安踏还将建立消费者大数据平台，在全球范围内建立消费者研究中心，驱动产品研发，同时建立消费者体验指数，全面升级消费者体验。“以市场地位为目标”推动安踏放眼整个市场，积极争取话语权。安踏相信，在洞悉未来趋势的基础上才能创造消费需求，进而改变市场结构。安踏希望每个旗下品牌都在自己的细分市场角逐其相应市场地位。

正在往“千亿”路上奋进的安踏，把所有员工都凝聚在一起。集团内目标明确，要鼓励这些贡献者，让他们受到尊重，受到肯定，受到推崇。具体而言，是确保建立正确的机制评核并奖励为企业成功付出和贡献的安踏人。安踏通过对员工的尊重和认可，并提供广阔的职业发展机会，去奖励那些作出巨大贡献的员工。

近年来，安踏陆续引入了大量国际化人才，重塑创新机制、创新流程和创新文化，以创新为先——这乃是安踏一向秉持的经营理念，所谓“不创新，便死亡”。安踏的研发投入一直不断在增加，并取得了初步成效。安踏已经在日本、我国香港地区成立了设计中心，2016年还在美国建立了研发设计中心，配以全球化的布局。

安踏体育董事局主席兼首席执行官丁世忠表示：“集团市值首超600亿元，背后的支撑正是‘安踏之道’的确立和践行，我们希望担起中国体育用品行业和民族品牌的大旗，继续创造安踏奇迹和中国奇迹。世界大同，唯变革者强，唯奋进者繁盛，唯创新者生生不息。安踏希望能继续成为这个时代的驱动力，向着下一个十年永不止步。”

丁世忠指出：“随着2022年冬奥会筹备工作陆续展开，安踏作为中国体育用品行业领导企业，将不遗余力投入资源，全力配合。市场也普遍认为，未来十年将会是中国体育用品产业的黄金十年，受惠于政府对体育事业发展的不断支持、体育参与度的提升，以及体育用品产品需求的增加。凭借我们的‘安踏之道’及独特商业模式，我们有信心能够在中国体育行业中脱颖而出、再创奇迹。”

（资料来源：安踏官网）

思考题：

1. 试析安踏集团成功的原因。
2. 结合北京冬奥会分析安踏的体育营销环境。

一、体育营销环境的含义

体育市场人员在一个联系紧密的世界中开展营销活动，他们必须与顾客、企业的其他部门及外部合作者建立有效的联系。体育营销是以体育活动为载体来推广自己的产品和品牌的一种市场营销活动。体育营销活动包括两种：一种以销售体育商品为主的体育产业领域内的营销，另外一种以借助体育活动而进行的其他产业营销。

营销环境是企业营销决策的基础。环境是围绕在该系统周围的所有事物，一个商业组织可以被看作一个系统，其行为受到其环境中一系列因素的共同影响。体育营销环境是指影响体育营销活动开展的不可控制的外部因素的总和。一些事件会直接影响到组织的活动，这样一些因素形成了组织的微观环境。超出组织之外的其他事件也能影响组织，这样的一些因素成为宏观环境。

体育营销环境由宏观环境和微观环境构成。微观环境又称直接营销环境，是指与企业关系密切的个人和其他组织，能够影响企业服务顾客能力的各种因素，包括企业自身、供应商、营销中介、目标顾客、竞争对手及公众。宏观环境又称间接营销环境，是指通过影响微观环境而影响企业的更加广泛的因素，包括人口、经济、自然环境、技术、政治、法律及社会文化因素。

二、体育营销环境的特征

（一）客观性

开展体育营销活动的企业总是存在于特定的社会和环境下，并且这种环境是不以营销者个人的意志为转移，环境具有强制性且不可控制的特点。企业无法改变国家的政策和社会风俗习惯，更不能限制人口的增长，市场营销环境是不可控制的，企业必须学会不断适应环境。诚然，企业可以发挥其应有的主观能动性，能够认识和利用营销环境制定营销战略，主动寻找新的机会。

（二）动态性

市场营销环境是一个多因素、多层次、多变的动态环境，市场机会与威胁始终并存。

科技、经济、政治和法律等因素相对于其他因素变化稍快，尤其是科技因素作为产品创新的重要动力，有助于企业形成核心竞争力。社会和人口因素长期发展中（长时间）形成的，变化相对较慢。市场营销环境通过其内容的不断扩大及其自身各因素的不断变化，对企业营销活动发生影响。首先，市场营销环境的内容随着市场经济的发展而不断变化。其次，市场环境因素经常处于不断变化之中。环境的变化既有环境因素主次地位的互换，也有可控性质的变化，还有矛盾关系的协调。

（三）差异性

从企业到地区以及国家，在文化上存在较大差异，而不同地区和国家在人口、经济、政治、环境等方面差异显著。营销组织者需要结合不同环境因地制宜地制定营销策略。同一营销环境下，同一地区不同行业在营销环境上也存在行业差距，不同企业对环境的适应性也有一定差异。

（四）相关性

各环境因素之间相互影响和相互制约。体育营销活动受多种环境因素的共同制约。体育产业政策、相关技术、消费者、企业内部环境等因素之间互相影响，某一因素变化会引起其他因素的互动和改变。体育产业政策会影响技术、企业发展；而技术和消费者、企业发展反过来又会推动新兴政策颁布。看似各因素是独立的，其实只是表面的相对分离，内部极其复杂。

随着科学技术的发展，体育赛事转播的质量也得到了极大的提升，为观看者提供了更全面、更清晰的观赏体验。腾讯体育正式上线“多视角观赛功能”——用户自行选择观看视角、自行选择直播解说音轨。同一场比赛，提供 4 路信号供用户切换，球场、球星、观众席，充分满足用户自定义观赛需求。互联网赛事转播中，各个网站都在尝试建立互动参与、明星交流等社交平台，解决了传统电视转播参与性低、互动性差的问题，努力为消费者提供更丰富的内容、更全面的服务。吴亦凡出现在 2016 年多伦多 NBA 全明星名人赛的赛场上，在参加完该场比赛后，吴亦凡还在直播中对扣篮大赛和全明星正赛进行解说。由此可见，赛事转播技术的发展，对产品质量产生了变革性影响，此外互联网的实时互动也丰富了产品内容。技术对产品生产、销售及顾客等均产生了一定影响，反过来目标顾客的观赛体验也会增加企业品牌知名度，促进技术的进一步发展。

第二节　体育营销环境因素

一、宏观环境

宏观环境指那些给企业造成市场机会和环境威胁的主要社会力量。通过识别宏观环境，体育营销者可以找到更多地市场发展机遇。

（一）人口因素

人口的数量、年龄、性别、种族、职业等因素均对体育营销决策产生一定影响。联合国 2016 年发布的《世界人口展望：2015 年修订版》中提到世界总人口约为 73 亿，这一数字到 2030 年预计将增加到 85 亿，到 2050 年升至 97 亿。其中发展中地区特别是非洲增长最快。印度2022年将成为第一人口大国，尼日利亚人口将在2050年超越美国。世界各国人口增速将会下降，老龄人口比例将会上升。此外，发达国家的人口出生率下降，人口大国逐渐向经济落后地区转移，发达国家人口趋于老龄化。家庭结构趋于小型化，非家庭用户迅速增加，单身成年人、两人同居和集体住户同时存在。部分国家人口流动性加大，如我国农村人口逐渐流向城市，大城市人口增多由城区流向郊区。

人口的爆炸性增长意味着市场机会的增加，人们对安全和体育需求的增加，而人口结构的变化更为体育市场的发展提出了新的发展机遇。因此，体育市场从业人员时刻关注国内外人口的增长和变化趋势，长期跟踪调查年龄、家庭结构及人口地理区域变化，受教育程度和人口变化的多样性，以便提前了解人们的体育需求。

1. 人口环境

人口总量或人口规模，指一个国家或者地区总人口数量的多少，它是衡量市场容量的首要因素，对基本生活资料的需求具有决定性作用。2017年年末我国人口总量达13.9亿，庞大的人口数量为体育市场提供了一个巨大的发展空间。

2. 人口地理分布及流动

人口在地区上的分布，与市场消费需求有密切关系。人口密度和集中度影响分销和沟通。2010年第六次人口普查中，东部地区人口占31个省常住人口的37.98%，中部地区占26.76%，西部地区占27.04%，东北地区占8.22%。与2000年人口普查相比，东部地区的人口比重上升2.41个百分点，中部、西部、东北地区的比重都在下降。其中西部地区下降幅度最大，下降1.11个百分点；其次是中部地区，下降1.08个百分点；东北地区下降0.22个百分点。按常住人口分，排在前五位的是广东省、山东省、河南省、四川省和江苏省。人口地理分布是企业开展营销活动，规划营销战略的重要参考指标。不同地理区域所适合开展的体育项目不同，在营销中要注重因地制宜，突出特色避免产品同质化。

这次人口普查，居住地与户口登记地所在的乡镇街道不一致且离开户口登记地半年以上的人口为26139万人，其中市辖区内人户分离的人口为3996万人，不包括市辖区内人户分离的人口为22143万人。同2000年人口普查相比，居住地与户口登记地所在的乡镇街道不一致且离开户口登记地半年以上的人口增加11700万人，增长81.03%；其中不包括市辖区内人户分离的人口增加10036万人，增长82.89%。这主要是因为多年来我国农村劳动力加速转移和经济快速发展促进了流动人口大量增加。

3. 人口构成

人口构成分布从性别、年龄，民族和职业结构分类，不同职业、民族、性别等对于商品和服务产生不同的需要，形成各具特色的市场。第六次人口普查数据显示，男性人口占51.27%，女性人口占48.73%。0~14岁人口占16.6%，60岁及以上人口占13.26%，比2000年人口普查上升2.93个百分点。人口年龄结构的变化，说明随着经济快速发展，人民生活水平和医疗卫生事业得到巨大改善，生育率持续保持较低水平，老龄化进程逐步加快。汉族人口较十年前有所下降，而少数民族人口较十年前有所上升，少数民族人口十年年均增长率高于汉族。随着老年人口的增长，体育营销的热点开始向为老年人提供服务和产品的休闲、养生、健康、医疗等产品转移，在产品设计中更加注重体现产品的耐久性而非时尚性。

4. 家庭结构

家庭是社会的细胞，也是商品采购的基本单位。每一个家庭单位影响大件耐用消费品。据2010年人口普查数据显示平均每个家庭户的人口为3.1人，2000年人口普查的数据是3.44人。我国生育水平不断下降，家庭户规模继续缩小，流动人口增加，年轻人婚后独立居住。

（二）经济因素

体育是人们在满足衣食住行之后，才会发展的兴趣爱好，是一种非生活必需品。对于体育营销人员来说，购买力与人一样重要。体育也可以说一种反映经济发展程度的晴雨表，不同程度的经济水平国家体育市场发展程度差异巨大，发达国家如美国、欧洲等体育产业发展较成熟。而我国市场化起步晚，体育市场繁荣程度自然远远落后于发达国家。甚至同一国家不同地区，体育发展水平也与经济发展程度密切相关，我国东南沿海地区体育市场发展快于内陆地区。所以体育营销人员必须密切注意国内外经济发展状况，以及消费者收入水平的变化。

经济环境是影响和制约社会购买力形成的主要环境力量，其主要的环境力量是社会的购买力。社会购买力是一系列经济因素的函数，取决于国民经济的发展水平以及由此决定的国民平均收入的水平，并直接或间接地受消费者收入、价格水平、消费者支出状况、储蓄和消费者信贷等经济因素的影响。市场是由那些想购买物品并且有购买力的人组成的，而且这种人越多，市场规模就越大。换言之，购买力是构成市场和影响市场规模大小的一个重要因素。

（1）消费者可支配收入。消费者在一年内实际得到的可用于消费和储蓄的收入总和。可支配收入作为个人收入的一部分，通常被认为是消费者开支最重要的决定性因素。它也常被用来衡量一国生活水平的变化情况。计算方法是个人收入扣除向政府缴纳的个人所得税、遗产税和赠与税、不动产税、人头税、汽车使用税以及交给政府的非商业性费用等。包括消费者个人工资、红利、租金、退休金、馈赠等收入。在消费者个人可支配收入中，个人可任意支配收入是在个人可支配收入中减去消费者用于购买食品、支付房租及其他必需品的固定支出所剩下的那部分收入，还要扣除稳定的储蓄。只有这部分收入才可以用来购买体育相关产品，进行体验性体育消费。

（2）消费结构。消费结构反映了消费支出模式，是消费者各种支出的比例关系。分析消费结构时常用“恩格尔系数”来分析。

$$\text{恩格尔系数}=\frac{\text{食物支出总额}}{\text{家庭消费支出总额}}$$

恩格尔系数表明，在一定的条件下，当家庭个人收入增加时，收入中用于食物开支部分的增长速度要小于用于教育，医疗、体育、娱乐及享受等方面开支的增长速度。恩格尔系数是衡量一个城市、国家和家庭生活水平的标准。恩格尔系数越小说明越富裕，恩格尔系数越大说明生活水平越低。体育营销人员可从恩格尔系数了解体育市场的发展情况。

（3）消费者储蓄和信贷情况。消费者的储蓄和信贷，直接影响着消费者的不同时期的货币持有，也就直接影响着消费者购买力的大小。

（三）自然环境因素

体育产品生产或营销活动离不开自然资源。随着工业社会的发展，我们的自然环境日益受到破坏，空气和水源以及地球温室效应越来越明显，使人们对生存环境感到焦虑。里约奥运会高尔夫球场位于里约城西南部郊区，毗邻奥林匹克公园，球场区域被称为里约西南部湖区的“最后一片绿地”。自从奥运高尔夫球场开工以来，有关球场和环保的争议从未停止。2014 年，巴西里约奥运会高尔夫球场建设面临诉讼，这也是里约筹备工作的一大难题。高尔夫球重返奥运舞台成为里约奥运会的一大看点，然而在筹备工作中，奥运会场地被指控破坏环境，需要重新评估。在该案中，球场开发商和里约市政府均成为被告。里约州的公诉人认为，里约市政府给予球场的环境许可“充斥着错误”，要求法官暂停这一许可，球场建设陷入僵局。体育产业作为朝阳产业和无烟产业，场地建设过程中需要因地制宜，不能以破坏自然环境换发展。

企业意识到环保问题的重要性，营销人员在实践中应关注以下发展趋势：原材料短缺、能源短缺、成本增加、污染增加及政府干预可能带来的威胁，需要从中寻找市场机遇。大型体育赛事对自然环境的大量使用，修建体育场馆和及相应设施需要使用大量土地，将使原有自然环境遭到破坏。尤其是在新建永久性场馆设施方面，一方面要浪费大量的材料和能源，另一方面会破坏当地的植被、土壤等，而且破坏是长期的。

（1）原料的短缺或即将短缺。可再生的有限资源面临着日趋减少的威胁，水在世界上某些地区也出现供应不足的现象。不可再生的有限资源，如各种石油、煤、天然气等。这些资源与人类社会的发展相比，形成过程非常缓慢，与其他资源相比，再生速度非常缓慢或者几乎不可能再生。这些资源消耗完将对我们的生产和生活造成严重影响，使用以上资源从事生产活动的企业面临成本上升的威胁，而进行新能源研发的公司掌握着制造替代资源的发展机遇。

（2）能源成本增加。伴随能源短缺而来的是石油、天然气等能源的价格上升。尤其是石油作为“工业的血液”，将导致工业成本的增加。及时开发和研制太阳能，风能等新能源，或开发研制节能的新兴产品，无疑对企业都是很有利的营销机会。

（3）污染增加。污染严重的行业面临着倒闭。而那些致力于控制污染，研究开发环保的新产品的行业和企业则有了市场机会。修建高尔夫和滑雪场地会破坏原生植被，运输和施工环境也会造成二次污染。大型场馆需要安装大型空调和排气装置来调节温度，必然会带来大气污染。举办大型运动会的过程中，大规模的人群在短时间内集中到比赛地点，会增加当地的交通压力，更为严重的是产生大量的生活垃圾。汽车拉力赛等在比赛过程中耗油量大，会增加尾气排放。

（四）技术环境

每一项新技术创造了新的市场和机遇，同时也意味着旧技术的退出。尤其是互联网科技的快速发展，技术迭代改变了人类的生产和生活方式，体育领域也不例外。运动技术的飞速发展，而伴随运动医学的发展而来得兴奋剂等事件屡禁不止。

（1）技术变革步伐加快。科学技术的发展，使得企业提高了营销效率。新技术革命会影响零售业结构和消费者购物习惯，缩短了产品生命周期，使新产品和新的营销技术发生变化，导致新的消费需求产生。体育产品的科技含量更高，健身器材、运动装备的智能化，能实时记录运动过程。产品交易方式虚拟化，使得流通方式更加多元化。

(2) 创新产品。创新性产品推动了消费者需求多样化，使市场更加重视品牌和质量，消费者消费的内容也变得更加纷繁复杂。“互联网+”将体育融入互联网内，体育的物质和服务产品、厂商、渠道及消费者、媒体等所有资源都集中在互联网这一平台内，实现体育产业各主体间的信息共享，改变商品的生产方式，创新盈利模式。互联网技术的发展形成了众多新兴自媒体产品，自媒体可以实现线上和线下实时互动，大大减少了信息不对称现象。消费者可以参与产品生产过程，如 VR 技术使用户可以通过听觉、视觉和触觉，实现三维体验。虚拟现实同时帮助公司收集顾客对新产品的使用评价和使用过程数据。

(3) 技术变革的监管力度增大。尤其是移动互联网时代，各类网络 App、公众号、小程序等产品变得越来越复杂，公众更希望自己的安全能够得到保证。政府加大监管力度，对不安全产品进行调查，禁止其进一步生产和使用。在食品、汽车、服装及建筑领域，关于安全和卫生的规定也增加，在体育领域关于安全的规定较少，营销者在推出新产品时需要了解其他相关领域的这些规定。

(五) 政治与法律环境

政治环境调节企业经营的方向，法律环境制定企业经营的规则，彼此之间相互关联性较强，因此放在一起进行分析。政治与法律环境对企业和其他组织的运作具有很大的规范作用，会影响营销决策的制定，是强制和约束企业市场营销活动的各种社会力量的总和。同时也是保护企业正常生产经营活动的基本条件。

1. 政治环境

政治环境是企业市场营销的外部政治形式。主要包括一个国家的政治局势、经济体制、方针政策、政治制度以及国际关系。一个国家的政局稳定与否，会给企业经营活动带来重大影响。传统的计划经济体制下，我国的体育体制是金牌至上的竞技体育体制，国家集中物力财力发展竞技体育，通过奥运金牌彰显国家在国际舞台的实力。政治对体育的干预较强，体育产业发展较缓慢。改革开放以来，我国体育也逐渐从“为国争光”转向“为国增力”。近年来，国家针对体育产业发展制定了一系列的政策。2014 年 10 月 20 日，国务院正式颁布《关于加快发展体育产业促进体育消费的若干意见》，第一次从国务院的角度颁布体育产业发展政策。2016 年 6 月 23 日国务院印发《全民健身计划（2016—2020 年）》，同年 10 月 25 日印发《“健康中国 2030”规划纲要》，10 月 28 日国务院办公厅发布关于加快发展健身休闲产业的指导意见。国家体育总局和各地市政府也相应颁布了体育产业发展相关政策。体育产业上升至国家战略层面，市场开放程度逐渐提高。企业要注重对国家经济政策的分析和应用。扩张性的经济政策，以及政府简政放权，激活市场活动，将会推动企业投资的增长，对企业营销有促进作用。政策刺激下，体育市场呈现井喷式增长，国内行业巨头万达、腾讯、阿里纷纷布局体育产业。

体育企业在其生产经营过程中，逐渐走出国门与其他国家发生商业往来。国内知名体育用品品牌李宁、特步、安踏等开启跨国业务。国际关系也会影响到企业的营销活动，一方面是企业所在国与营销对象国之间的关系，另一方面是国际企业对市场国来说是外来者。营销活动受到市场国与其他国家关系的影响。

2. 法律环境

法律环境是指国家或地方政府颁布的，特别是与经济相关的各项法规、法令和条例。西方发达国家一贯以法治国，对企业营销活动的管理和控制主要通过法律手段进行。社会需要某种形式的规则来管理规范组织、个人及政府之间的关系。在当今复杂多元化的社会中，仅仅依靠德治不足以保证商业规则的遵守。当前企业营销活动相关的立法逐渐增多，法律体系逐步完善。我国已有的市场相关法律包括：《公司法》《广告法》《商标法》《著作权法》《专利法》《合同法》《反不正当竞争法》《消费者权益保护法》《产品质量法》《外资企业法》等，这些法律对规范企业营销活动起到重要作用。此外，各国也建立了相应的执法机关，如美国联邦贸易委员、环境保护局、消费者事务局等执法机构。我国市场管理机构有工商行政管理局、技术监督局、物价局、环境保护局等机构。这些机构分别从各方面对企业营销活动进行监督和控制，保护合法经营，提供公平竞争的良好环境，维护消费者权益。

（六）社会文化环境

社会文化环境是指一个国家、地区的民族特征、价值观念、生活方式、风俗习惯、宗教信仰、伦理道德、教育水平、语言文字等的总和。文化对企业营销的影响是多层次、全方位和渗透性的。一个社会的文化价值观包括：人们对自己的看法、人们对宇宙的看法、人们对他人的看法、人们对组织的看法、人们对自然的看法、人们对社会的看法。

文化源于错综复杂的社会关系，包括社会的基本价值观、偏好和行为习惯等。一个国家可能包含多种文化，且每种文化之间存在根本上的差异。不同国家的颜色文化差异体现在产品包装上。在美国，绿色让人联想到金钱，橙色表示其中的物品较便宜。在欧洲，紫色会让人联想到悲哀。在亚洲国家，白色表示悲痛和死亡，但在西方社会中白色表示纯洁。

(1) 价值观念：是指生活在某一社会环境下的多数人对事物的普遍态度或看法。不同的社会形成了不同的信仰和价值观。核心信仰和价值观轻易不会改变，而从属信仰和价值观相对容易改变。这些文化特征可以影响营销决策。体育在传统观念中曾处于可有可无的状态，体育从业者也被冠以“刻板印象”。而近年来随着社会的快速发展，人们越来越重视社交，于是满足社交需求的健身娱乐业快速发展。

(2) 教育水平：教育水平的高低影响消费者对商品的鉴别力，影响消费者心理、购买理性程度和消费结构。通常受教育水平越高的人，更加重视体验性体育消费，并且会主动地学习新的知识和能力，这也为企业研发体育新兴产品和新市场提供了良好机遇。

(3) 宗教信仰：宗教影响着人们对物质生活的重视程度，从而影响了人们占有财富、享用物质和服务的态度。宗教有时还禁用某种商品和服务。同时宗教也影响着男女社会角色，以及其他社会活动和风俗习惯，如婚礼。总之宗教以各种方式影响着人们的生活，营销人员也应该对宗教戒律有相当的了解。

(4) 消费习俗与潮流：人们在长期经济活动与社会活动中所形成的一种消费风俗习惯，是各类习俗中的重要习俗之一。由于受社会文化多方面的影响，消费者产生共同的审美观念。休闲正成为许多人生活中越来越重要的一部分，而企业可以提供丰富多彩的休闲相关产品和服务。体育已成为一种健康的生活方式，成为人们安度余暇的重要选择之一。

(5) 社会阶层：就营销而言，不同的阶层的人代表不同的社交圈。社会交往会影响家庭决策和购买行为，决定了个人影响和选择的范围。知识分子阶层通常选择离家近的地方参加体育锻炼，把锻炼作为个人行为，充分享受体育的自由和愉悦。老年人乐意在公共场合进行体育锻炼，因为公共场合有助于他们扩大交往面，排除孤寂的退休生活。经济条件是影响居民体育消费分层的主要因素。

【案例分析】

阿里、万达、乐视、腾讯四巨头布局体育产业

阿里——“找伙伴”。2014年6月，阿里巴巴投资广州恒大足球俱乐部，以12亿元获得后者50%的股权，球队改名为“恒大淘宝队”；2015年阿里巴巴宣布成立阿里巴巴体育集团，正式进军体育产业。在成立阿里体育集团前，电商出身、缺乏体育基因的阿里巴巴首先放在了产业的下游，利用“粉丝经济”快速切入，选择在全球有影响力和粉丝基础的俱乐部和明星进行合作，选择拥有最多赛事版权的体育公司进行投资。同年5月天猫国际宣布与德国拜仁慕尼黑足球俱乐部达成战略合作，拜仁2015季球星战衫将通过天猫国际向中国9000万拜仁粉丝首发，未来还会全球同价发布大牌球星限量球衣及相关产品，拜仁成为第一个与天猫国际合作的足球俱乐部；7月，天猫国际与西甲豪门皇家马德里足球俱乐部达成战略合作伙伴关系，皇家马德里海外旗舰店正式入驻天猫国际，阿里巴巴还将帮助皇马在中国市场开展一系列商业计划；8月，NBA球星科比宣布将其自传记纪录片《科比的缪斯》授权给阿里巴巴天猫魔盒独家发布，并与整个阿里集团合作开发科比相关衍生品。阿里通过版权、体育媒体、赛事运营和票务，将电商平台应用在体育产业当中。

万达——“买买买”。万达是一个有着体育基因的公司，1994年入主大连华录足球队，成立大连万达足球俱乐部，创造八连冠的辉煌。体育产业是万达“大文化”产业布局下的重要分支，掌门人王健林的目标是：将万达打造成“全球最大规模的体育公司”。2015年收购世界第二大体育市场营销公司瑞士盈方体育传媒集团，根据公开资料显示，盈方是全球第二大体育市场营销公司，也是全球最大的体育媒体制作及转播公司之一。该公司所拥有版权的媒体转播涵盖25个体育项目，在足球和冬季运动领域全球排名第一。其手中的权益涵盖了国际足联，包括世界杯在内的、在亚洲26个国家和地区的足球赛事转播独家销售权。最为重要的是2018年以及2022年两届世界杯的销售权，下半年盈方的足球和冰雪项目将在中国市场落地。同年，万达以6.5亿美元并购美国世界铁人三项公司（World Triathlon Corp）100%的股权，该公司拥有铁人三项赛事版权，占全球长距离铁人三项运动份额的91%。万达看重的是产业上游稀缺的赛事资源，并购的体育公司业务必须能在中国落地，只有这样这些在国外每年只有个位数增长的公司才能实现每年20%~30%的增长。

乐视——“找概念”。2014年12月乐视体育剥离母公司乐视网开始独立运作。乐视体育在赛事版权上的“疯狂”无人不晓，他们拥有的版权数量几乎每个月都在更新。截至2015年8月，这个数字达到了200以上。除了欧洲五大联赛、CBA、欧冠、亚冠、中超、WTA与ATP巡回赛这样有较大观众基础的大众赛事，他们还买下了自行车、高尔夫球等相对小众项目的版权。他们的目标是要“拥有90%以上的国内外体育赛事版权，无

死角覆盖大众体育、高端体育和精英体育”。在赛事运营方面，2015 年 2 月，乐视体育与国际冠军杯（ICC）签订了 4 年的合约，乐视体育负责截至 2019 年 ICC 中国区赛事的信号制作、内容转播、版权分发、票务赞助等全部工作。7 月 25 日国际冠军杯在深圳举行了 AC 米兰对国际米兰的比赛，这是乐视体育涉足赛事运营的首秀。在智能硬件方面，8 月 11 日，乐视体育在 PPT 发布会 4 个多月后发布了 3 款超级自行车。此前，乐视体育还在美国设立了总部。乐视体育 CEO 雷振剑在接受虎嗅采访时曾透露，早期业务重心会放在产品技术上，在体育内容基础的内容传播价值链和运动健康领域，例如手环等可穿戴产品两个方向上进行研发。增值服务，基于为庞大用户提供除内容以外服务的项目，如体育彩票、体育培训、体育电商、体育票务和体育游戏等。

腾讯——“聚焦重点 IP”。依靠社交基因进行品牌运营，腾讯布局体育的思路很简单，依靠自己强大的社交基因，拿下顶级赛事版权，进行品牌和社群的运营。腾讯 2015 年最大的撒手锏就是 1 月以 5 亿美元（约 31 亿元人民币）的价格拿下了 NBA 未来五个赛季的网络独家直播权，这也是每个赛季将覆盖 1500+场次比赛直播。除了网络独家直播权，腾讯还拥有 NBA30 支球队所有比赛播放权以及其他网络平台播放 NBA 授权的“剩余权限”，这意味着腾讯能够将每个队的比赛打包给球迷包年观赛，产生付费内容。同时，腾讯获得授权运营 NBA 官网+30 支球队官网和 NBA 官方唯一中文社区，及 100 大球星专属社区。背靠微信、QQ 的平台资源，与用户形成强互动，增加用户黏性。海量高黏性用户可以为 NBA 周边商品的网上销售带来巨大的可能。更重要的一点是，NBA 还授权腾讯开发篮球方面的互动游戏，游戏的变现能力，你懂的。据懒熊体育，游戏正是 NBA 最看重腾讯的地方。相比其他三家，目前看起来企鹅家是最“专心”的，抓住 NBA 这样一项顶级赛事版权，从上游到下游深耕细作，似乎试图要在五年时间里将 NBA 的商业价值利用到极致，5 亿美元可不是白花的！

中国体育产业还从来没有如此火热过。阿里巴巴、万达集团、乐视体育和腾讯是目前在体育产业布局最为引人注目的四家巨头，四家基于其不同的基因、战略和资金体量，在体育产业这条共同的跑道上，有着不同的跑法。不难发现，阿里和万达涉足体育的出发点基于整个集团全产业链的布局需要，体育产业是其围绕核心战略进行的生态业务打造，而乐视体育和腾讯原有的媒体基因决定了它们的布局由内容的积累开始。

【思考题】

1. 四大巨头为何布局体育产业？

2. 试分析腾讯体育的营销环境因素。

（资料来源：虎嗅网，2015-09-17）

二、微观环境

微观营销环境是对企业服务其顾客的能力构成直接影响的各种力量，包括企业自身、供应商、营销中介、目标顾客、竞争者和公众，这些都会影响企业为其目标市场服务的能力。微观营销环境的变动对企业营销的影响往往是具体的，其影响范围也比较小、时间比较短，企业在一定程度上可以控制。

（一）企业

企业在完成营销计划时，营销部门应兼顾企业其他相关部门，如企业决策层、财务、研发、生产、采购、媒体公关等，以上所有这些相互关联的部门共同构成了企业的内部环境。企业内部机构之间，需要一定的沟通时间。庞杂的结构增加了协调与沟通的难度。

企业决策层制定公司总战略、使命、目标和政策，营销部门参照公司战略制定相应的目标。营销部门在市场一线工作，最了解客户的想法，客户的消费习惯。因此，他们的在公司需要跟其他部门沟通和协商相关事宜。财务部门参照历年经费分配比例，按照公司规划分配营销费用，与研发部门沟通确保研发产品能满足客户需求，此外，营销部门还要能够结合企业自身情况分析优劣势，以便区别于竞争对手。企业内部分工协作的程度又会影响营销战略、目标、计划和决策，甚至是营销方案的执行。因此，企业内部资源整合，建立良好的内部环境对于顺利开展营销活动具有重要意义。

（二）供应商

供应商是企业建立顾客价值系统中非常重要的一环。它们是产业链上游厂商或服务商，提供生产产品或服务所需的资源。营销部门在选择供应商时需重点关注供应商的供应能力，如供应短缺或延迟、工人罢工及可能产生的其他因素。如果出现以上现象，短期内会影响企业销售，长期会影响顾客满意度。

供应商是向企业及其竞争者供应原材料、部件、能源、劳动力等资源的企业和个人。供应商是能对企业的经营活动产生巨大影响的力量之一。供应商营销主要包括两方面：一是供应商对企业营销活动的影响，如供货的稳定性与及时性，供货的价格变动和质量水平。二是选择供应商时应该注意以下问题。企业为选择优秀的供应商确定资格标准，如技术水平、财务状况、创新能力和质量观念等。积极争取那些业绩卓越的供应商，与它们建立良好的合作关系。不断拓展更多地供应渠道，当然有实力的企业可以建立自己的供应渠道。

（三）营销中介

营销中介帮助公司将其产品分销给终端消费者，包括中间商、物流公司、服务机构、财务机构。中间商又可以分为经销商、代理商、批发商和零售商。它们是分销渠道，介于生产企业和终端消费者之间，帮助公司寻找顾客并将产品卖给目标客户。物流公司帮助公司运输和存储货物，某些公司有自己物流配送体系。在与物流公司合作过程中，营销人员要综合考虑运输方式和成本、安全性等因素，选择最佳的运输和存储商品或货物的方式。服务机构包括市场调研、广告公司、传媒机构及营销咨询公司，这些机构可以帮助公司合理定位市场，有效传播品牌信息以及促销产品。公司在选择时需要综合考查服务机构的可信度和服务水平及质量。金融中介包括银行、信贷机构、保险公司，它们为交易提供资金支持，分担风险。一些体育企业通过金融机构进行融资，在产品交易过程中为了确保资金和交易安全，购买相应保险。

（四）目标顾客

目标顾客是营销组织的服务对象，包括消费者市场、企业市场、中间商市场、政府市场和国际市场。就体育市场领域来说，消费者市场是终端市场，包括个人和家庭运动装备、健身娱乐、观看比赛、旅游等，他们为自身直接或间接参与体育活动或追逐时尚而购买产品和服务。企业市场顾客为了进一步对产品和服务进行深加工，或者在生产过程中需要使用的原材料向上游厂商购买，如体育经营性场所或场馆向上游厂商购买场地设施和设备等。中间商作为企业与终端消费者之间的营销中介，其购买产品或服务用于转卖获得相应利润。如滔博体育销售耐克、阿迪达斯等体育品牌，是一家典型的体育用品经销商。政府市场购买者主要是相关政府机构，其购买产品和服务用于服务公众，目前各城市为了方便市民锻炼配置了城市绿道。国际市场主要是指国外目标顾客，每个国家有不同的文化差异，营销人员需要详细了解各国消费者的消费习惯。

（五）竞争对手

随着体育产业的快速发展，营销组织之间的竞争越来越激烈。竞争对手之间以经营同类产品为主，也存在一些可替代性产品，他们具有共同的目标市场。营销者首先应该能够识别竞争者，找出同类竞争者，竞争者目标和策略，评估竞争者的优劣势。体育市场人员要关注生产同类产品或服务的企业，或是相同渠道市场的竞争者，甚至是涉及消费者决策过程的替代性竞争企业。竞争已经从产品上升到品牌之间的博弈，公司更加应该关注市场定位，关注自身的品牌个性，制定有效的营销战略。竞争对手的价格、广告宣传、促销手段、新产品开发、服务水平等营销活动会影响到企业的营销。就健身俱乐部来说，目前市场上有综合性商业健身俱乐部、社区健身俱乐部、会所等。各俱乐部之间经营产品均以器械、会员操课及私教为主，曾经依赖价格战殊死搏斗而忽略了消费者的真实感受。为了增加业绩，各俱乐部不断扩展新会员，而老会员保有率较低。现在各健身俱乐部逐渐开始重视教练资质和课程质量，提供差异化产品和服务，提升消费者满意度。

（六）公众

公众是指对企业实现营销目标的能力有实际或潜在利害关系和影响力的团体或个人。公众可以分为政府公众、社团公众、社区公众、媒介公众、融资公众、一般公众及内部公众。

政府公众是指对企业的经营活动有相当影响的有关政府机构。影响体育营销活动开展的政府公众包括体育行政机关国家体育总局、各省市及地方体育局，及主管工商、行政等营销活动开展相关的政府部门。现阶段，政府一方面通过出台相关政策来加快体育产业发展，另一方面也通过监管来规范市场。

社团公众包括各种消费者权益保护组织，环境保护组织，少数民族组织及其他群众团体等。社团公众又称公众利益集团，这些利益集团有一定社会影响力，营销人员应该与他们保持良好的关系。此外，体育领域还包括各省市所建立的各类体育协会，以开展学术交流活动为主的中国体育科学学会、中国体育产业协会等。以发展某类体育项目活动的协会，如瑜伽协会、跆拳道协会、健身健美协会等各类体育项目协会。

社区公众是指企业附近的居民群众，地方官员等。人们通常以就近原则参与体育活动，因此体育企业营销活动的开展主要围绕周边社区和企事业单位进行。

媒介公众是指报纸、杂志、广播、电视、互联网等具有广泛影响的大众媒体。体育类媒介包括中国体育报、体育画报、体育广播电台、体育电视频道，及新兴的互联网体育传媒智美体育等。体育营销组织需要与媒介公众保持良好的关系，企业宣传和品牌推广活动离不开媒介公众。

其他公众包括融资公众、一般公众和企业内部公众。融资公众是指影响企业取得资金能力的任何机构。资金是企业发展的血液，银行、基金会及其他信贷机构能帮助企业快速获得发展资金。企业内部公众包括企业董事会、经理、员工等。企业内部营销对于企业非常重要，从董事长到员工都认知到企业品牌理念和企业文化对企业传达品牌信息至关重要。一般公众是指上述各种公众之外的社会公众，企业在发展中获得更多人的关注和支持对培养潜在客户具有重要意义。

第三节　营销环境分析方法

【案例导入 2-2】

英派斯——健康全产业链服务商

2017 年末，英派斯入选第十一届中国品牌价值 500 强，系唯一一个体育器材行业入选的品牌！

英派斯作为中国最大的健康产业集团之一，1991 年成立至今，已率先构筑了从健身器材开发、制造、经营，到健身服务、健身培训和健康管理的完整健康产业链。2004 年英派斯荣膺健身器材行业首个“中国驰名商标”称号，2005 年在行业中第一批获得“中国名牌”产品称号，2006 年又荣获“全国实施卓越绩效模式先进企业”“全国 AAA 级信用企业”等国家级殊荣。2007 年获得“中国服务业十大优秀特许加盟品牌”称号，2009 年作为健身行业唯一入选的企业，荣获“2008 中国特许经营百强”。截至 2010 年底，已由青岛发展至北京、山东、辽宁、吉林、江苏、浙江、湖北、湖南、安徽、福建、广东、天津、河北、内蒙古、四川等省市 100 多家健身俱乐部，成为国内发展速度最快、规模最大的健身俱乐部连锁体系之一。

英派斯健身俱乐部隶属于青岛英派斯集团，公司主要从事全国范围内英派斯健身连锁经营业务，包括：健身运动设备销售、运动营养品经营、健身业务培训、健身俱乐部管理输出、健身俱乐部服务咨询及与健身俱乐部经营相关的其他业务。公司以连锁营销为先导，以服务营销为基础，并以卓越的产品品质、独特的品牌效应、完善的服务机制，进行英派斯健身俱乐部的全国连锁经营业务，业已成为国内极具影响力的健身俱乐部品牌。英派斯健身连锁体系不断引入国际最流行的教学模式与健身课程，引领健身时尚潮流。遍布全国的连锁经营体系，使“全国连锁，一卡通行”的会员增值服务成为现实。自 2002 年第一家俱乐部开业以来，公司坚持强化管理输出、优化结构调整、深化经营创新、细化品牌建设，在各个方面保证加盟俱乐部稳健、持续、健康发展。俱乐部优势包括：（1）科学的体能检测，英派斯体适能检测系统可以对会员心肺功能、体脂肪、柔韧度、肌力等指标进行检测，让你了解自己的体质状况，教练根据检测结果和健身目标来制定健身计划。(2) 资深顾问，教练具有丰富的实践经验，全部拥有国家颁布的健身教练资格证书。(3) 先进的训练设施。英派斯有氧和无氧设备，动感单车及健身球等设施。(4) 舒适的环境和时尚的运动模式。健身区配备最新的音像系统，舒适而豪华的更衣室，安静的书报阅读区。

参加国内规模最大的商用健身大会——“2017 ChinaFit 北京健身大会”，英派斯以卓越的品质、先进的技术、非凡的设计和优质的服务获得用户的一致认可。PT500H 商用电动跑步机，搭载 20 英寸超清电容触摸屏并内置智能电视，支持 Wifi 和机顶盒，让健身者在跑步的同时轻松、便利地享受线上娱乐。不仅如此，健身者可在跑程结束后，扫一扫，即时分享健身数据，实现更具科学性、互动性的智能化健身体验。

英派斯技术研发力量雄厚，产品设计研发水平一直与国际接轨。公司与国家体育总局体育科学研究所、北京大学等科研院所开展产学研合作，同时积极与海外研发机构保持合作。英派斯多次参与固定式健身器材、室外健身器材、体育用品售后服务等行业标准的制定，是健身器材国家标准的主要起草单位之一。无论是对钢架和零部件材质的选择，还是对运动轨迹的精微调试，处处都体现英派斯的匠心。2017 年，中国网球公开赛指定英派斯为此次大赛健身器材的独家供应商。英派斯作为中网唯一指定的独家健身器材供应商，发挥了自身优势，为中网球员提供训练保障和服务支持，为比赛的顺利进行保驾护航。商用电脑编程跑台、椭圆运转机、动感单车等有氧器械在考虑安全性的同时帮助球员完成更好的热身运动和有氧训练；三站多功能综合训练机、大腿伸展训练器、屈腿训练器、坐式胸肌推举训练器等力量器械能让球员根据自身需求完成日常的运动训练；韵律垫、韵律球等拉伸健身器材可以更好地帮助球员在训练结束后进行身体的拉伸。

2016 年 11 月 25 日，国家发改委、国家体育总局、教育部、原国家旅游局四部门联合印发了《冰雪运动发展规划（2016—2025 年）》，其中提到了要带动 3 亿人参与冰雪运动，建设 5000 所冰雪特色学校及大力培养冰雪运动教练员等内容。英派斯积极配合各级教育、体育部门，推行“百万青少年上冰雪”和“校园冰雪计划”，共同推进冰雪运动进校园，促进青少年冰雪运动的普及发展。英派斯仿真冰场不仅运营维护成本低廉，就连安装场地也十分灵活便捷，无需专门的建筑，无需供水供电，室内室外均可安装。英派斯深谙用户需求，构建室内外健身康体设施产品体系，销售体系覆盖全球多个国家和地区，为健身俱乐部、星级酒店、军警部队、企事业单位以及家庭个人提供专业的健身康体设备及运动场地设施。英派斯有氧训练器械融入互联网创新科技，将运动、娱乐、智能、分享有机结合。结合多项专利技术，使用寿命更长，更易维护，有效节省运营方成本。英派斯力量训练器械拥有强大产品阵容，集人体工学设计、人性化细节设计和舒适使用体验于一体。依托遍布全国和世界多地的销售网络和客户资源，公司产品开发团队能够准确地获取有关市场流行趋势、销售数据等第一手市场信息，并在详尽数据分析的基础上将其作为产品开发起点，提高产品设计的前瞻性与针对性，同时能够迅速响应客户需求，极大地提高了产品开发效率。

（资料来源：英派斯官网，2017-12-21）

思考题：

1. 英派斯为什么发展健康全产业链？
2. 应用矩阵分析法分析英派斯的营销环境。

一、营销环境分析

营销环境分析是对影响企业营销的各种内、外部因素予以确定评价，使企业的领导者能审时度势，适时地采取对策措施，趋利避害，做出适应于企业良性发展的决策。通过市场营销环境分析可以发现市场机会和环境威胁。市场机会是对企业营销活动有吸引力的领域，而环境中也存在不利于企业营销活动的领域，对企业发展市场形成威胁。

二、营销环境分析方法

（一）矩阵分析法

矩阵分析法包括环境威胁矩阵分析，市场机会矩阵分析和机会威胁矩阵分析。前两者将营销环境中所发生的事件对公司影响程度依次分为四类（见图 2-1、图 2-2）。机会威胁矩阵在前两者分析的基础上，用于评估市场机会高低和威胁严重程度（见图 2-3）。

严重程度 \ 发生的概率	高	低
高	事件1	事件2
低	事件3	事件4

图 2-1　环境威胁矩阵

1. 环境威胁矩阵分析

体育用品企业面临的环境威胁：

事件 1　竞争者提高产品科技含量，研发更好的产品。

事件 2　长期的经济衰退。

事件 3　原材料和劳动力成本上升。

事件 4　政策限制体育企业发展。

在体育用品所面临的环境威胁中，事件 1 发生的概率和威胁严重程度均处在最高的水平，是关键性的威胁，会严重危害公司利益且出现可能性大，公司应提前准备好应变计划。

事件 2 是小概率事件，事件 3 发生威胁的严重程度低，企业要密切关注，以免发展成严重威胁。事件 4 属于双低，这样的政策出现的可能性极低，企业不用去考虑此事。

2. 市场机会矩阵分析

体育用品企业面临的市场机会：

		成功概率：高	成功概率：低
吸引力	大	事件1	事件2
吸引力	小	事件3	事件4

图 2-2 市场机会矩阵

事件 1 体育需求增长。

事件 2 研发成本更低的产品。

事件 3 开发一种能测定产品性能的设备。

事件 4 开发体育爱好者运动软件。

事件 1 处于双高的位置，也是企业所面临的最佳机会，应准备若干计划以追求其中一个或几个机会。事件 2 和事件 3 应密切注视，可能发展成最佳机会。事件 4 处于双低位置，不予考虑。

3. 机会威胁矩阵分析

机会威胁矩阵分析主要用于评估营销环境，为企业下一步制定营销对策服务。

		威胁水平：低	威胁水平：高
机会水平	高	理想业务	冒险业务
机会水平	低	成熟业务	困难业务

图 2-3 机会威胁矩阵

不同业务的机会威胁矩阵分析与市场营销对策如表 2-1 所示。

表 2-1 **机会威胁矩阵分析与市场营销对策**

	矩阵分析	企业市场营销对策
理想业务	市场机会很多，严重威胁很少	抓住机遇，迅速行动
冒险业务	市场机会很多，威胁也很严重	不宜盲目冒进，谨慎行动
成熟业务	市场机会很少，威胁也不严重	可作企业常规业务，用以维持企业正常运转
困难业务	市场机会很少，威胁却很严重	改变环境走出困境，减轻威胁；要么立即转移业务，摆脱困境

简言之就是利用机会，化解威胁。企业如何利用机会呢？可以通过抢先、创新和应变的原则。那么企业化解威胁包括避开、转移威胁，转化、利用威胁，反抗、减轻威胁，事先防备威胁。

（二）SWOT 分析法

SWOT 分析法，是英文 Strength（优势）、Weak（劣势）、Opportunity（机会）、Threat（威胁）的简称。根据企业自身内部环境和所面临的外部环境，对优势、劣势、机会和威胁加以综合评估，然后制定或调整企业策略。该方法主要着眼于企业自身的实力及其竞争对手的比较。其中优势和劣势对应于企业内部环境，这些是企业自身可以控制的变量，包括企业产品技术、专利、定价、市场定位、财务状况及企业文化等。机会和威胁主要对应于外部环境，这些是企业难以控制的变量，包括企业所处的社会环境、市场环境、竞争活动及相关法律和政策等。

1. 分析步骤

（1）分析企业外部环境中所面临的机会和威胁，企业自身所具有的优势和劣势（如图 2-4）。

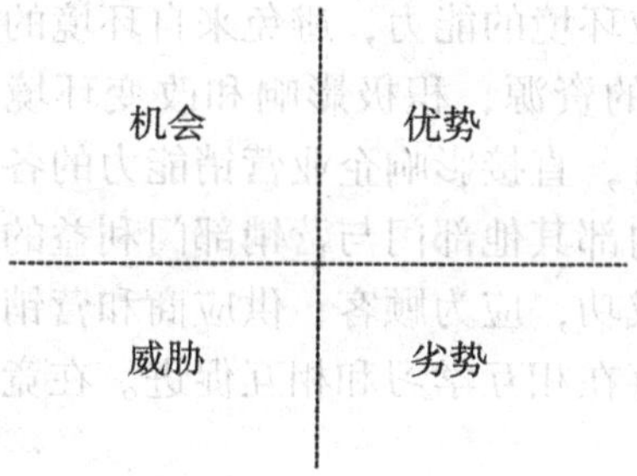

机会与威胁：环境因素直接威胁着企业的营销活动，同时也带来新的市场机遇。机会是有利于企业发展的因素，威胁是市场上出现的不利于企业发展的因素。优势是企业自身所具备的独特的产品或服务。劣势是企业与竞争对手的差距

图 2-4　SWOT 分析

（2）构造二维矩阵，以外部环境为一方，以企业自身因素为另一方，该矩阵有四个象限或四种 SWOT 组合（见图 2-5）。

		自身因素	
		优势	劣势
外部环境	机会	SO	WO
	威胁	ST	WT

图 2-5　SWOT 分析策略

（3）将内部优势、劣势与外部机会、威胁相匹配，得到优势-机会组合（SO）、劣势-机会组合（WO）、优势-威胁组合（ST）、劣势-威胁组合（WT）（见图 2-5）。

2. 制定企业营销策略

在完成矩阵的构造后，甄别和选择企业目前应该采取的具体策略。制定营销策略时应该坚持以下原则：发挥优势因素，克服弱点因素；利用机会因素，化解威胁因素。运用系统分析的综合分析方法，将各种环境因素相互匹配起来加以组合，得出一系列公司未来发展的可选择策略。

（1）优势-机会（SO）组合。这是一种最有利的组合，任何企业都希望并凭借企业的优势和资源来最大限度的利用外部环境所提供的多种发展机会。

（2）劣势-机会（WO）组合。企业已经鉴别出外部环境所提供的发展机会，但同时企业自身的劣势可能会失去良好机会。在这种情况下，企业可以通过增加外援支持的方式来弥补企业的劣势以最大限度的利用外部环境中的机会。

（3）优势-威胁（ST）组合。在这种情况下，面对外部环境中的威胁，企业应巧妙地利用自身的优势回击威胁。更巧妙的方法是利用威胁，如调整市场营销组合来改善企业环境，以减少威胁因素对企业的影响程度。

（4）劣势-威胁（WT）组合。一旦企业处于这样的状态，需要及时调整自身营销战略去适应环境威胁，更重要的是重新规划营销组合寻找差异化市场，从而降低威胁和劣势对企业的影响。

对于宏观环境而言，企业可以采取不同方式增强适应环境的能力，避免来自环境的威胁，有效把握市场的机会。在一定的条件下，运用自身的资源，积极影响和改变环境因素，创造更有利于企业营销活动的空间。就微观环境而言，直接影响企业营销能力的各种参与者，事实上都是企业营销部门的利益共同体。企业内部其他部门与营销部门利益的一致固不待言。按市场营销的双赢原则，企业营销活动的成功，应为顾客、供应商和营销中间商带来利益，并造福于社会公众。即使是竞争者，也存在相互学习和相互促进。在竞争中，有时也会采取联合行动，甚至成为合作者。

【复习思考题】

1. 调查体育培训业，分析影响体育培训市场营销的因素。
2. 在当地调查一家体育企业，用 SWOT 分析法分析该企业所面临的营销环境。

第三章　体育市场调查

为获得切实可行的市场营销方案，市场调查与预测是必须开展的社会实践活动，体育市场也不例外。在体育市场调查与预测的过程中，必须有方法、有依据、有步骤，方可有效推动体育市场营销工作的展开。

第一节　体育市场调查方案设计与流程

一、体育市场调查的含义

体育市场调查是个人或组织为某个特定的体育市场营销问题而判断、收集、记录、整理、分析、研究体育市场所包含的一切相关元素（消费者、运动产品、体育场馆、体育公司等），并得出结论的活动。狭义层面来看，体育市场调查范围包括体育市场的消费群体、产品、社会团体、公司和其他体育法人单位的基本状况和运动表征；广义层面来看，体育市场调查范围不仅涵盖了狭义范围，也包括和体育市场相关的影响因素，比如政策法规、地域环境、民俗风貌以及国际关系等方面。为得到更准确的体育市场营销方案，我们会选择广义范围下的体育市场调查。

二、体育市场调查的对象

1. 体育市场环境调查

对体育市场环境的了解与掌握，是展开市场调查活动的重要前提，可以从自然与人文环境、政治环境以及经济环境这三个方面逐一调查。

（1）自然与人文环境调查。主要包括地理位置、资源气候、人口分布、宗教文化及生活习性等方面。由于体育活动的展开与延续容易受到主办地自然、人文环境的影响，所以这是体育市场调查中很受重视的方面。

（2）政治环境调查。主要包括国家、地区颁布的各项方针、政策、法令，尤其是针对体育市场或相关方面的法律法规和政策文件。

（3）经济环境调查。主要包括宏观经济环境和微观经济环境两个方面。宏观经济环境包括国家、地区经济、金融、财税相关政策和实施情况、地区经济运行情况、产业结构、不同类型的体育市场结构等；微观经济环境包括体育消费群体特征、体育公司经营情况、同类型体育公司的竞争态势等。

2. 体育消费者及其行为调查

体育消费者是体育市场调查的重要对象，其基本属性、消费行为、消费动机、消费诱因、消费结构、消费心理、消费习惯、消费时点等方面都是需要了解的。做调查的时候必须采取可行方法尽可能获取更多的信息，对掌握市场、制订营销方案有不可替代的作用。

3. 体育营销要素调查

体育营销要素包括体育产品、产品价格、销售渠道和促销方式四个方面。调查的过程中会涉及产品的设计及研发、产品线的长度、深度与宽度、产品的生命周期、产品的上、中、下游的状况、替代品和互补品的优劣势、市场价格的波动特征、销售代理机构的运营情况、促销手段及其社会反馈等方面。关于体育营销要素的调查是体育市场调查过程中涵盖方面最多的一个环节，必须根据调查任务的目标来进行权衡与取舍。

三、体育市场调查的基本流程

一般而言，体育市场调查分为五个阶段，具体如下：

1. 非正式调查

非正式调查是市场调查活动中必不可缺的重要环节。在展开正式调查工作之前，应运用必要的手段和方法对委托方及可能的调查对象进行试探性的摸底。一方面进一步明确调查目标、调查范围以及调查对象，另一方面也为接下来可能展开的工作打基础，还可以节省人力、物力、财力和时间。

在非正式调查阶段，可以通过已有的资源获取一些信息，比如和对调查任务、主题较为熟悉的相关人员进行交谈，或通过互联网媒介，搜索与调查主题相关的资讯，初步了解整体概况。但也有另一种情况可能发生——调查任务终止。即通过了解大致情况，专业判断出该项任务无法顺利展开和实施。如若发生，必须及时和委托方联系并告知详情，以便合作。

2. 市场调查设计

作为一项社会实践活动，体育市场调查需要有行动指南，而市场调查设计就承担这项工作，具体内容详见本章第二节。

3. 资料收集

市场调查工作的关键核心是市场信息的收集，其方法有很多种，也会视不同情况来选择和搭配使用，具体内容详见本章第二节。

4. 整理并分析资料

对根据调查主题所收集到的资料，进行鉴别、筛选、分类、编码、合并、数学处理（简单的数字运算、统计分析、建模分析）、系统研究并得出结论。在这个阶段运用一些计算机软件对数据进行处理可以大大提高工作效率和结果分析的准确性，比如办公软件 Office Excel、统计软件 SPSS 以及计量软件 Eviews 或 Stata。

5. 撰写市场调查报告并作追踪

在前面四个阶段都顺利完工的基础上，再撰写调查报告。撰写报告的要求详见本章第五节体育市场调查报告的撰写。需要强调的是，报告的完工并不意味着市场调查任务的结束，相反它将是一个新的起点。一方面结合实际情况来验证其成果的准确性以及为市场预测奠定基础，另一方面也为下次市场调查活动探寻合适的方案，所以市场调查报告也起到追踪、反馈与调节的作用。

四、体育市场调查设计

作为体育市场调查的行动指南，体育市场调查设计是开展一切正式调查活动的重要前提，是指导市场调查的方案和蓝图，为调查任务的实施打下良好的基础。

完整的体育市场调查设计包括 10 个方面的内容，如图 3-1 所示。

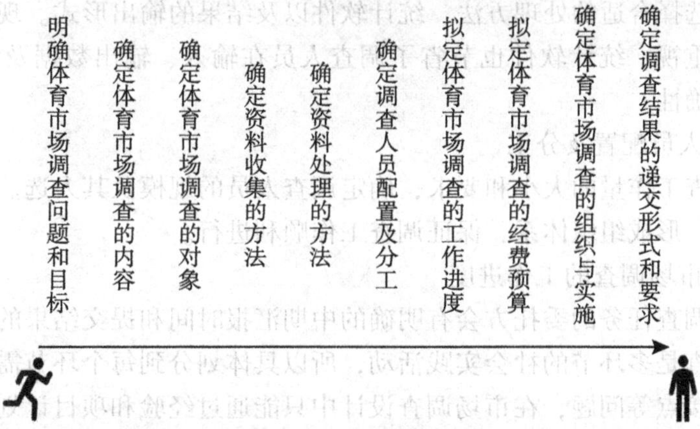

图 3-1　体育市场调查设计的基本内容

1. 明确体育市场调查问题和目标

对于体育市场调查活动的执行者，第一关卡就是明确调查问题和目标。根据委托方的要求和提供的资料，通过深入沟通交流、广泛展开非正式调查等手段和方法，确定调查的主题和预期完成的目标，并将其具体化。所谓具体化，旨在能对市场调查问题有清醒认知和全面把握，并能够在设计方案中有条理地罗列出来，使之成为后续内容和行动的立意方向。

2. 确定体育市场调查的内容

根据明确的调查问题和目标，将调查内容具体化，确定需要哪些信息资料及其种类、范围、形式、数量、精确程度等。同时也需考虑获取这些内容的约束条件，比如成本预算、人员配置等。在体育市场调查的过程中，往往会涉及复杂的体系。既有被调查群体、行为特征、心理因素等，也有需要实地考察的实物、组织之间的运行状况等。比如对某项体育赛事进行现场观众满意度调查，不仅要通过访问、观察等手段收集观众信息，也需通过工具记录赛事场地信息和运营组织的服务信息等。

3. 确定体育市场调查的对象

对于体育市场调查对象，不仅要确定调查哪些个人、群体、组织、机构及其活动，而且还需要确定被调查对象的样本规模和结构。这需要运用统计学中的抽样技术，这一问题会在本章下个小节中具体阐述。

4. 确定资料收集的方法

在市场调查的过程中，我们一般按照“先近后远，先易后难”的原则进行资料收集。对于第一手资料，惯常采用访问法、观察法和试验法来进行收集。而对于第二手资料，大多运用案头调研法来收集。如今互联网的普及率较高，虽提高了资料收集的工作效率，但作为专业的市场调查，不能过度依赖网络信息，需要对所用网站和资料进行详细的甄别和筛选。关于网络渠道的使用，会在本章下个小节中具体阐述。

5. 确定资料处理的方法

对资料进行处理和分析是得到调查结果的重要一环。首先必须确定资料处理的基本目标和要求，然后选择合适的处理方法、统计软件以及结果的输出形式。现在，全球对于数据的运用越来越重视，统计软件也节省了调查人员在输入、输出数据及结果上的大量时间，并提高了准确性。

6. 确定调查人员配置及分工

根据市场调查工作量的大小和要求，确定调查人员的规模及其人选。在确定人选后要进行分工和配备，形成组织体系，保证调查工作顺利进行。

7. 拟定体育市场调查的工作进度

一般而言，调查任务的委托方会有明确的中期汇报时间和提交结果的时间要求。但是由于体育市场调查是多环节的社会实践活动，所以具体划分到每个环节需要多长时间，不同环节之间的衔接点等问题，在市场调查设计中只能通过经验和项目计划拟定出一份工作进度。在正式展开调查活动时，作为参考和指导。

8. 拟定体育市场调查的经费预算

和工作进度情况类似，经费总预算在委托合同里是明码标价的。但具体到人、物和活动等方面，还是需要按照实际情况来调整。比如调查问卷的印制、摄录设备的租赁、交通工具的选择、现场调查员的费用等。在调查设计中，只能拟定不同项目的预估费用。

9. 确定体育市场调查的组织与实施

为确保体育市场调查工作的顺利实施和完成，建立一支专门负责管理、运行及监督该项调查活动的组织是十分有必要的。而且，调查组织的领导、调查员都需经过专业知识和技能的培训，明确权责分工，方可进入正式的调查环节。

10. 确定调查结果的递交形式和要求

在市场调查活动结束后，需要按照委托方的要求撰写报告。而报告递交的形式也需要按其要求严格处理，比如有些委托方需要现场研讨汇报，那么在调查报告的基础上还需要准备简报、PPT（汇报时所使用的幻灯片）、原始数据等相关材料。

第二节 体育市场调查的方法

一、访问法

访问法是市场调查员通过口头、书面或电子通信等方式向被调查者了解市场情况，收集资料的实地调查方法。一般情况下，在访问前需先把准备的资料和问题制成表，故又称调查表法。

访问法是市场调查活动中最常用的一种方法，也是收集第一手资料的主要途径，在使用的过程中需要专业人员的协作和质量监控。访问法按照具体方式可以分为面谈访问、邮寄访问、电话访问、留置访问、深度访问以及小组讨论。除深度访问和小组讨论外，其余四种访问法均需要规范格式的调查问卷做辅助工具。可见，设计好一份调查问卷也是市场调查活动中关键的一环，具体内容将在本章后面的小节中具体说明。

1. 面谈访问法

面谈访问是由调查者直接与被调查者接触，通过当面交谈获取信息的一种方法。其具体形式较多，必须结合被调查对象的实际情况、调查任务的预算和条件来定。面谈访问调查相对灵活自由，可以随机应变提出问题，对不清楚的问题可以多加阐述。还可以使被调查者充分发表意见，从而获取更真实有效的信息。

面谈访问受到的影响因素较多，比如访问环境、调查员的素质和专业技能、被调查者的发挥情况等。所以，如果条件允许，现场不仅有访问人员，还需要有协助人员以应对突发状况。但是面谈访问法的结果会加大市场调查工作的后续整理、分类、分析和判断，通常需要多名调查人员事先制定好数据类型与标准，再进行访谈结果的整理。

2. 邮寄访问法

邮寄访问是由调查人员将设计好的问卷，通过邮寄的方式送达被调查者手中，请他们答后寄回，以获取信息的方法。这种方法较多出现在广告发放、随优惠券或产品发放等情况中，其访问对象广泛。虽然有较多的时间可以用来考虑答卷，但管理不便、回收率低、回收时间长，也不好识别答卷人的真实信息。但采用有奖征询或是促销活动的方式，可以提高邮寄问卷的回收率，亦能缩短回收时间。

3. 电话访问法

电话访问是由调查员通过电话与被调查者交谈获取信息的一种方法。电话访问速度快，成本低，交谈比较自由。但是，电话访问受到电话普及率的影响。交谈的时间较短，调查询问员也看不到被访者的表情、姿态等形体语言，降低了信息的真实性，而且也容易被拒绝。所以，此种方法需在特定条件下才能实施。比如事前已经与被访问对方取得联系，获得对方允许并明确访问时间段与时长、访问大体内容等。

4. 留置访问法

留置访问是指调查员将问卷调查表送到被调查者手中，并详细说明填写事项，由被调查者自行填写，再由调查员定期回收的一种方法。这种方法回收率相对较高，被调查者在填写问卷的过程中也不会受到调查员的影响，比较客观真实，时间和回收上也有一定的保证。在实际运用中，该种方法比较常见。

5. 深度访问法

深度访问法是采用谈话的形式，以调查员的现场控制为主，对被调查对象进行预先准备的结构性问题采访的一种方法。在市场调查中，这种方法使用情况不多，一般和前面几种方法结合起来使用。

6. 小组讨论法

小组讨论是指在一名调查员的主持下，一般由数名精心挑选的人员组成的小组成员围绕某一个主题进行深入的讨论，讨论的过程中由另外的调查员进行现场记录和提示。运用该种方法需要正确的组织与实施，现场控制非常重要。

二、观察法

观察法是由调查者直接或利用仪器来观察、记录被调查对象的行为、活动、反应、感受或现场事物，以获取资料的一类方法。此种方法在体育市场调查中比较常用，比如体育赛事过程中观察现场观众的反应、运动品购物场所观察消费者行为等。

观察法的优点在于调查者不正面接触被调查对象，在被调查者未意识到自己被观察的情况下获取信息，结果比较真实、自然、客观。但是对调查员的素质要求较高，需要在调查之前培养其敏锐的观察力、良好的记忆力、心理学知识和现代设备的使用能力。所以，其不足在于调查成本较高，需要借助摄录设备，时间也较长。另外，观察法只能观察表面现象，无法了解深层次的情况。

三、试验法

试验法是从影响调查对象的若干因素中选出一个或几个因素作为试验因素，在其余诸因素均不发生变化的条件下，了解试验因素的变化对调研对象的影响程度，用于决定企业市场策略的一种方法。从某种意义上说，试验法是把事物放在某一特定的条件下进行观察，因而也可以认作是一种特殊的观察法。其优点是遵从事物的客观发展规律，结果更为精确，也能得出事物之间的因果联系；但不足在于局限性较大，受影响因素较多，难以实行。

四、互联网调查法

中国互联网络信息中心（CNNIC）最新统计数据显示，截至 2017 年 12 月，中国网民规模达 7.72 亿，普及率达到 55.8%。在体育市场调查活动中，非正式调查阶段、资料收集阶段、资料处理以及报告撰写的阶段等都可以借助互联网的功能来丰富和强化调查过程和结果。善用互联网的平台、技术和资源，有助于提高市场调查的效率和准确性。

如何选择客观科学可靠的互联网平台、技术和资源，也是市场调查活动中需要高度重视的问题。一般而言，按照资料的可得性、客观性和价值含量的高低来排序，调查员依次可选的网站有国家或地方政府官办网站（国家统计局官网、工商局官网）、公开注册信息类平台（国家企业信用信息公示系统）、中国知识资源总库（中国知网）、其他商业性质的网络平台等。

另外，调查员还可以根据调查任务的目标和要求，合理运用互联网平台、网络软件、通信工具等手段进行问卷调查。比如可以在线制作、生成、发放和统计结果的问卷调查平台——问卷星，如图 3-2 所示。

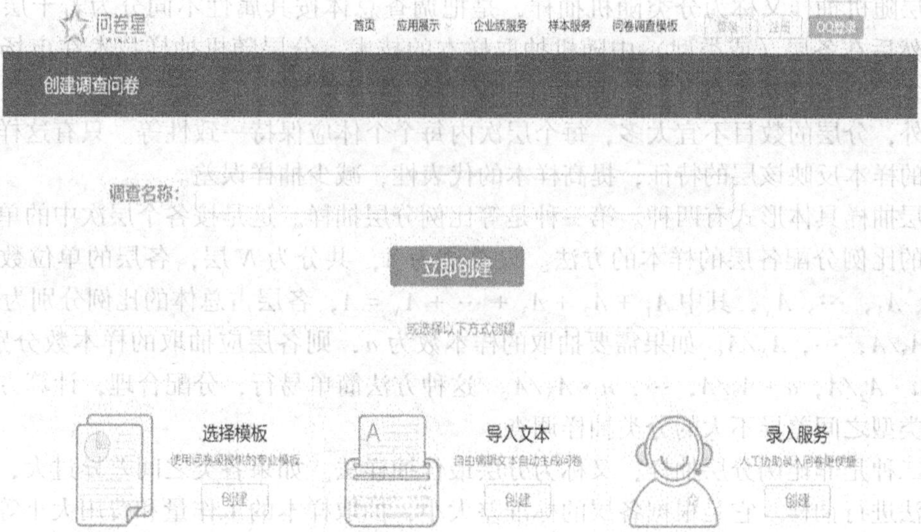

图 3-2　问卷星网络页面

第三节　体育市场调查抽样技术

一、抽样概述

抽样调查是指从调查总体中抽选出一部分要素作为样本，对样本进行调查，并根据抽样所得的结果推断总体的一种专门性的调查活动。抽样指在抽样调查时采用一定的方法，抽选具有代表性的样本，以及各种抽样操作技巧和工作程序等的总称。抽样技术可以分为随机抽样和非随机抽样两大类。

二、随机抽样

随机抽样又称为概率抽样，是对总体中每一个个体都给予平等的抽取机会的抽样技术。随机抽样一般分为四种类型。

（一）简单随机抽样

简单随机抽样又称为单纯随机抽样，是在总体单位中不进行任何有目的的选择，而是按随机原则，纯粹偶然的方法抽取样本的技术。它是随机抽样技术中最简单的一种，一般适应于调查总体中各单位之间差异较大的情况，或者调查对象不明，难以分组、分类时的情况。如果市场调查范围较大，总体内部各单位之间的差异程度较大，则要同其他随机抽样技术结合使用。

（二）分层随机抽样

分层随机抽样又称为分类随机抽样，是把调查总体按其属性不同分为若干层次（或类型）然后在各层（或类型）中随机抽取样本的技术。分层随机抽样技术在市场调查中采用较多。分层时要注意各层之间要有明显的差异，事先知道各层次中的单位数目和比例。此外，分层的数目不宜太多，每个层次内每个个体应保持一致性等。只有这样，才能使抽取的样本反映该层的特征，提高样本的代表性，减少抽样误差。

分层抽样具体形式有两种。第一种是等比例分层抽样。这是按各个层次中的单位数量占总体的比例分配各层的样本的方法。设总体为 A，共分为 N 层，各层的单位数分别为 A_1、A_2、A_3，…，A_N，其中 $A_1+A_2+A_3+\cdots+A_N=A$，各层占总体的比例分别为 A_1/A，A_2/A，A_3/A，…，A_N/A。如果需要抽取的样本数为 a，则各层应抽取的样本数分别为 $a\cdot A_1/A$，$a\cdot A_2/A$，$a\cdot A_3/A$，…，$a\cdot A_N/A$。这种方法简单易行，分配合理，计算方便，适用于各类型之间差异不大的分类抽样调查。

第二种是非比例分层抽样，又称为分层最佳抽样法。如果各类之间差异过大，则宜用此种方法进行抽样。它是根据各层的标准差大小，抽取样本的工作量和费用大小等因素决定各层的样本抽取数。

计算公式：

$$n_i = n \cdot \frac{N_i S_i}{\sum N_i S_i} \tag{1}$$

（1）式中，n_i 为各类型应抽选的样本单位数；n 为样本单位总数；N_i 为各类型的调查单位数；S_i 为各类型调查单位平均数的样本标准差。

其中：

$$S_i = \sqrt{\frac{\sum (x_i - \bar{x})^2}{n-1}} \tag{2}$$

（2）式中，x_i 为样本中每个个体，$\bar{x}$ 为样本均值。

（三）分群随机抽样

分群随机抽样又称为整群抽样，是把调查总体区分为若干个群体，然后用单纯随机抽样法，从中抽取某些群体进行全面调查的技术。

（四）系统随机抽样

系统随机抽样又称为等距离随机抽样。它是在总体中先按一定标志顺序排列，并根据总体单位数和样本单位数计算出抽样距离，然后按相同的距离或间隔抽选样本单位的技术。

三、非随机抽样

非随机抽样也称为非概率抽样或非可能率抽样，总体中每一个个体不具有被平等抽取的机会，而是根据一定主观标准来抽选样本的抽样技术。一般可以分为三种类型。

（一）任意抽样

任意抽样是调查员按工作的方便，随意抽选样本的一种抽样技术。适用于非正式的探测性调查，或调查前的准备工作。一般在调查总体中每一个个体都是同质的情况下，才采用此类方法。但这种情况极其少见，故在市场调查中很少采用此种方法。

(二) 判断抽样

判断抽样是一种根据调查员的经验或某些有见解的专家选定和抽样技术。可以有两种具体做法。一是由专家判断选择样本。一般采用平均型或多数型的样本为调查单位，通过对典型样本的研究，由专家来判断总体的状态。另一种是利用统计判断选择样本，即利用调查总体的全面统计资料，按照一定标准选择样本。此种方法具有简便、易行、及时的特点，可以充分利用调查样本的已知资料，被调查者配合较好，资料回收率高。但是，这种方法易发生主观判断产生的抽样误差，同时也不易计算其抽样误差和可信程度。故判断抽样法适用于调查总体差异较小，单位数较少，所选择的样本有较大代表性的情况。

(三) 配额抽样

配额抽样是按照一定标准分配样本数额，然后在规定数额内由调查员任意抽选样本的一种抽样技术。为确保配额抽样的顺利进行，需要事先设计好配额抽样控制表。按确定配额抽样控制表的特征数量，配额抽样分为独立控制配额抽样和非独立控制配额抽样（也称为交叉控制配额抽样）两大类，如表 3-1、表 3-2 所示。

表 3-1　　按年龄独立控制配额抽样表

年龄	数量
18 岁及以下	20
19~24 岁	35
25~35 岁	50
36~45 岁	50
46~59 岁	35
60 岁及以上	20

表 3-2　　非独立控制配抽样表

收入/性别 年龄	高		中		低		合计
	男	女	男	女	男	女	
18 岁及以下	5	5	3	3	2	2	20
19~24 岁	5	5	8	8	3	6	35
25~35 岁	8	8	10	10	7	7	50
36~45 岁	12	10	9	11	5	3	50
46~59 岁	9	8	7	7	2	2	35
60 岁及以上	3	3	5	5	2	2	20
小计	42	39	42	44	21	22	210
合计	81		86		43		210

四、抽样调查误差的控制

抽样误差是指在采用随机抽样技术，由调查结果推算全体时，预先能算出来的误差，即平均误差，通常用符号μ表示。

影响抽样误差大小的因素有：（1）总体单位之间的标志变异程度；（2）样本单位的数目，样本单位数目越多，抽样误差越小；（3）抽样方法。

非抽样误差是除了抽样误差外存在的各类误差。在实际的调查中，导致其产生的原因有：（1）抽样调查设计不当；（2）调查实施不当；（3）被调查者应答不当。

这里介绍两种抽样误差的计算公式：

（一）平均数重复抽样误差$\mu_{\bar{x}}$

$$\mu_{\bar{x}} = \sqrt{\frac{\sigma^2}{n}} \tag{3}$$

（3）式中，$\mu_{\bar{x}}$为抽样平均误差；σ^2为总体方差；n为样本单位数。有时候在总体方差不知晓的情况下，可以用样本方差来代替。

（二）平均数不重复抽样误差$\mu_{\bar{x}}$

$$\mu_{\bar{x}} = \sqrt{\frac{\sigma^2}{n}\left(1 - \frac{n}{N}\right)} \tag{4}$$

（4）式中，N为总体单位数；$\left(1 - \frac{n}{N}\right)$为修正系数。

对于抽样调查所产生的误差，有些是无法避免的，有些是可以有效控制的。所以，我们在展开调查的时候需要严格把控每一个环节，加强组织管理和质量监督，做好方案设计，选择合适的调查方法，确定好样本数目，将人为可控的误差尽可能降低。

第四节　体育调查问卷设计

一、问卷设计的程序

问卷也被称为调查表、访问表，是市场调查活动中一种十分常见，也非常重要的询问工具，它是由一组从被调查者获取信息的格式化的问题及对应的答案选项所构成。尽管问卷的格式和内容会因为市场调查任务的不同而不同，但一般包括问卷主题、问卷说明、问题及对应的答案选项、被调查者基本信息栏以及问卷编码。

问卷的使命是为市场调查的目标服务的。因此，设计问卷必须依据调查目标和要求，既要便于调查工作的展开，也要便于对问卷回收后的处理。此外，问卷还应该注重格式和措辞，将回答误差减到最小，以保证问卷调查工作的顺利完成。

问卷设计的基本程序包括五个步骤，如图 3-3 所示。

（一）明确市场调查任务

在设计问卷之前，务必先明确市场调查的目的、要求、范围、对象、方法以及实施条件。再根据这些内容构思问卷的整体结构、问题类型及数量、回收问卷后的信息处

图 3-3　设计问卷的基本程序

理等方面。

（二）设计调查问卷

设计调查问卷不仅包括设计问卷整体结构、问题及对应的答案选项，还包括问卷的开场白、填写说明及其他。关于设计的具体内容及注意事项将在后文阐述。

（三）问卷评估与修订

调查问卷初稿完成后，可以由相关的调查员或是具备一定从业经验的专家进行初步评估，再根据评估后的建议及时修改。如果条件允许，可以完成两到三次评估，以确保问卷的适用性。

（四）问卷预调查与再修订

在问卷正式投入使用之前，应该寻找和正式调查中的调查对象有相似背景特征的群体进行预调查。这项工作在问卷设计中十分重要，因为预调查能检验问卷的内容能否被调查者所理解，能否通过问卷的调查获取所需的市场信息资料，确定访问调查所需的时间，发现问卷可能存在的问题和不足。如若发现不足，则需要进行再次修订。对问卷进行的预调查次数越多，对正式调查所产生的效果也会越好。

（五）确定并发放问卷

前面四个步骤全部完成后，可以制定正式投入市场调查使用的问卷。一般情况下会选择打印成纸质文件进行发放，在条件有限制的情况下，也可以选择网络发放，比如运用前文所介绍的问卷星或是利用网络通信工具（QQ、微信）等。但是，从发放环节、回收情况、结果准确性来看，纸质版的调查问卷比网络发放的问卷效果更好。

二、问卷设计的内容

（一）开场白与填表说明

开场白是由调查员读出的或印在问卷上的调研情况的说明部分，一般包括问候语、调研主题、调研组织、访问者身份、调研用途、访问请求以及其他信息（如承诺对调研的保密性）。例如：

尊敬的朋友，您好！

我们是××机构的调研员。为了解消费者对瑜伽课程真实想法与期许，更好地服务于广大瑜伽运动爱好者，我们特开展本次调研活动。希望您能协助我们做好以下问题的调研，谢谢！

填表说明是一份问卷中，用来指导被调查者填写问卷的解释与说明。例如：

请在每一个所给的备选答案中选择符合您的情况或您同意的答案，并在所选取答案前的口内打“√”，或下划线________处填上适当的内容。

（二）问题及答案

1. 开放式问题及答案

开放题是由被调查者用自己的话自己回答，自己决定回答的角度、形式、长度和细节，而非在固定选项中选择。这种题型的优点有：（1）可以充分表达自己的意见和看法；（2）调动积极性；（3）防止诱导；（4）从回答中可以检查被调查者是否误解了问题。缺点有：（1）标准化低，调查结果不易处理，无法深入定量分析；（2）要求被调查者有一定的文字表达能力；（3）回答率比较低；（4）回答占用较多的时间。例如：

请问您对近年来兴建乡村全民健身场馆的看法？

____

开放式的问题可以适用的情形：（1）被调查者可能提供的答案有很多种，无法全部罗列出来；（2）逐字逐句地记录被调查者的答复以便充分了解人们的回答时，或者要在报告引用他们的回答作为例子时；（3）当要访问的被调查者行为十分敏感或不受到普遍赞同时，由于开放题没有设定好的答案，那么回答的可能性和真实性也会增加。

2. 封闭题及答案

封闭题给出固定选项，要求被调查者从中选择或由调查员根据被调查者的回答选择。主要形式有两分选择题、多选择题、排序题以及量表等。这种题型的优点有：（1）标准化高，调查结果易处理，便于定量分析；（2）对文化程度较低的被调查者也可使用；（3）回答率较高；（4）节省调查时间。缺点有：（1）被调查者的选项可能不能准确表达自己的意见和看法；（2）产生诱导。例如：

Q1 请问您是否经常健身？A. 是 B. 否

Q2 请问您喜欢的体育节目有哪些？（可多选）

A. 欧洲足球联赛 B. 美国职业橄榄球大联盟赛事 C. 美国职棒大联盟赛事 D. 美国男子职业篮球联赛 E. 其他____

Q3 请根据以下选项，按照每月实际消费金额从多到少进行排序________

A. 健身房消费 B. 球馆消费 C. 体育期刊/杂志 D. 赛事门票 E. 网络赛事直播消费 F. 其他____

Q4 请您对本赛季的中超联赛直播解说进行评分：

非常满意（5分） 满意（3分） 一般（2分） 不满意（1分） 非常不满意（0分）

（三）问卷语言的措辞

在选择问题和答案措辞时一定要注意以下问题：

（1）问题表述要清楚明确。

（2）使用通俗易懂的词汇。

（3）使用明确的词汇。

（4）避免使用诱导性或倾向性的问题及答案。

（5）避免使用双重问题。

（6）避免问题给出的答案选项含义模糊或相互交叉。

（7）尽量避免推论或估计。

（四）问题的顺序

问题顺序的编排有如下经验性的规则。

（1）用过滤性问题甄别合格的应答者。

（2）将简单易答的问题置于问卷前面。

（3）问题应该以一种符合逻辑的顺序提出。

（4）先问宽泛的问题，再问具体的问题。

（5）把敏感性问题和难以回答的问题放到最后。

（五）问卷格式的编排

问卷格式是指问卷的实体外观形式。问卷格式的编排好坏会影响问卷是否吸引人和是否便于使用，因此也会在很大程度上影响调查的质量。一般情况下，问卷格式编排应注意如下问题：

（1）问卷中的问题应按所获得的信息类型分模块，并以字母或序号标明以示区分。

（2）问卷本身需要编号。

（3）问卷中所有的问题和答案都需要编码。

（4）避免为节省用纸而挤压卷面空间。

（5）同一个问题及其答案选项应排版在同一页。

（6）问卷的外表要力求精美，便于携带与保存。

第五节　体育市场调查报告撰写

一、撰写报告的意义

市场调查报告是市场调查任务最终成果的主要表现形式之一，它反映了通过市场调查所获取的信息以及分析研究所得到的结论与建议。可以是书面、口头、书面与口头结合、电子版等多种形式。作为一项正式的市场调查项目，提交调查报告是委托合同的重要内容，也是衡量和反映一项市场调查项目质量高低的重要标志。同时，市场调查报告作为该项目的历史记录之一，还有可能被重复使用，并为预测和下个周期该项目的展开做准备。所以，市场调查报告在市场调查项目中占据十分重要的地位，必须给予足够的重视。

二、报告的格式和结构

市场调查报告没有一个统一规定的、固定不变的格式和结构。市场调查项目的类型和性质、委托方的要求、调研员本身的个性和经验等因素的不同，都会导致市场调查报告的差异。

一般而言，市场调查报告包括五个部分：

（1）报告封面。

（2）目录。

（3）摘要。

（4）报告正文（调查目的、调查背景、调查对象、调查方法、调查结果与分析、结论与建议、预测与展望等）。

（5）附录（调查问卷、原始数据、其他重要信息）。

其中，报告正文的部分可以根据委托方的要求以及市场调查的实际情况做增减和调整。

三、报告的撰写

要完成一份好的市场调查报告，除了精心设计和组织安排的报告结构、格式外，还必须遵循以下要求：

（1）客户导向。报告是给客户阅读和使用，而不是写给自己看的，更不是文学作品，所以必须高度重视特定的阅读和使用者。

（2）实事求是。报告必须符合客观实际，不得弄虚作假，切忌不可为迎合委托方的口味，专门挑选他们喜欢的材料编写，也要防止片面性和误导。

（3）突出重点。报告必须在保证全面、系统地反映客观事物的前提下，突出重点，尤其是要突出市场调查的目的，提高市场调查报告的针对性、适用性，从而提高价值。

（4）精心安排。报告内容要有较强的逻辑性，文字简短易懂，尽量少用专业性强的术语。同时也要注意形成生动有趣的写作风格，正确运用好数据图表。

总之，一份好的市场调查报告，除了必须有好的资料、内容为前提外，还必须配之以好的编写。为此，必须做好充分的写作准备，起草前要拟好详细的提纲，要认真起草，广泛听取意见，反复修改，不断完善，以最终形成优质的市场调查报告。

第四章 体育消费行为

文化、体育场馆服务和体育运动指导者是体育消费行为的重要三个方面。本章论述了文化、特别是体育文化与体育消费行为的关系及相互影响的作用。首先从文化的含义、特点及作用入手，理清了广义文化和狭义文化的区别。通过对文化的特点和作用的阐述，帮助读者了解传统文化和现代文化对体育消费行为产生影响的原因。通过该节的学习使读者了解到东西方传统体育文化的精髓，以及不同体育竞技、健身项目会分别起源于东西方的原因。在文化、体育文化、体育消费文化相关理论基础之上，论述了中国传统文化和亚文化对体育消费行为的影响和促进作用。紧接着，本章分析了体育场馆服务的一般性和特殊性。在此基础之上，阐述了优质服务所应具备的功能，即能够为消费者提供可感知、可靠、快速反应、专业性以及融入感情的服务。除此之外，体育场馆的个性化服务，即情感服务、特色服务和超常服务为提升体育场馆消费者的忠诚度锦上添花。体育场馆为消费者提供的服务是一个不断完善和发展的过程。本章从理论到举例所涉及的内容，可能起到的只是抛砖引玉的作用。

第一节 文化对体育消费行为的影响

一、中国传统文化对体育消费行为的影响

中国的历代统治者推崇儒学，这对中国人的价值观念的影响极为深刻广泛。其主要内涵有：大一统的秩序观念、礼仪道德、中庸的处世观念、忠孝观念、强调人际关系、家庭关系及宗教关系等。因此我国群众的体育行为呈现出社会导向、场合导向和整体导向的特征，在体育消费和体育行为的选择上更看重的是同社会的一致性。中国传统文化的特征，导致了中国群众体育行为的特殊性。

其一，体育消费表现出社会求同性。在体育消费行为上保持与其他成员的一致，多表现为选择符合社会习俗和社会风尚的消费行为和运动项目。由于社会求同性及从众心理的价值取向，人们很容易产生一致的消费风气和运动行为。比如，我们在家里可以试穿新买的奇异服装，但在决定是否把它穿出去时，则要考虑大多数人的反映。社会求同性有助于社会主流文化的延续，也有利于个人更好地适应社会。一方面，社会需求共同语言、共同的价值观和行为方式。只有这样，人与人之间才能顺利地进行交往，社会才能正常运转。另一方面，一个人只有在更多方面与社会主流取得一致，才能适应其赖以生存的社会，否则会困难重重。

其二，体育消费表现出节俭的价值取向。中国传统观念主张“温、良、恭、俭、

让”，在其影响下，勤俭消费成为大多数中国人所奉行的消费观念。这一观念虽然受到西方消费主义和享乐主义的冲击，以及国内部分先富者和公款消费者“显富”行为的影响，但它今天仍然是中国消费者普遍持有和坚持的观念。比如，人们在对待体育锻炼是采取精打细算、求实求廉、知足常乐的态度。在进行体育消费时多注重所购体育产品的价廉物美、经久耐用和经济实惠，反对盲目消费和铺张浪费。

其三，表现出人伦孝悌的价值取向。这种价值取向主要表现在人们重视血缘亲情和敬老爱幼上。中国文化具有明显的崇古重老特征，“孝”被视为“德”之根本，以孝立身、以孝治天下的原则成为一种普遍的、不可动摇的人生准则和社会心理。另外，我国素有“多子多福”的思想，在计划生育政策推行后的一个重要的社会文化效应就是产生了明显的孩子中心倾向。以上这些传统文化促成人们进行体育消费时，往往以家庭的偏好或妥协为出发点，更多选择家庭共同体育用品、儿童用品、老年人用品、妇女用品，而在儿童体育用品上的支出一直是大多数居民家庭体育消费的重要项目。随着“老年化”现象的出现，各种保健体育用品、药品、食品层出不穷，也成为晚辈向老人表示孝心的最好礼品。

其四，体育消费表现出中国典型的“礼仪人情”的特点。中国的传统文化一直注重人际关系和礼尚往来，人情体育消费在居民日常生活中，已经成为一种重要的组成部分。特别是高消费体育项目、绿色休闲项目已成为人们人际交往、商务会谈的重要手段，如高尔夫、商务会所。

其五，体育消费逐渐表现出显示地位名分的倾向。在中国的传统文化中“面子”问题一直占据比较牢固的位子，人们特别爱面子、讲面子，非常看重自己的社会地位以及名分、头衔。因此在体育消费行为和体育行为的选择上，有相当一部分人很注重显示或抬高自己身份和地位。比如通过购买价格昂贵或由体育明星代言的体育名牌产品来显示自己的身份与品位。

其六，中国文化具有重视整体，提倡协同，通过协同达至和谐的文化特点。中国文化的整体观念把天、地、人视为统一的整体，以“人与天地万物为一体”“天人合一”为最高境界。正因如此，中国的以气功、太极拳为代表的中医保健术延传至今，成为许多群众体育健身者的首选。除此之外，印度的瑜伽刚好吻合了中国人的文化需求，在中国备受欢迎。

二、亚文化对体育消费行为的影响

亚文化是整体文化中一个重要的组成部分，它是指某一文化群体所属次级群体的成员所共有的独特的价值观念、生活方式和行为规范。每一文化都包含能为其成员提供更为具体的认同感和社会化的较小的亚文化。在不同的国家，或在不同的国家中由于民族的不同、地理区域不同、年龄不同、宗教信仰不同等等原因而形成各种群体构成了不同的亚文化体系。在我国，由于我国幅员辽阔，民族众多，各地区的体育发展各有特色。既有乡土气息浓厚的民族传统体育，也有丰富多彩的现代体育，因此就形成许多不同的亚文化。

（一）地理差异形成的亚文化

地理上的差异，往往导致人们体育消费习俗和消费特点的不同。在我国，南北体育文化的差异表现颇多。我国北方由于气候寒冷，水上运动较少，其优势项目主要是：冰雪、军体、田径，其运动员占全国该类运动员的91.7%、60%、57.5%。比如：滑冰滑雪运动员集中于东北的黑龙江、吉林和辽宁，这三个省的滑冰滑雪运动员占全国滑冰滑雪国际健将总数的76.7%。另外，身高和力量素质方面的优势，为北方运动员在投掷等力量型项目上的整体优势提供了先决条件。南方的优势项目有水上、体操、重竞技、球类，其运动员占全国该类运动员的85.7、65.2%、59.6%、58.4%。如跳水运动员多出现于广东、湖北；体操运动员多出现于湖南、湖北和北京；游泳运动员多集中于上海、广东。就身体文化而言，南方体育文化不仅在内容上，还在认识深度上普遍都要高于北方。因此无论从体育活动占闲暇时间的比例，还是从体育健身频度的选择来看，南方沿海地区都高于北方内陆地区。而且，体育消费文化层次的差异，导致了南方沿海地区与北方内地相比，它比内地更易接受新的体育消费观念和消费方式，从而选择新的体育健身行为。在我国很多大型健身俱乐部的总部均设在沿海经济发达地区。

还有，由于我国经济基础与发展条件的差异，城乡人民在体育行为和体育消费上还是有很大差异的。比如，城市居民比农村居民有较高的体育消费能力，在对体育行为的投资上也更多。农村居民会选择消费投资少的体育项目，而城市居民则更多的是“花钱买健康”的体育消费趋势，在项目选择上更多的是趋向于时尚的休闲体育和绿色体育。

（二）年龄差别形成的亚文化

由年龄因素形成的亚群体主要分为三部分，即青少年群体、中年人群体和老年人群体。根据我国体育人口的调查显示，我国主要体育人口年龄集中在16~25岁这个年龄段，是所有年龄段中最高的。究其原因，一部分是由于学习体育课程及活动的设置，另一方面也与青少年的心理和生理特征有极大的关系。而对于中年人群体来讲，由于他们一般工作生活的压力较大，常常无暇顾及体育锻炼活动。而且成年人的身体一般处于相对“衡定”的状态中，所以他们在体育锻炼上所花费的时间与青少年和老年人相比就比较少。在当前体育观念深入生活的情况下，中年人一般会把参加体育活动与社会交往联系在一起。老年人和青少年一样是我国体育人口的主要参加者。由于老年人有更多的闲暇时间和身体健康需求，他们会花更多的精力从事体育运动。但老年人的体育消费是比较节俭和传统的，他们的体育项目也是比较舒缓和有传统文化特点的，如太极拳。

（三）文化层次与知识水平差别形成的亚文化

我国人口众多，人们的学历文化层次与知识水平差异比较大。不同学历文化层次与知识水平的群体，他们的体育消费观念和参与体育行为的动机是有差别的。就社会发展现状而言，学历水平与人群的体育参与程度正相关。学历文化层次的不同与知识水平差异与人的体育行为有着越来越明显的相关联系。其中文化层次与知识水平差别不仅影响人们对体育作用的认识，而且还影响到人们的体育动机与态度。此外在项目的选择上，高学历的人由于经济收入和体育价值观念的影响，更容易接受高档次的体育娱乐项目，形成贵族式的体育消费群体。而文化水平比较低的群体，对于体育的消费没有过高的要求。无论哪种体育项目，只要符合个人兴趣，符合个人经济收入，达到锻炼的目的即可。因此，随着社会的发展变化，社会群体结构的分化与分层在中国近年来逐渐明朗化，便逐渐形成了大众体育消费群体在文化程度以及社会地位层次上的差别。

（四）民族差异形成的亚文化

不同的民族，都有各自独特的风俗习惯和文化传统。尤其是我国，共有五十多个民族。虽然由于受社会文化的直接影响而带有明显的中华民族烙印，但各民族也都还保持着自己传统的宗教信仰、消费习俗、审美意识和生活方式。如新疆少数民族群众性体育活动丰富多彩，叼羊、赛马、姑娘追、达瓦孜、马背上角力、摔跤等传统体育项目大多在户外草原上举行，这与城镇居民到体育场所消费有很大不同。另外，各少数民族都有其独特的体育项目，在少数民族聚居的地方借助民族文化吸引大批游客到该地体育旅游并形成消费。比如，贵州省是少数民族主要的聚居地，包括苗族、侗族、布依族、彝族、土家族、白族等。苗族的赛龙舟、上刀梯、踩火龙；侗族的抢花炮、踩芦笙；布依族的丢花包、竹鼓操、板凳拳；彝族的爬油杆、打陀螺、乌蒙铃等民族体育项目支撑了贵州省体育旅游的发展。据统计，观赏性体育旅游消费占45%，参与性体育消费占36.2%，实物性体育消费占18.8%。① 另外，有些少数民族地区经济发展水平还比较落后，人们的收入水平较低，造成了体育消费能力弱的现状。

不同民族地区的体育消费呈现不同特点，其中既有本民族文化的传承，也有经济基础的影响。这也说明不同地区体育消费的共性和特殊性。

（五）跨文化对群众体育行为的影响

在世界经济一体化、政治多元化的全球化背景下，各个国家都卷入了世界交往的背景中，在文化方面也不例外。不同的文化交汇和碰撞会加剧文化的新陈代谢。体育作为一种超越国界、民族、何地域性的文化现象，正以一种新的态势逐步的融会到世界体育大文化中来。因此，外来的各种体育文化、价值观念、消费方式以及各种潮流在不断地涌进国内。人们在开始接受这些新事物的同时，也在改变自己的体育观念和体育消费方式。从价值取向和行为特征上看主要表现在：（1）科学理性的价值追求。大众开始崇尚体育的科学技术，在消费行为上表现出对高科技产品的兴趣和迅速接受。（2）自由主义的价值取向。人们开始珍视自己决策和自由选择的权利，在体育消费和体育行为中开始特别注意那些与众不同的体育商品和体育行为。（3）自我实现的价值追求。居民在体育消费和体育运动时倾向于选择能显示自己身份、地位和象征自己成就的体育服务和体育项目，同时追加有适当的物质精神享受。（4）追求创新的价值取向。有些居民在体育消费中偏爱体育新产品、新技术、新款式、新功能。（5）冒险和勇于挑战的价值追求。具有这种价值取向的居民，在体育行为上喜欢独树一帜，标新立异，寻求刺激的体育项目和时尚的体育运动。往往表现对冒险性、刺激性的体育运动活动有兴趣，如悬崖跳水、蹦极跳、登山、探险以及到文化风俗不相同的地方旅游等。

中国民族体育文化的世界化与现代化，实质上是一而二、二而一的问题。要实现中华民族体育文化的发展就需要文化的转升。这种转升是中国民族体育文化人文精神固有的意蕴。民族体育文化的和合是一个复杂的过程，它不仅要求我们对民族体育文化的精髓有深刻的认识，而且要求对西方体育文化有全面地了解。我们接受、吸纳西方体育文化绝不是

① 王召令，吴小焱．贵州民族体育旅游消费现状调查与对策研究［J］．贵州民族研究，2012（5）：187.

要民族界墙拆掉或是“全盘西化”。对西方体育文化的吸纳必须昂扬中国民族体育文化的主体性，要坚持以我为主、为我所用的原则，根据中国民族体育文化发展的客观需求和内在要求来选拣、吸纳西方体育文化。要将西方体育文化和“民族的特点”相结合，改造出中国自己的、有独特的民族风格的体育文化。

第二节　体育场馆的服务对体育消费行为的影响

一、体育场馆的含义及分类

体育场馆是一种进行体育运动的场所，是为达到某种目的而用“界面”围合起来的固定空间。按照不同的划分标的，可以分为不同的类别。按照室内室外划分，分为体育馆和体育场。具体的含义如下：

体育场（Stadium）是在室外进行体育锻炼和比赛的场地，大型体育场为综合性运动场，一般建有一个标准田径场，在田径场内设置一个标准足球场（或橄榄球场）。场地四周设有看台，与其他配套设施一起可进行多种体育项目的训练和比赛。一般的体育场多为开展单项比赛的场地，建有田径场，亦可设看台。均配有专职或兼职管理人员和教练员，负责训练和比赛工作。体育场按看台容纳观众人数分为：甲级 25000 人以上、乙级 15000~25000 人、丙级 5000~15000 人、丁级 5000 人以下。

体育馆（Gymnasium）是室内进行体育运动的场所。体育馆按使用性质可分为比赛馆和练习馆两类；按体育项目可分为篮球馆、冰球馆、田径馆等；按体规模可分为大型、中型、小型。一般按观众席位多少划分，甲级 6000 人以上、乙级 4000~6000 人、丙级 2000~4000 人、丁级 2000 人以下。中国现把观众席超过 8000 个的称为大型体育馆，少于 3000 个的称为小型体育馆，介于两者之间的称为中型体育馆。体育馆的地面、空间高度、光照度、温度、通风、音响等，均应符合该项比赛竞赛规则的要求。四周设置梯形看台，配有专门管理人员和教练员，负责比赛业务和训练工作。基层体育馆一般按篮球比赛场地要求建筑，也可进行其他项目的训练或比赛，四周也可设看台。学校还可以修建具有体育馆、电影场、会场等多种功能的综合馆。

体育场馆按照盈利和非盈利，大体上可分为高校体育场馆、公共体育场馆和体育场馆。高校体育场馆以提供教学场地为主要目的，后两种以盈利为主要目的。

高校体育场馆是指隶属于高校，以满足学生教学、训练、科研、竞赛、课外文体活动的需求而专门修建的体育场馆及其设备的总称。在满足内部服务功能的基础上，可实现其社会功能，以有偿或无偿方式向社会提供体育服务。

公共体育场馆应该是由各级体育部门负责经营管理的一种“国有资产”，而不宜视作体育部门中的一级“事业单位”。资产的经济性质是经营，企业化经营是公共体育场馆经营管理的必然发展趋势，也是公共体育场馆自身发展的客观要求。由于公共体育场馆大多数是较大规模的室内体育馆、游泳跳水馆和室外带有看台的体育场，属高规格、高档次体育场馆。因此，公共体育场馆所含投资量在场馆投资总量中占有较大的比例。改革开放以后，公共体育场馆在经营管理等方面有较大突破，大多数场馆实现了由行政型管理向经营型管理的转化，场馆一改过去"等、靠、要"的依赖思想，依靠自身的经营条件开展多种经营活动，经费来源渠道呈多元化，并逐步做到自给自足。

体育场馆的形式分为三种。第一种是在酒店内的健身房，一般设有游泳池，但面积不大，价格相对较贵，而且人气不足，主要面向酒店客人。第二种是面向中上层收入人群的会员制健身房，这里有先进的设备，周全的课程设置和强大的教练员班底，人气一般颇旺。第三种是大众体育场馆，硬件和软件水平相对较低，但人气非常足。

二、体育场馆的兴起和现代化发展

（一）古代体育场馆的兴起

远古时代，在人与自然的斗争中，人类改造自然和控制自然的手段较少。在当时的环境下，要求人们具有强壮的身体，突出地表现为力量、耐力和速度。古代奥林匹克运动会就是在这样的背景下产生的，它产生于前776年，每四年夏天召开一次。在早期的奥运会中，赛跑是在一块空地上举行的，从敬拜诸神的地方阿尔蒂斯起，直到哥罗纳斯山的山脚一带为止。这个空旷的运动场地是长方形，跑道是直道，长192.27m，道宽32m，每次可供二十名选手同时比赛。起跑线用石条铺成，上面刻有两条平行的小槽，供运动员起跑时使用。这就是当时用来比赛的运动场，而现代的最古老的运动场位于原来的宙斯庙附近。它长200m，宽175m，位于长满橄榄枝、桂树、柏树的丘陵地带。

体育场地随着奥林匹克运动会的发展不断得到改进。在跑道的另一侧堆起土台，又在跑道转弯的一端修了舞台，把两侧看台联成"U"字形体育场。以后，大理石台阶看台代替了土台。跑道由大理石看台围起来，舞台和部分看台加上了顶棚。到前5—前4世纪，运动场成了封闭式。练习场用石柱廊围成方形，赛场的西南部是练习场和训练场。一侧建有会议厅、更衣室、涂抹室、浴室等。还有跑马场，用来庆典的会议厅和供运动员居住的公共建筑，这就是体育场馆的最早雏形。

罗马帝国则是西欧奴隶制的鼎盛时期。在那时罗马帝国修建了著名的圆形竞技场，斗兽场以及人工湖等宏伟建筑。在历史上，它一出现就以统治性的力量主宰着城市的生活，影响着城市空间的构成。作为有特殊功能要求的建筑类型，它们凭借着独特的造型在城市环境中占有标志性的地位。到了资本主义初期，由于工业大生产的发展，新的建筑材料、结构技术、施工方法等不断涌现，突破了传统建筑在体量、跨度、空间造型等方面的局限，体育建筑获得了当前的发展。

到了当代，随着各种建筑思潮的影响，体育场馆的建筑更强调表现自我，强调单体造型，强调新技术、新材料的使用和结构造型的新颖。

（二）现代体育场馆的发展

随着科技水平的不断提高，人们生活品质日益增长，现代体育场馆的建设也随之发生了巨大的变化。布局单一、功能不全的体育场馆已完全满足不了体育产业化、社会化的发展需求，取而代之的是相对集中的功能齐全的综合性运动场馆。

1. 体育场馆的布局由单一独项的建筑走向综合性的相对集中的建筑群体

体育场馆与其外部空间环境是一个有机的整体，作为城市这个复杂巨大系统的子系统，它受城市的制约，同时又为城市服务。举办各种重大比赛时，体育场馆的外环境人流量大且相对集中，以必要性活动为主。而无比赛时多为闲散人流，使用目的和使用率都不同于比赛期间，以自发性和社会性活动为主。体育场馆外环境使用上的这种不均衡性，要求设计不能仅限于满足比赛期间的交通疏散要求，应从社会效益、经济效益和环境效益多方面考虑。

过去，体育场馆建设只是为比赛而建造，功能单一、设施不配套。有些场馆投资大、占地广、而利用率低、综合效益差，同时单一独项的体育场馆在布局上显得古板没有活力。而现在的体育建筑设计内容已超越了单纯容纳体育运动场馆的范畴，将休闲、餐饮、购物、娱乐同时包容进去，形成了相对集中的复合性建筑群体。其最大特点就是：大分散小集中，考虑了会后场馆的利用问题，与周边环境达到协调一致，较之单一独项的建筑在布局上更开阔、活泼、自由。如：深圳宝安体育中心，其设计初期就考虑到了城市中心的体育文化和娱乐场所及体育比赛，文化活动、政治会议、商业活动可同时举行。综合性的相对集中的建筑群体的布局设计是当今各国体育场馆建设的最大特点。它集中了社会、经济和环境效益，使之功能更完善，利用率提高。在布局上更能充分利用地形、环境、交通，使之空间更广、组合更合理。

2. 场馆建筑由单一功能转变为多功能

作为体育产业主要物质基础的场馆设施，在市场经济条件下必须以体育社会化、产业化为背景寻求新的设计模式，要充分发挥效益，建立一套完整的功能空间系统，以适应体育产业系统的多种需求。我们知道体育场馆功能设计基本上分为两种类型：一种是体育型，另一种是多功能型。体育型的功能设计主要是以一种体育项目为主，同时兼容其他小场地体育项目，如以篮球为主的体育馆和以手球为主的体育馆。多功能型的设计是以体育为主，同时兼容工艺表演、大型集会、陈列展览等。

体育比赛不以单一的项目为主，而是以较多相近项目和提供较多训练场地为目标的优化组合。相比之下，体育型的场馆在做多种项目的使用时质量不佳，利用率低，综合效益差。而多功能型的场馆就能较好地满足多种使用要求，可明显提高使用率，这也符合“以馆养馆，多种创收”的市场规律。例如，我们可以通过使用活动座椅和移动看台实现对比赛场地的变换，使体育馆既能进行手球、篮球、排球、羽毛球、乒乓球、室内网球、体操、举重等运动项目，又能开展艺术表演、娱乐活动、音乐会、展览会及大型集会等活动。集多种功能于一体，使体育场馆做到“一场多用”或“一馆多用”，诸如这样的体育馆在国外已有不少。如：保加利亚索非亚的多功能体育馆，美国汉普顿多功能文娱体育馆等。

体育场馆由“单一功能”向“多功能”转变，是社会市场经济条件下的良性循环。多功能的体育场馆更能满足多种使用要求，而不仅仅是为某一种体育项目而设计及建造，这种适应市场规律的变化势必会为体育场馆建设和发展拓展更广阔的空间及市场竞争力。

3. 高科技手段的融入给现代体育场馆注入生机

先进的技术是联结建筑硬件（场地、服务空间与其他附属设施）与软件（管理、运转、经营、策略）的纽带。现代体育场馆功能得以高效运转，当然离不开高科技手段的融入。场馆的经营效果与使用的舒适、方便很大程度都依赖于此。例如，为提高电视转播的画面质量，保证其生动性，应选择摄像机的最佳拍摄位置，便于近距离追踪、远摄、采访及获得生动画面。使用先进合理的照明设计，半透明膜材料做遮阳棚，避免转播时产生阴影及观众闪光灯对摄影的干扰。运用信息技术和运动监控记分系统及通道监控系统，保证比赛的公正性及赛事安全等等。这些先进的技术给体育场馆注入了生机，越来越被物质需求和精神需求日渐丰富的人群所接受。

三、体育场馆外部环境对消费行为的影响

体育场馆的外部环境包括其本身所处的位置、周边交通、街道设施的完善与否以及周边的商圈人口密集度、同类场馆的竞争力。这些因素都会对消费行为选择体育场馆产生影响。

（一）体育场馆的选址对消费行为的影响

大型体育场馆的选址是一项系统性、复杂性的工程，不但要考虑规划方面的因素，还要考虑经济、政治、文化、社会、生态、交通、产业发展、基础设施建设等方面的因素。中小型体育场馆的选址要求相对来说比较简单，它更依赖于消费者的实际需求。

中小型体育场馆从商品大类上分属于日用品和低档商品，与美容美发、洗衣等归属为个人服务行业。如果按国外体育场馆会员卡的支付方式（每月划账），则体育场馆是低价格水平的商品服务。人们会经常光顾健身房，购买行为是反复购买，消费者的出行距离以就近为主。

以体育场馆为代表的中小型体育场馆的会员卡付款方式多为一次性付款（年付）。因而，每次购买体育场馆年卡的价格低则两三千元，高则五六千元，属于高价格水平的商品服务，购买频率低。这种情况使得体育场馆同时具有耐用商品和日用商品的某些特征。由于价格较高，购买频率每年一次，消费者将对体育场馆的环境条件、设备状况、服务水平等进行了解比较，也有可能入会距离较远的体育场馆。但考虑到消费者到体育场馆锻炼的次数非常频繁，日用品的特征仍为其主要特征。

所以，从所属行业类别来分析中小型体育场馆的选址，它的位置应该是接近消费者的居住地点或工作地点，也就是我们经常说的始端和末端。

（二）体育场馆周边的街道体系和通畅性对消费行为的影响

第一，四通八达的街道，顺畅方便的通行，可以为体育场馆带来更多的消费者，扩大商圈的地理范围。如果体育场馆紧邻城市主要街道或宽阔的大道，并且离城市的环路、快速路、高架路近，就能使会员减少出行时间。第二，体育场馆周边道路在下班高峰时段出现严重的交通堵塞不仅增加会员的出行时间，而且，极大的降低体育场馆对会员的吸引力。第三，车辆进出体育场馆是否方便、路口有无交通信号灯、是否为单行道、行人进出有无地下通道、行人过街天桥和过街人行道还是需要较长的路程去绕道。这些因素可能限制体育场馆的出入车流量、人流量，并影响消费者加入体育场馆的意愿，使得他们转而前往其他体育场馆。第四，在大城市中，由于地铁的准时性和安全性，许多人员愿意搭乘地铁。所以，体育场馆地址是否在地铁沿线，会员能否乘坐地铁也是考察的重要因素。第五，地面公共交通系统状况，有几趟车可以到达体育场馆所在地，公交线路到达商务区（工作地）和居民区（居住地）的情况。体育场馆附近搭乘出租车是否方便，有无出租车停靠点。因为据调查，近20%的体育场馆会员是搭乘出租车前来体育场馆的。第六，除

了上述因素之外，某些心理因素也将影响消费者的意愿和商圈的地理范围。这些心理因素与消费者对所通行的道路的感觉有关。人们更喜欢在景色优美、洁净（没有垃圾）的街道上行驶。因此，如果其他因素相同，风景优美的道路会促使人们愿意驾驶得更远。相反，垃圾场、工业区、显著污染区和路旁混乱的街道都是令人反感的。除了街道的视觉效果外，安全和健康因素也将影响人们在该街道上行驶的意愿。人们将避免经过那些存在交通风险，或者充满烟雾和尘土的地区。

（三）体育场馆周边的竞争环境对消费行为的影响

购买力和竞争程度决定了一家体育场馆是否能够取得成功。现有体育场馆的数量、规模、优势与弱点，以及正在建设中或处于规划中的体育场馆，短期和长期变动以及饱和的情况等都会影响体育场馆对消费者的吸引力。对周边体育场馆应一家一家地全面调查，了解其规模、项目设置、会员情况、价格水平、物业特征、经营状况等，将调查结果列出表格，逐项分析评估各种因素，找出差异性和市场缺口，作为进入市场的切入点。这样才能打造出能符合本体育场馆消费群体的“卖点”。

（四）影响消费行为的其他外在环境因素

体育场馆往往需要考虑借势，在一个好的商业氛围里，相关行业可以互相带动。比如体育场馆周围有肯德基、麦当劳，可以吸引许多顾客，因为他们的消费者与体育场馆的消费者是相类似的群体。另外，体育场馆消费依靠的不是购物中心的流动入口，而是周围的固定人群。购物中心商圈范围内如果有大量的居民区和办公区，这部分人群可能利用购物中心的交通便利条件前来参加锻炼。

除此之外，体育场馆的围网、道路、座椅、垃圾箱、公告牌、指示牌、指示灯的设计和摆放位置也会影响消费者的选择。如果体育场馆旁有某一知名建筑或自然物，当地人人皆知，当别人问及体育场馆地址时，易知、好记、方便找，就有利于扩大客源。另外，醒目的位置摆放体育场馆的标识和水牌，将对增加消费者对其辨识度。有趣、个性化的设计会增加消费者的运动乐趣。

四、体育场馆的内部环境对消费行为的影响

体育场馆的内部环境就是对体育场馆的服务和形象进行设计，从而使其能在目标顾客心目中占有一个独特位置的行为。定位是建立在细分、目标市场之上。例如，一家体育场馆在市场中发现不同的需求和群体，就把最适合自己的需求和群体作为目标市场。然后，对自己的服务产品进行定位，使消费者能够识别出该体育场馆独特的产品和形象。

定位需符合消费群体的需求。健身消费者价值观一般分三种：30 岁以下的群体大多是时尚需求，追求青春、美丽、品位与希望；30~45 岁的群体是健康需求，希望健康、活力、生命和快乐；还有一部分群体是休闲需求，要求放松、娱乐、空闲及消遣。考虑到体育场馆的有限资源，不可能在每个方面都做得好。而且，每一项需求都需要不同的理念和投资，有时它们还是相互矛盾的。

因此，定位最好从不同的需求中寻找一个成为最好，其他需求方面满足即可。目前各健身体育场馆都是据此进行自身的定位，如中体倍力体育场馆根据消费群体的健康需求，打出“您身边的健身专家”的定位；青鸟体育场馆打出“创造心与身的健康”；一兆韦德

体育场馆打出“改变生活方向”等定位口号。

市场定位找准后就可以对体育场馆的内部空间进行个性化设计。体育场馆的室内设计应研究消费者的心理特点，并与之相适应。为消费者提供最适宜的环境条件和最便利的服务设施，使消费者乐意到场馆，并能够舒适、方便地选择运动项目。

（一）店内布局

店内布局就是合理安排各种设施在体育场内的位置。良好的室内布局能促使来往顾客流动到每一个角落，依靠来往顾客最大限度地流动，使全部商品展现在顾客的面前。以武汉体育中心为例，其场地特别开阔，跑道也很有特色，不是一个有规律的形状。场内有四个公共厕所，各种场地都有。有服务中心，里面可以办健康证，有个小山，上面更安静，还有片小竹林，里面很多凳子可以休息。但不好的店内布局，会给客户带来不便。例如，某健身会所，去运动还要爬一层楼梯，器械和泳池都在楼上，更衣室在楼下，要光着膀子上下。

（二）照明音响

保持体育馆场内光线充足，为消费者创造一个舒适的体验环境，对体育场馆来说，是很重要也是很必要的。体育场馆的采光来源有自然采光和人工采光两种，可以相互结合利用。大型体育场馆的面积较大，多在7000~12000平方米。因此其自然采光所占比例不大，多用人工采光。柔和的灯光可突出显示陈列的商品，从而使消费者在一个柔和、愉悦的氛围中运动。

（三）通道设计

场馆通道是指顾客在体育场馆内行走的路线。场馆通道划分为主通道与副通道。主通道是顾客行动的主线，而副通道是指顾客在场馆内移动的支流。良好的通道设置，就是引导顾客按设计的自然走向，接触所有体育运动项目，使场馆空间得到最有效的利用。据调查结果显示，消费者普遍认为场馆设计上应该宽敞畅通，走动舒适。应适当放宽咨询服务台周围通道的宽度，以保证最易形成顾客排队的服务处的通畅性。

（四）色彩设计

色彩可以对消费者的心情产生影响和冲击，这种影响和冲击来自于人们对色彩一种直觉的心理反应。“暖色”使顾客温暖、亲切；冷色用来创造雅致、洁净的气氛。在不同的体验区也用不同的色彩来调整顾客的感觉。

（五）POP广告

随着消费者购物选择时的动机日渐多样化，商品情报的沟通路线，已经由以前制造商→零售商→消费者这种单行线方式，变成现在的制造商零售商消费者双行线方式。因此，体育场馆内的POP广告不仅仅是标志、横幅、旗子和特殊的商品海报，而是包含着体育场馆主张的一种传达情感的手段，也是一个能加深场馆和顾客之间对话的有亲切感的道具。

体育场馆的消费实质是对服务的消费，服务也是影响消费行为的最重要因素。抓住体育场馆服务的特征，提高服务质量是吸引消费者并形成忠诚客户的关键。下面将对体育场馆的优质服务与消费行为的关系作出讨论。

五、优质服务提升消费者对体育场馆的品牌认知度

体育场馆优质服务的关键是人们对服务所感受到的满意度能否达到或超过期望值。人们去体育场馆之前，对该场馆服务的质量会有一个事先的期望水平，这个期望水平主要是根据过去的经验或从亲朋好友、同事那儿了解到有关的信息或是目前的需求希望得到满足而形成的。由于体育服务具有无形性和差异性，顾客的满意度受到多种因素的影响。如果顾客对服务的感知水平符合或高于其预期水平，则顾客获得较高的满意度，从而认为体育场馆具有较高的服务质量。从体育场馆自身的立场来看，又必须把握如何来决定所提供服务的质量达到优质服务。提升消费者对体育场馆的品牌认知度，体育场馆服务应具备以下几点功能：

（一）体育场馆服务的可感知性

可感知性指体育场馆的“有形部分”，如各种设施、设备以及服务人员的外表等。由于服务产品的本质是一种行为过程而不是某种实物，具有不可感知的特性，所以，顾客只能借助有形的、可视的部分把握服务的实质。服务的可感知性从两个方面影响顾客对服务质量的认识，一方面提供了有关服务质量的有形线索，另一方面影响顾客对服务质量的感知。例如，体育馆干净、整洁、宽敞，场馆的秩序井然有条，顾客评估质量时自然评价很高。

（二）体育场馆服务的可靠性

可靠性指体育场馆准确无误地完成所承诺的服务。体育场馆的优质服务是通过“可靠”的服务来建立自己的声誉。可靠性实际上是要求体育场馆避免在服务过程中出现差错，因为服务差错给体育场馆带来的不仅是直接的经济损失，而且可能意味着失去很多潜在的顾客。如替顾客保管物品，或顾客放在更衣室的衣物，一定要安全、可靠。还如游泳馆通过新闻媒体展开宣传工作，另一方面加强水质过滤和消毒工作，使其水质达到了饮用水标准，从而消费者对游泳馆产生很强的信任感。

（三）体育场馆服务的快速反应性

快速反应性指体育场馆随时准备为顾客提供快捷、有效的服务。对于顾客的各种要求，企业能否给予及时的满足将表明体育场馆的服务导向，即把顾客的利益放在第一位。同时，服务传递的效率则从侧面反映了体育场馆的服务质量。研究表明，在服务传递过程中，顾客等候的时间关系到顾客的感觉、印象、服务企业形象以及顾客满意度的重要因素。

（四）体育场馆工作人员的专业性

专业性指体育场馆服务人员的友好态度和胜任能力，他能增强顾客对企业的服务质量的信心和安全感。如果对待顾客缺乏友善的态度，顾客会感到不快。如果服务人员缺乏专业知识，顾客会感到失望。

员工是我们异于竞争对手的制胜关键，因此管理者应加强人员的训练及技术的培养，包括对私人教练员、销售人员、接待服务人员等第一线员工。对员工而言，增加本身的专业技术后，除了可以增强递送服务时的自信，提升执行服务质量标准的能力，也可通过专业和优质的服务表现提高会员对体育场馆服务质量的感知程度。对管理者而言，在制定各

项服务质量标准时必须要考虑到本身所拥有的资源，因此若能加强第一线员工递送服务的能力，将可以增加管理者对各项服务可行性的认知程度，并能更接近会员的期望。

（五）体育场馆工作人员的感情融入

感情融入指体育场馆要真心地关心顾客了解，他们的实际需求并予以满足，使整个服务过程富有人情味。体育场馆服务不同于其他服务，大部分的体育项目参与性都很强。顾客需求参与其中，体验参与的乐趣，并在参与中得到锻炼和熏陶。服务时，必须考虑到顾客能极大程度地参与其中，才能在很大程度上反映出体育场馆的服务质量水平。

六、体育场馆的个性化服务提升消费者的品牌忠诚度

体育场馆经营优质服务的基本特征是建立在规范化服务基础上的个性化服务。规范化服务也称标准化服务，它是具有共同特征的服务。它是对服务中反复出现的常规性事务，以业内共同认识的为标准提供服务。一般情况下，它可以满足大多数人们的需求。优质服务最突出特点是发展和延伸规范化服务，为人们提供与众不同的、有针对性特征的服务，即个性化服务。个性化服务包括情感服务、特色服务、超常服务。

（一）情感服务

情感服务是指在尊重和理解人们的基础上，为使人们在精神上、感情上得到亲近感的服务内容和服务行为。如在重大节日时，向老会员赠送一些礼品。过一定时间，组织会员参加一些活动，如组织会员体育比赛、登山、会餐等，以此增加会员的感情。还如，很多体育场馆都有顾客档案，并且要求服务员尽快熟悉回头客的情况。当客人第二次来消费时，就不得简单地称呼“先生”“小姐”，而是应在前面加上姓氏，即“某某先生”“某某小姐”，或姓氏加职务，如某某经理或某某总。通过这种服务，可以使人们觉得体育场馆的工作人员时刻在想他们，从而增进他们与体育场馆工作人员的感情。

（二）特色服务

特色服务是指向人们提供具有本体育场馆特色的服务内容和服务行为。体育场馆特色服务内容多与服务项目有密切关系，它是体育场馆市场细分的结果。女性健身馆拥有的特色项目有美体、美容、塑身等。一些体育馆针对白领阶层开展体能测试、快餐运动处方、时尚的运动项目等。还有一些体育馆针对肥胖者开展的服务项目有体重控制、营养咨询、有氧健身操等。体育场馆针对自己的目标顾客群，都有自己特定的服务项目，从而使自己立于不败之地。服务行为特色是指在具体的服务过程和服务细节方面所表现出的本体育场馆特点。如有的体育馆免费为顾客进行体能测试，而有的体育场馆却要收费，这种差异化营销策略是吸引顾客的有效手段。还有的体育场馆服务人员免费为顾客准备开水，体育馆管理人员为顾客准备一些报纸，专门开辟吸烟区。这些服务如春雨润物，悄然无声，但顾客的感受如坐春风。服务行为特色在一定程度上体现了体育场馆的行为特色，是吸引回头客的重要措施。

（三）超常服务

超常服务是指体育场馆在经营过程中向人们提供超过常规服务标准和服务范围的服务行为。超常服务能够满足人们的特殊需求。通过超常服务，体育场馆往往会收到意想不到的效果。这对提高自身声誉起到很好的作用。提供超常服务要经管理者授权，并需要服务

员具备良好的素质和能力。如体育馆免费为顾客提供停车位，免费为顾客看管自行车，免费为打乒乓球、网球、羽毛球等提供培训，并提供陪练等。

第三节　商业健身俱乐部健身教练与体育消费者行为

一个健身教练要善于沟通，甚至会经营、会推广。不仅要身材好，还要口才好。一个会员如果在一个教练那里学有所得，不仅会接着续卡，还会介绍给亲友，扩大会员队伍。优秀的教练，能给俱乐部带来好生意。

一、健身教练的含义及分类

（一）健身教练的含义

健身俱乐部健身教练，分为团体操课教练和私人教练，私人健身教练是指在健身俱乐部中一对一进行指导训练的专业健身教练，其工作具有互动性、针对性等特点，并且是按课时收费的。团体操教练是一对多，一人带领多数会员在有氧操厅进行有氧运动的团体操课程（团体操课程包括：有氧健身操、有氧舞蹈、踏板、动感单车、搏击、普拉提、瑜伽等）。

健身教练最重要的职责就是帮助顾客获得健康。来健身的顾客需求的是科学的健身指导，并以此获得身体的健康。因此，健身教练应该具有比较专业的人体解剖、生理、医学、营养和运动技能知识。此外，还应懂得心理学。因为教练要善于与顾客沟通，以准确了解顾客的需求并提供帮助。见多识广是一个健身教练起码的素质。比如，为让健身运动达到最好效果，教练还应是“私人医生”，掌握一定的健康知识，了解会员的饮食状况、工作性质、睡眠质量等。针对不同的人，制定出不同的训练方法。但同时，健身教练只是针对会员的健康锻炼提出指导，对部分病后或术后恢复进行一定指导，但不能取代医生的治病功能。

（二）健身教练的分类

通常把健身教练分成带操教练和器械教练两类。从专业的角度来看，可以按照健身教练的类型、水平或等级以及职业性质进行如下分类：

1. 按类型分类

按类型进行分类，健身教练可以分为俱乐部健身教练、私人健身教练公司教练和自雇健身教练三种。

（1）俱乐部健身教练。俱乐部健身教练是指在一个或多个健身俱乐部承担健身指导工作的全职或兼职的教练。其中俱乐部健身教练又可以分为巡场教练、器械教练和带操教练（包括健美操、瑜伽、普拉提、动感单车教练等）三种。这三种教练的水平和俱乐部对他们的要求是不同的。

巡场教练只需具备基本的健身知识、熟悉场内器械的一般使用方法、保证客人的健身安全即可。器械教练的要求较高，指导方法、内容也较巡场教练上了一个台阶。器械健身教练通常采取一对一的方式，为健身者提供专业化的体能评估和个性化的运动指导。因此，其需要更全面的知识、除了拥有巡场教练应有的技能外，还要能为学员提供包括体能评估、运动营养搭配、运动处方的制定等帮助。带操教练一般采取带几个到几十个人进行集体活动的方式开展健身指导工作。带操教练的技术水平和示范能力很强，而且大多青春、靓丽、动感。

（2）私人健身教练公司教练。私人健身教练公司是为客户提供专业私人健身教练的专门机构。其由于规模效应，可以吸引更多的客户。公司会对旗下的私人健身教练进行包装和宣传，同时会对教练资格和能力进行严格的考核，以保证其专业水平和服务质量。在国外，已有较多的私人健身教练公司，国内目前还在尝试阶段。

（3）自雇健身教练。自雇私人教练通常被认为是“自由职业者”，主要是自己来开发客户群。其客户群有个人、公司团体或社会组织，服务场所可以在健身俱乐部、私人健身教练工作室、客户办公室或家中等。自雇健身教练的工作时间自由，收入也比较高，上课地点较为灵活。但其压力、工作强度也相对较大。这种职业模式要求健身教练在具有较强的专业能力的同时，还必须具有良好的沟通技巧，才能更好地开拓并推广自己的业务。

2. 按水平或等级分类

根据《社会体育指导员国家职业标准》，社会体育指导员职业等级由低到高分为：

（1）初级健身教练。其只需具有初中毕业学历；了解体育锻炼和比赛的一般知识，初步掌握某项体育活动的技能传授方法。能够承担基本的锻炼指导工作和根据计划组织实施基层组织的社会体育活动。

（2）中级健身教练。取得初级健身教练资格，连续工作至少3年；基本掌握体育锻炼和比赛的理论和方法，在某项体育活动的技能传授和锻炼指导中成效比较明显；具有指导初级健身教练的能力。

（3）高级健身教练。取得体育专业中等专科以上学历，取得中级健身教练资格，连续工作至少5年；掌握体育锻炼和比赛的理论与方法，在某项体育活动较高水平的技能传授和锻炼指导中成效突出；具有指导中级健身教练的能力。

（4）指导师级健身教练。大学本科以上学历，取得高级健身教练资格，连续工作5年；系统掌握体育锻炼和比赛的理论与方法，在某项体育活动的技能传授和指导中具有突出的成就；具有指导高级健身教练的能力。

3. 按职业性质分类

健身教练按职业性质分为职业教练和兼职教练。前者以健身教练为主业，可能就职于一个或几个健身俱乐部。其一般在相对固定的体育健身俱乐部或体育健身会所工作，都有相对稳定的指导人群或雇主，并且根据水平的高低和健身服务的美誉度确定有偿工作的报酬定额。后者是指由于喜爱健身教练工作，所以利用工作以外的业余时间到体育健身俱乐部或健身会所做兼职教练。

二、俱乐部健身教练的职业素养对体育消费行为的影响

健身教练属于职业性的运动健身指导员，工作的主要场所在健身俱乐部或健身会所，服务的主要人群是健身俱乐部的会员或健身活动者。其自身的职业素养会影响健身俱乐部消费者对俱乐部的印象和选择。健身教练的职业素养主要包括自身的职业形象和职业技能。

（一）健身教练的职业形象影响消费者对健身俱乐部的选择

健身教练是经营性健身场所最重要的工作人员。客户踏进健身房门槛的“第一印象”往往取决于健身教练的体态和仪表。礼仪和沟通是吸引客户的首要方面。

1. 健身教练的礼仪

仪表固然离不开先天的遗传，而后天礼仪规范的塑造和培养，会弥补先天不足者的缺陷，放大先天具有的优势。健身者来到俱乐部希望获得身体、心灵上积极向上的正能量。一位精神饱满、充满自信。头发干净整齐、脸部清洁的健身教练会给客户留下良好的第一印象。此外，健身教练要充分认识到体形与姿态修饰的重要性。健身客户在选择健身教练时，先从教练员体形的“亮点”开始，因为客户总是习惯与用体形与体态的标准来观察人、评价人和选择人。

再有，健身教练要重视谈吐的作用，努力提高语言的表述能力，以语言的魅力去赢得客户的信赖。英国哲学家培根有句名言：“讲话用语审慎较之单纯流畅更为重要。”语言的修饰表现在对顾客的敬称、有礼貌的打招呼、细心地服务等。健身教练在与健身房客户频繁的交往及指导服务中，运用真心诚意和善言善辩的巧妙语言来打动健身房客户的心境，使之全心地投入健身健美锻炼，从而在健身房客户中赢得威信和魅力。

2. 健身教练与顾客的沟通

健身教练与顾客的沟通表现在很多方面，主要包括接受顾客的咨询、接待顾客的询问、体察顾客的需求、因人而异地提供服务甚至恰当的心灵交流。每一个环节都能反映出健身教练的沟通能力。例如，当消费者咨询课时费时，如果有一位健身教练对你说：“健身指导课程的课时费用是150元。”你是不是立刻联想到自己口袋里的百元大钞就要长着翅膀飞走了呢？但如果他把那句话修正一下说：“某某先生（女士），课时费用只需要150元。”后一句话会让你觉得你是一位成功人士，150元只是你收入中很少的一部分。同样的回答，让客户的感受却大相径庭。再比如，在询问顾客需求时，健身教练问一位客户：“您需求普通饮料还是蛋白质饮料？”这时客户会很随便地回答出“普通的饮料吧”。但如果健身教练这样问客户：“根据您的体形，使用蛋白质饮料更好，您觉得可以吗？”面对这样的提问，客户往往会说：“好吧！”这一方面让客户感觉到健身教练对自己的细心照顾，另一方面会增加俱乐部运动型饮料的销售量。

以上两个例子虽不能全面展示健身教练与顾客的沟通技巧，但却告诉我们无论是接待顾客还是处理纠纷，良好的、恰当的沟通技巧会让结果大不相同。

（二）健身教练的职业技能影响消费者对健身俱乐部的选择

健身教练的职业技能体现在很多方面，包括为健身者提供健身器械及健身操类的技术指导，为会员制定健康检查、膳食配方及体能提升解决方案。除此之外，职业技能还体现在为不同的客户提供不同的个性化健身指导和服务以及防范职业服务风险等方面。

1. 专业的健身指导

不言而喻，等级更高的健身教练将会吸引更多的消费者入会。因此，一位健身教练自身的知识储备、拥有的学历及相关证书将成为俱乐部有力的卖点。当然这只是将客户吸引入门的第一步，要留住客户和吸引更多客户则需要健身教练具备良好的指导技能。

健身指导技能是指健身教练在指导过程中完成指导任务，达到指导目标所采用的指导途径和方法。比如健身教练在做示范动作时，做得准确、熟练、轻松和优美，将给健身者留下深刻印象，使健身者看完示范后就产生跃跃欲试的感觉。再如，很多健身俱乐部会配备多媒体，方便健身教练利用图、文、声、像和动态视频等效果直观地把传统媒体技术条件下难以表述的现象和过程主动而形象地显现过来。这种方法使健身者直观地了解健身的基本知识、技术动作内容、风格和特点，提升了客户的健身兴趣。

2. 细心的健康检测和分析

健身初期的健康检测，将帮助健身教练为其制订科学的锻炼计划。健身中期的运动效果测定与评价的良性结果，有助于调动锻炼者的积极性和兴趣，其不良结果为改进锻炼手段、方法敲响了警钟。

除了身体上的健康分析，健身教练还应在会员心理特征上多加留意。针对有心理障碍的客户，可以推荐其尝试不同的运动项目。比如，遇事急躁、容易冲动的锻炼者，可以推荐其参加下棋、打太极拳、慢跑等缓慢、持久的项目。对于腼腆胆怯、容易脸红、怕难为情的客户，可以多引导他们参加游泳、溜冰、滑雪、摔跤、单双杠等项目。这些项目要求锻炼者不断克服害怕跌倒等各种胆怯心理。对于优柔寡断者，可以引导他们参加乒乓球、羽毛球、击剑等项目。因为这些项目的任何徘徊和犹豫都会延误良机，造成失败。

健身教练对会员身心变化的细心观察、检测和分析，然后制定恰当、合理的锻炼方式会让客户感觉到如家般的亲切、温暖并且达到健身的最初愿望。

3. 不同人群的健身指导

在很多中小型健身俱乐部里，我们经常看到很多健身者，无论胖瘦都在跑步机上运动。实际上，比较瘦的人最好不要参加耗能较大的运动项目，特别应避免参加长时间的耐力性运动项目，如长跑、踢足球、打篮球等。因为这些运动消耗能量较多，对于肥胖者的效果较好，但对于消瘦者会与所从事的器械锻炼竞争能量，不利于瘦人增长肌肉、丰腴健美，只能是越练越瘦。此时，如果有健身教练主动上前说明和指导，会给会员带来被关注和被帮助的感觉，既能增强锻炼者的信心，又能提升俱乐部的吸引力。

再以糖尿病患者为例，不同的糖尿病应选择不同的运动方式。老年和妊娠糖尿病患者，应选择散步、下楼梯、太极拳和轻微家务劳动等非剧烈的运动项目。而肥胖型糖尿病和轻度糖尿病患者则可以选择平地快走、登山、举重、拳击等重体力劳动。一名合格和尽责任的健身教练在面对不同糖尿病客户时，应根据不同身体状况给予相应的指导。

（三）健身教练的服务方式影响消费者对健身俱乐部的选择

健身俱乐部的客户来自四面八方，性格、需求都不一样。通过与客户的交谈，了解客户的消费需求，及时判断客户的类型，应提供适时到位的服务，是健身教练留住客户的必备技能。

1. 因人而异地提供服务

根据客户的性格和对服务的要求不同，我们将客户大致地分为以下几类，针对每一类别的客户，服务重心将不一样。

（1）对于爱讨价还价、好占便宜、一直问价钱的客户，健身教练最好不要想起推荐昂贵的项目和产品，以免给他们造成心理负担。此时可介绍价格适中的健身项目和产品，并强调效果和优点。

（2）对于虚荣、自负、穿着入时、喜欢谈论、吹嘘自己的客户，健身教练不要对其发表批评性意见，介绍服务项目或产品时应慎重，依其所需，着重强调新颖性和独特性。

（3）对于有明确消费意愿，主观意识很强，比较固执的客户，健身教练应当尽量满足其意愿，对他（她）的话尽量予以肯定，即便有不同的看法，也必须用委婉的方式来表达。

（4）对于衣着打扮非常讲究，过分要求优质服务，对消费非常仔细、苛求的客户，健身教练要搞清楚他（她）需求的是什么，介绍一些价格较高、功效突出的高档产品或较高水平的服务。

（5）对于与健身行业相关的专业客户，健身教练不要和其在专业知识上做争论，尽量改变话题，减少向他（她）推销产品，刻意强调服务方式的独特性。

2. 把握特点，积极争取每一位客户

按照健身者的意向，可以将其划分为确定型客户、半确定型客户和不确定型客户三大类。针对不同的客户类型，应提供有针对性的服务，尽量争取每一位客户。

（1）对于确定型的客户，健身教练应以最快的速度给他们提供所需的服务。但是确定性的客户还有不同的情况。如果是老客户，只是前来重复以往的服务项目，那么，健身教练只要尽快替其落实服务即可。“抓紧时间”是这类客户所期望得到的待遇。如果客户想指定印象好的健身教练来服务，应当尽力满足客户的要求。还有一类是新来的客户，因为听人介绍或从传媒获知，决定前来接受某项健身服务。因为是第一次，所以他们可能并不需要立即得到服务，而是想再了解一些具体情况。这时健身教练应当根据客户的个性和消费行为特征来确定服务的方式。

（2）半确定型客户是健身教练应重点争取的对象。因为他们尚未确定在哪家健身房参加健身锻炼。接待这样的客户，健身教练应当尽量展示自身的优势，如环境、质量、收费等，也可以带他们参观最能打动和吸引客户的设施，或者是某位知名健身教练的操练，也许客户就会决定在此接受健身服务。另外还有一种客户，想做健身，但不知做什么项目对自己是最合适的。健身教练应当先根据客户的具体情况介绍服务项目，适度地推荐效果好的健身项目，帮助客户确定，这需要健身教练有很强的业务素质。

（3）对于不确定型客户，健身教练切不可冷落他们。应当耐心地服务，并用灵活的方式介绍健身房的特色，把他们当作潜在客户来积极争取。如果客户是因为没有时间来健身房接受服务，健身教练可以向其推荐家用健身产品和向客户进行健身知识宣传。即使这类客户本人不做健身，如果给其留下了深刻印象，也许会推荐自己的亲朋好友来健身。

第四节　职业体育赛事教练员与体育消费者行为

职业体育赛事教练员对体育消费的影响主要体现在两个方面：一方面是直接影响，即职业赛事教练的专家效应。当一名职业赛事教练培养的运动员或团队在大型赛事上取得优秀成绩后，这名教练也就会成为家喻户晓的知名教练。那么他在该领域所做的产品代言或赛事培训等就会受到消费者的信赖。另一方面是间接影响，即由职业赛事教练培养出来的优秀运动员或团体参加的运动比赛会吸引更多的消费者观看。继而无论是现场的上座率，还是赛事转播权的出售等相关费用都会提升。

一、职业体育赛事教练员对消费者的直接影响

专家由于其丰富的知识，使其在介绍、推荐产品与服务时较一般人更具权威性，因此聘请专家做广告代言人是很多厂商宣传其产品常用的营销方式。对于体育产品的销售也不例外，国内外的很多优秀的职业赛事教练员都有过产品代言的经历。比如，培养出中国羽毛球名将林丹的中国羽毛球总教练李永波在2003年与广州双鱼集团签约，出任其旗下品牌金雀羽毛球的形象代言人，2009年李永波出任中国羽毛球赞助合作企业天津海泰控股集团形象代言人。再有中国“铁榔头”之称的郎平曾是广东恒大女排的教练，2013年正式出任中国女排主教练。2011年7月郎平正式签约康佰（中国）集团，成为康佰品牌的代言人，宣传康佰品牌的按摩椅。同年成为钙尔奇钙片的代言人，2013年再度与康柏集团合作代言沙普爱思眼药水。除此之外，2013年世界名帅里皮、郎平受聘成为恒大冰泉全球推广大使。

职业体育赛事教练员除了会成为产品代言人外，有很多人在退休之后仍然会发挥余热，为体育事业的建设贡献自己的力量，同时也开辟了一块体育市场。上海申花俱乐部主教练徐根宝十分热爱足球，将其作为毕生的事业。2002年从“申花”退出后在上海崇明东平国家森林公园南首创建了根宝足球基地，为上海市培养年轻球员。借助徐根宝的名气，该基地吸引了很多的青少年足球爱好者。在上海市委的支持下，该基地已建成了拥有供旅游者观光休闲的综合性服务设施的足球宾馆。足球宾馆是一栋三层楼的现代化玻璃钢结构建筑，内有经济房、标准房及豪华套房。有可容纳100多位贵宾的高规格多功能宴会厅，120平方米的设施功能完善齐备的会议室，豪华典雅的大堂咖啡座，还有卡拉OK、舞厅、棋牌室、乒乓室、桌球室等休闲娱乐场所。这是职业体育教练牵头，依靠体育运动项目拉动地区经济增长的典型案例。

二、职业体育赛事教练员对消费者的间接影响

随着人们生活水平的提升，观看体育赛事、享受体育比赛中的激动和呐喊也逐渐成为体育消费者休闲娱乐的生活之一。在体育比赛中，任何一支队伍的主教练都是无可替代的。其作用不光在于球队的训练，更重要的是在比赛现场的临场指挥。尤其是球队面临困境的时候，这个时候主教练的现场指挥就显得至关重要了。一场体育比赛是否精彩、是否卖座与体育赛事教练息息相关。因而，职业体育赛事教练员对体育消费起到间接影响的作用。这种间接影响主要反映在增加体育赛事转播率和体育赛事入座率方面。

（一）体育赛事的电视转播率

电视转播率，主要是指举行体育比赛、体育表演时，允许他人进行电视转播，主办方会由此获得报酬的权利。而电视转播的出现最终是为了满足消费者对观看体育比赛的需求。只有拥有优秀的教练和出色的运动团队的比赛才能吸引体育观众的眼球。

美国NBA比赛是在中国转播率较高的比赛，因为它拥有大量的观众。很多球队和教练都被国人熟知和喜爱，比如圣安东尼奥马刺队的教练波波维奇和他的篮球团队，洛杉矶湖人队的教练“禅师”杰克逊和他的团队等。这些教练依靠其巧妙的技战术，排兵布阵，

常常使球队在比赛中绝处逢生，打出出人意料的配合，赢得观众的喝彩。

（二）体育赛事的上座率

以美国 NBA 为例，进入 21 世纪后，NBA 联盟收入逐年增加，比赛上座率稳定在一个较高的水平，赛季平均上座人数维持在 1.7 万左右右。表 4-1、表 4-2 反映了 NBA1995—2008 赛季常规赛上座人数最多的 10 个赛季。从中可以看出，2006—2007 赛季和 2005—2006 赛季，上座率有了明显提升。根据最新数据，在 2018 赛季 NBA 平均上座率达到了 20562 人，说明 NBA 对观众的吸引力达到了一个新的高度。

表 4-1　　NBA 常规赛平均上座人数最多的 10 个赛季

排名	赛季	人数	排名	赛季	人数
1	2006—2007	17756	6	1995—1996	17252
2	2005—2006	17558	7	1997—1998	17135
3	2008—2009	17496	8	1996—1997	17077
4	2007—2008	17394	9	2003—2004	17050
5	2004—2005	17314	10	2001—2002	16973

表 4-2　　NBA 常规赛总上座人数最多的 10 个赛季

排名	赛季	人数	排名	赛季	人数
1	2006—2007	21841480	6	1995—1996	20513218
2	2005—2006	21595804	7	1997—1998	20373079
3	2008—2009	21390169	8	1996—1997	20304629
4	2004—2005	21296497	9	2003—2004	20272195
5	2007—2008	20756155	10	2001—2002	20181131

稳定的上座率是联赛生存的基础，它代表的绝不仅仅是门票收入，更重要的是反映了市场对球队和联赛的关注度、忠诚度，是 NBA 品牌号召力的一种体现。在电视转播中，现场爆满的观众、火热的气氛也是一个极具吸引力的看点，使“到现场看球”成为电视观众心中的向往。

第五章　体育目标市场与定位

第一节　体育市场细分

一、体育市场细分的概念

市场细分是企业根据消费者需求的不同，把整个市场划分成不同的消费者群的过程。市场细分是市场营销中的重要概念，其细分的依据主要是顾客的需求。

市场细分能够根据构成总体市场的不同消费者的需求特点、购买行为和购买习惯，将他们细分为若干有着相类似的需求倾向的消费者群体。从而为营销商品的计划生产、分销渠道、价格政策、直到促销宣传等采取相应的整套营销策略，使营销商品更符合不同消费者阶层和群体的需要，同时提高产品的竞争能力和市场占有率。

随着生产的快速发展和专业化程度日趋加深，以及人们收入水平大幅度提高带来的需求多样化，使得一个企业无论规模有多大，都不可能生产出能够满足消费者的所有产品。可见，正确地选择目标市场，明确企业特定的服务对象，是制定企业营销战略的首要内容和基本出发点。同时，市场细分是企业选择目标市场的基础和前提，它在现代企业营销活动中占有重要地位。

体育市场是指体育服务产品和体育实物产品经营交换的场所及交换关系的总和。从不同的角度看，体育市场有常见的三方面含义。从狭义来看是指买卖体育实物产品和体育服务产品这种特殊消费品的场所，也就是消费者购买体育产品、观赏和参与体育活动的场所；从广义（经济实质角度）来看是指体育实物产品，体育服务产品交换活动和交换关系的总和；从市场营销角度来看，是指个人或组织对体育实物产品、体育服务产品既有购买力又有购买欲望的现实和潜在的需求。

体育市场细分是指体育企业通过市场调研，根据顾客对体育产品的不同需要和欲望、不同购买行为与购买习惯，把某一体育产品的整体市场分割成具有不同需要的若干个子市场的分类过程。

二、体育消费市场细分的作用

体育消费市场细分化是对体育产品营销观念的一大突破。通过市场细分化，可以反映出不同消费者的差异和类似性，从而为体育产品在营销活动过程中认识市场、选择目标市场提供依据。进而较好地满足体育消费者的需要，并取得更好的经营效益。目前，在越来越多国外的公司由实行大量营销、产品差异营销转为实行目标市场营销，说明市场细分化是产品营销策略的重大变革。具体来说市场细分化对体育消费市场的促进作用主要表现在以下几方面：

（一）有利于体育商品生产企业和营销单位或个人深刻地认识市场

任何消费者都是集多种特征于一身的，而且一个消费者的某种特征可能与一部分消费者的某种特征相一致，另一种特征又可能与另一部分消费者的某种特征相一致。体育消费者也是集多种特征于一身，如：一个成年男性参与体育健身，他具有地域、社区、大小、爱好、需求等特点，可能与某些男性有相同的特点和需求，也可能有不同的特点和需求。因此，由消费者组成的市场是一个复合的多面体。

市场的内部组织是有规律性的，但由于具有多种不同特征的消费者，以及由他们引起的各种不同的需求纵横交错，互相重叠在一起，因而这种内部组织的结构又是极其复杂的。不难想象，如果不深入地剖析，呈现在我们面前的市场将是一个混沌的世界。

市场细分可以将市场丰富的内部结构一层层地抽象出来，然后再把它们拼成一幅内容全面且十分生动的平面图。借助这幅十分直观的平面图，体育产品的生产和营销就可以清晰地看到市场的各个部分，并从各方面进行考察与认识。

（二）有利于体育商品生产和营销发掘良好的市场机会，形成新的富有吸引力的目标市场

通过市场细分，体育商品生产和营销者可以有效地分析和了解各个体育消费者、各个消费群的需求满足程度和市场上的竞争状况。发现哪类消费需求已经满足，哪类满足不够，哪类尚无适销产品去满足，发现哪类细分市场竞争激烈，哪类较少竞争，哪类尚待开发。

而满足水平低的市场部分，通常存在着极好的市场机会，不仅销售潜力大，竞争者也较少。抓住这样的市场机会，结合体育商品生产资源状况，从中形成并确立适宜自身发展的目标市场，并以此为出发点设计出相宜的营销战略。这样就有可能迅速取得市场优势，提高市场占有率。

（三）有利于提高体育商品生产和营销者的竞争能力，取得良好的经济效益

市场细分化能够增强体育生产和营销者的适应能力和应变能力。在较小的细分市场即子市场上开展营销活动，增强了市场调研的针对性。市场信息反馈较快，体育商品产生和营销者易于掌握消费需求的特点及其变化。这就有利于及时、正确地规划和调整产品结构、产品价格、销售渠道和促销活动，使产品保持适销对路，并迅速达到目标市场，扩大销售。

同时在建立市场细分化基础上的生产和营销，避免了在整体市场上分散使用力量。这使体育商品生产和营销者的有限人力、财力、物力资源能够集中于一个或几个细分市场，扬长避短，有的放矢地开展针对性营销。这样不仅降低了成本，竞争能力也会因此提高。

进行市场细分化还易于看清楚每一细分市场上竞争者的优势和弱点，有利于体育商品生产和营销者避实就虚地确立自己的目标市场。这有利于增强竞争力，提高经济效益和社会效益。

三、体育市场细分的原则及方法

（一）体育市场细分必须遵循的原则

（1）可估量性原则。就是体育市场的规模及其购买力是可以估量的，也就是在这个细分市场中可获得足够的有关体育特性的资料。如果某个市场的资料无法获得，那就无法进行估量，也就不能把它纳入本市场细分的范围。在实践中，有些体育市场捉摸不定，难以估量，就不能对客观存在进行细分。

（2）可进入性原则。细分的市场部分应是体育商品生产者可能进入并占有一定的份额。否则，细分没有现实意义。例如：运动鞋市场细分的结果发现已有很多的竞争者，自己无力与之抗衡，无机可乘。或虽有未满足的市场需要，但因缺乏原材料或技术，货源无着落，难以生产经营。这种细分没有现实意义。

（3）效益性原则。体育商品生产者所选定的市场的规模必须足以使自己有利可图。如果细分市场的规模很小，不能给自己带来足够的经济效益，一般就不值得细分了。

（4）稳定性原则。细分市场必须在一定时期内保持相对稳定，以便体育商品生产者制定较长期的营销策略，从而有效地开拓并占领目标市场，获得预期效益。如果细分市场变动过快，目标市场如昙花一现，则营销风险随之增加，也就没有实际意义。

（二）以居民体育消费市场为例，市场细分的方法

（1）单因素法。即按照影响体育消费者需求的某一因素来细分市场。如：按年龄这一因素把运动饮料市场划分为，不同年龄段人群的细分市场。

（2）综合因素法。以影响体育消费者需求的两种以上因素进行综合划分。由于消费者的需求差别常常极为复杂，只有从多方面去分析、认识，才能更准确地把他们区分为不同特点的群体。如体育服装市场，可依据消费者的年龄、性别、家庭人口、经济收入等因素，进行具体市场细分，从而发现应占领的主要市场区域。

（3）系列因素法。是将两个以上的影响因素，依据一定的顺序逐次细分市场。细分过程，也就是一个比较、选择分市场的过程。下一阶段的细分，是在上一阶段选定的分市场中进行。如体育器材市场，先分为城镇与乡村，后分为男女，再分年龄，又分为经济收入等逐次地细分。

（4）“产品—市场方格图”法。它是按体育产品需要和市场体育消费群这两个因素的不同组合起来细分市场。如运动鞋消费市场，可按消费者的不同需要，分为大、中、小的鞋型。同时分为不同的消费者群：农村家庭、城镇家庭、单位等，这样就形成了不同的细分市场。在实际应用中应根据体育商品的生产和营销需要，合理地加以运用。

四、体育市场细分的依据

体育市场细分是指把体育市场按不同的需要、性格或行为分为显著不同的购买者群体的过程。体育市场细分对于企业营销具有重要意义，要使之付诸实践，就必须找到适宜的、科学的细分依据。体育市场细分的标准通常有人口变量（年龄、性别、收入水平、职业、宗教信仰、教育水平）、地理变量（地理环境、气候条件、社会风俗、文化传统）、心理变量（社会阶层、生活方式）、行为变量（使用数量、期望利益、忠诚状况）等。一

种体育产品的多样化的市场需求，通常是由多种因素造成的，这些因素因此也就成了体育市场细分的依据。

（一）地理细分

地理细分是指把市场划分为不同的地理单位，具体包括：国家、地区、城市、乡村、城市规模、自然环境、气候水平、地理地貌、交通运输条件、通信联络条件等。地理细分的主要依据是：处在不同地理位置的消费者，对于同一类产品通常会有不同的需要和偏好，因此对于产品、价格、分销渠道、广告宣传等措施的反应也不同。

按地理因素细分，就是按消费者所在的地理位置、地理环境等变数来细分市场。因为处在不同地理环境下的消费者，对于同一类产品往往会有不同的需要与偏好。例如，对运动鞋的选购，城市居民喜欢式样新颖的运动鞋，而农村的居民注重坚固耐用的运动鞋等。因此，对消费品市场进行地理细分是非常必要的。

（1）地理位置。可以按照行政区划来进行细分，如在我国，可以划分为东北、华北、西北、西南、华东和华南几个地区；也可以按照地理区域来进行细分，如划分为省、自治区、市、县等，或内地、沿海、城市、农村等。在不同地区，消费者的需求显然存在较大差异。

（2）城镇大小。可划分为大城市、中等城市、小城市和乡镇。处在不同规模城镇的消费者，在消费结构方面存在较大差异。

（3）地形和气候。按地形可划分为平原、丘陵、山区、沙漠地带等；按气候可分为热带、亚热带、温带、寒带等。防暑降温、御寒保暖之类的消费品就可按不同气候带来划分。比如，我国南北气候差异性大。在北方，滑雪器材的市场需求大，而冲浪板等水上运动器材常常无人问津。按地理因素细分体育市场，对于分析研究不同地区体育市场的需求特点、需求量及发展变化趋势具有重要意义，有利于开拓区域市场。

（二）人口细分

按人口统计因素细分，就是按年龄、性别、职业、收入、家庭人口、家庭生命周期、民族、宗教、国籍等，将市场划分为不同的群体。由于人口变数比其他变数更容易测量，且适用范围比较广，因而人口变数一直是细分消费者市场的重要依据。

（1）年龄。不同年龄段的消费者，由于生理、性格、爱好、经济状况的不同，对消费品的需求往往存在很大的差异。因此，可按年龄将市场划分为许多各具特色的消费者群，如儿童市场、青年市场、中年市场、老年市场等。从事服装、食品、保健品、药品、健身器材、书刊等商品生产经营业务的企业，经常采用年龄变数来细分市场。

（2）性别。按性别可将市场划分为男性市场和女性市场。不少商品在用途上有明显的性别特征。如男装和女装、男表与女表。在购买行为、购买动机等方面，男女之间也有很大的差异。如妇女是服装、化妆品、节省劳动力的家庭用具、小包装食品等市场的主要购买者，男士则是香烟、饮料、体育用品等市场的主要购买者。

（3）收入。收入的变化将直接影响消费者的需求欲望和支出模式。根据平均收入水平的高低，可将消费者划分为高收入、次高收入、中等收入、次低收入、低收入五个群体。收入高的消费者就比收入低的消费者购买更高价的产品，如钢琴、汽车、空调、豪华家具、珠宝首饰等；收入高的消费者一般喜欢到大百货公司或品牌专卖店购物，收入低的消费者则通常在住地附近的商店、仓储超市购物。因此，汽车、旅游、房地产等行业一般按收入变数细分市场。

（4）民族。世界上大部分国家都是多民族国家，我国更是一个多民族的大家庭。除汉族外，我国还有55个少数民族。这些民族都各有自己的传统习俗、生活方式，从而呈现出各种不同的商品需求。只有按民族这一细分变数将市场进一步细分，才能满足各族人民的不同需求，并进一步扩大企业的产品市场。

（5）职业。不同职业的消费者，由于知识水平、工作条件和生活方式等不同，其消费需求存在很大的差异，如职业运动员比较注重饮食、服装等方面的需求。

（6）教育状况。受教育程度不同的消费者，在志趣、生活方式、文化素养、价值观念等方面都会有所不同，因而会影响他们的购买种类、购买行为、购买习惯。

（7）家庭人口。据此可分为单身家庭（1人）、单亲家庭（2人）、小家庭（2~3人）、大家庭（4~6人，或6人以上）。家庭人口数量不同，在住宅大小、家具、家用电器乃至日常消费品的包装大小等方面都会出现需求差异。

人口变量是区分顾客群体最常用的基本要素。一个原因是消费者对产品的需求、偏好和使用率与人口变数密切相关。而人口变数易于测量和获得，比如利用政府人口普查数据等。

另一个原因是人口变数与态度和体育行为（经常观看比赛、购买体育产品或通过电视收看体育节目）密切相关。比如，以年龄为细分标准，可以把体育市场细分为儿童市场、青少年市场和成年人市场。又如，随着更多的女性参与各项运动和观看体育比赛，女性市场应得到更多的注意。

（三）心理细分

按心理因素细分，就是将消费者按其生活方式、性格、购买动机、态度等变数细分成不同的群体。

（1）生活方式。越来越多的企业，如服装、化妆品、家具、娱乐等行业，重视按人们的生活方式来细分市场。生活方式是人们对工作、消费、娱乐的特定习惯和模式。不同的生活方式会产生不同的需求偏好，如“传统型”“新潮型”“节俭型”“奢侈型”等。这种细分方法能显示出不同群体对同种商品在心理需求方面的差异性。如美国有的服装公司就把妇女划分为“朴素型妇女”“时髦型妇女”“男子气质型妇女”三种类型，分别为她们设计不同款式、颜色和质料的服装。

（2）性格。消费者的性格对产品的偏爱有很大的关系。性格可以用外向与内向、乐观与悲观、自信、顺从、保守、急进、热情、老成等词句来描述。性格外向、容易感情冲动的消费者往往爱表现自己，因而他们喜欢购买能表现自己个性的产品；性格内向的消费者则喜欢大众化，往往购买比较平常的产品；富于创造性和冒险心理的消费者，则对新奇、刺激性强的商品特别感兴趣。

（3）购买动机，即按消费者追求的利益来进行细分。消费者对所购产品追求的利益主要有求实、求廉、求新、求美、求名、求安等，这些都可作为细分的变量。例如，有人购买服装为了遮体保暖，有人是为了美的追求，有人则为了体现自身的经济实力等。因此，企业可对市场按利益变数进行细分，确定目标市场。

随着居民消费水平不断提高和消费结构不断优化，人们进行体育消费已不局限于锻炼身体的需要。寻求精神满足和通过发展新技能促进个人发展成为左右人们进行体育消费的主要力量，这些心理因素的变化都应引起体育经营人员的重视。因此，企业根据心理特征细分市场，制定相应的营销策略，更能取得成功。比如，企业在开展市场营销活动时，可以将具有相同主张、个性、兴趣和价值取向的消费者集合成群，参照其行为方式，划出不同的消费群体。

(四) 行为细分

按消费者的购买行为进行细分称为行为细分。主要包括：购买时机、追求的利益、使用者情况、使用频率、品牌忠诚度等几个方面。其中消费者追求的利益和对品牌的忠诚度是2个重要的细分变量。

(1) 购买时间。许多产品的消费具有时间性，烟花爆竹的消费主要在春节期间，月饼的消费主要在中秋节以前，旅游点在旅游旺季生意最兴隆。因此，企业可以根据消费者产生需要、购买或使用产品的时间进行市场细分。如航空公司、旅行社在寒暑假期间大做广告，实行优惠票价，以吸引师生乘坐飞机外出旅游；商家在酷热的夏季大做空调广告，以有效增加销量；双休日商店的营业额大增，而在元旦、春节期间，销售额则更大等。因此，企业可根据购买时间进行细分，在适当的时候加大促销力度，采取优惠价格．以促进产品的销售。

(2) 购买数量。据此可分为大量用户、中量用户和少量用户。大量用户人数不一定多，但消费量大，许多企业以此为目标。反其道而行之也可取得成功。如体育用品大量使用者是体育爱好者等。

(3) 购买频率。据此可分为经常购买、一般购买、不常购买（潜在购买者）。如铅笔，小学生经常购买，高年级学生按正常方式购买，而工人、农民则不常买。

(4) 购买习惯（对品牌忠诚度）。据此可将消费者划分为坚定品牌忠诚者、多品牌忠诚者、转移的忠诚者、无品牌忠诚者等。例如，有的消费者忠诚于某些产品，如耐克、阿迪达斯等；有的消费者忠诚于某些服务或忠诚于某一个机构、某一项事业等。为此，企业必须辨别忠诚顾客及其特征，以便更好地满足他们的需求，必要时给忠诚顾客以某种形式的回报或鼓励。如给予一定的折扣。

人们的生活方式不同，对体育商品的要求也就不同。比如向往简朴的生活方式，则喜欢大方、清淡、素雅的运动服装；崇尚时髦的生活方式，则喜欢追求新潮的运动鞋、服装等。人们的消费性格不同，对品牌的偏好不同，对体育消费也有较大差异，有的人可能喜欢某种运动品牌而忠诚于企业。因而可以根据人们的偏好细分为忠诚型、适中偏好者、无品牌忠诚型三类。人们的消费行为是细分体育消费市场的重要因素，消费者购买频率的习惯，购买时间的习惯，购买地点的习惯等都可以作为细分体育消费市场的标准。这些不同消费者的差异性，对研究细分体育消费市场具有较大作用。

五、市场细分需注意的问题

(一) 注意要点

为了有效地进行市场细分，有这样几个问题应引起注意：

第一，动态性。细分的标准和变数不是固定不变的，如收入水平、城市大小、交通条件、年龄等，都会随着时间的推移而变化。因此，应树立动态观念，适时进行调整。

第二，适用性。市场细分的因素有很多，各企业的实际情况又各异，不同的企业在细分市场时采用的细分变数和标准不一定相同。究竟选择哪种变量，应视具体情况加以确定，切忌生搬硬套和盲目模仿。如牙膏可按购买动机细分市场，那服装按什么细分市场合适呢？

第三，组合性。要注意细分变数的综合运用。在实际营销活动中，一个理想的目标市场是有层次或交错地运用上述各种因素的组合来确定的。

（二）体育市场细分状况

1. 根据利益诉求细分

进行体育市场细分，需要探寻看重不同利益的各种人群和人们所追求的主要利益。例如，耐克公司为了细分市场，关注“利益寻求”，生产高性能、“有利于运动成绩”的运动鞋和其他人想要的、具有“时尚优势”的运动鞋。不同的消费者从他们的运动鞋中获得不同的利益。又如，运动员购买运动饮料，并非因为他们口渴或喜欢它的口味，而是他们相信这会补充他们剧烈运动时丢失的微量元素。

另外，体育市场还可以通过消费者品牌忠诚度来划分。消费者可以特别崇拜信仰一个运动品牌，或者几个品牌，又或者对任何品牌都不崇拜。这时体育经营者应该没法争取更多的消费者认同自己的产品或品牌。

2. 根据参与对象细分

体育参与者根据需求和购买力可以细分为三个市场。

第一种，也是参与人数最多的一种，即社会大众中广大体育爱好者，如晨练的老年人们，打篮球打羽毛球的年轻人们。这一部分参与者购买力相对较低，参与体育活动只是为了满足自身消遣的需要，基本属于自给自足。对于这类参与者，我们通过社区组织或者民间社团就可以解决他们的需要。

第二种，为了追求美与健康办健身卡到健身房的年轻人，以及到室内打篮球打羽毛球的中青年人。对于这部分参与者的需求，我们适当指导即可满足。

第三种，职业体育选手。体育活动对于他们来说不仅是爱好更是专业，我们应当积极鼓励并且进行培养扶持。

通过对爱好者、参与者的市场细分，我们可以根据不同的需求，具体制定营销战略。这样能使工作更有针对性，更好地服务于广大爱好者、运动员，服务于体育事业。

企业在竞争中占优势，必须首先对消费群体进行分析与研究（消费者进行消费时，优先选择那些价值高、成本低的对象）。在体育消费时，体育产品的特有属性、形式的多样化，决定了营销手段的不同。在体育锻炼的过程中，针对不同兴趣的消费群体，大小实力不同企业可选用不同的细分市场，获得最大利益。

市场细分有利于企业发现最好的市场机会，提高市场占有率，更可使企业用最少的经营费用取得最大的经营效益。作为发展全球体育事业的大企业耐克公司来说，就把握住了消费者市场的心理和行为变量。耐克公司认为消费者在购买商品时，考虑的已不仅仅是使用价值，而是关注它所带来的观念价值。最主要的就是从物质方面转移到精神方面，表现在追求美学性、知识性、性感、个性化等。适应这种变化，文化、娱乐和信息将会成为新的消费增长领域。

耐克公司创始人耐特是一个跑步锻炼的早期倡导者。可即使他也不曾预料到20世纪70年代中期国家转向休闲娱乐业的速度之快、范围之大，更没有预料到“跑步的形象”竟变得如此时尚，以至于穿耐克鞋运动的非专业运动员数以百万计。新型运动鞋设计独特、造型新颖、市场预测准确，所以“耐克”鞋一推出，就大受欢迎，简直供不应求。喜气洋洋的耐克公司乘胜扩大战果，很快推出“耐克系列产品”——耐克校友会球鞋、耐克网球鞋等。耐克鞋既有设计创新的优势，又有善抓时机的高明推销术，一时间风靡美国。很快就战胜对手，赢得了美国市场。

我国体育产业的发展，必须按照消费者的心理与行为等类型的变化作为参数，来细分消费群体。例如，我们可以根据体育消费群体的生活方式进行细分。企业可用活动（activities）、兴趣（Interests）、意见（Opinions）“AIO”尺度来细分消费者市场，也可根据参加体育锻炼者的情况，“经常锻炼、初次锻炼、潜在锻炼者和未曾锻炼者等”来细分。体育市场根据消费情况，可分为体育物质产品市场和体育服务产品市场两类。其中后者又可细分为体育娱乐市场、体育表演市场、体育中介市场、博彩市场、旅游市场、媒体市场和体育保险市场等。

我国的高校体育也是一个待开发的产业，它为学生提供必要的锻炼服务。如果把学生作为一个消费群体，对这个消费市场进行细分，也是高校体育发展推进的动力与源泉。

六、体育消费市场细分的程序

市场细分程序是细分市场的具体步骤。不同细分市场的营销者有不同的具体方法和程序。根据美国营销学者伊杰·麦卡锡提出的细分市场的七个步骤，我们把体育市场细分的程序归纳为以下几个步骤：

1. 确定体育商品营销战略任务和目标市场的选定范围

首先是确定自己的营销战略任务和目标，才能确定自己应进入哪个行业或哪种市场进行经营。这样可以估计该体育产品的市场发展潜力，并确定行业和产品的有关属性，可以对欲进入的市场的性质进行确认。

2. 分析潜在体育消费者的基本需要

向市场提供任何产品，对于消费者来说，首先表现为满足其某种基本的需要。细分体育消费市场时，需要了解体育产品能满足消费者的哪些基本需要，才能对市场的需要类型作出初步的认定。

3. 分析体育消费者中的不同需要

确定了对体育产品的基本需要，仅解决了一般性需要，还不可作为体育生产者选定目标市场的依据。需要进一步了解体育消费者对一种产品有哪些不同的需求和想法，这样就找到了可能作为细分市场的所有因素。

4. 去掉潜在体育消费者的共同需要

共同需要是设计和开发某种体育产品的基本要求，这只是体育产品的最低要求。从中去掉这些共同需要后，营销就可以发现具有相互区别的类型。

5. 暂时为不同的细分体育消费市场取名

在还没有进行市场检验之前，哪些细分因素是适当的而又不能确定的。这便于对市场的细分因素加以确定，需要为利用细分因素而细分出的各子市场暂时取名，如：价格灵敏者、时髦者、实惠者等等。这样细分市场的基本轮廓就有了。

6. 确认细分体育市场的特点

体育商品生产者需要对可能采用的细分因素所可能得到的细分结果进行市场的调查确认工作。可通过访问消费者、通过历史的统计资料和通过其他的市场分析方法，发现应该采用哪些因素才能最恰当地细分体育消费市场，这些市场具有什么特点，可否进行营销设计。

7. 测量体育消费子市场的潜力

体育商品生产者在调查的基础上，需要确定每个子市场的购买量和在一定时期内可能形成的需求量的大小。这样才能最终根据体育商品生产者的资源、实力、市场的竞争情况来选择目标市场。

总之，市场细分是发展体育消费市场的有效方法，对认识目标市场，采取营销策略，提高市场竞争能力都有重要意义。实践应用中，应遵循市场细分的可估量性、可进入性、效益性、稳定性等原则，综合运用细分市场方法，掌握细分市场的地理、人口、消费心理和行为等因素的标准，合理优化细分市场的程序。这样就一定能科学有效地发展我国体育消费市场，促进体育产业化发展，更好地为提高国民生活质量服务。

第二节 体育目标市场选择

体育企业在划分好细分市场之后，可以进入既定市场中的一个或多个细分市场。体育目标市场选择是指估计每个细分市场的吸引力程度，并选择进入一个或多个细分市场。

一、体育目标市场选择标准

（一）有一定的规模和发展潜力

企业进入某一市场是期望能够有利可图，如果市场规模狭小或者趋于萎缩状态，则企业进入后难以获得发展。此时，应审慎考虑，不宜轻易进入。当然，企业也不宜以市场吸引力作为唯一取舍，特别是应力求避免“多数谬误”，即与竞争企业遵循同一思维逻辑，将规模最大、吸引力最大的市场作为目标市场。大家共同争夺同一个顾客群的结果是，造成过度竞争和社会资源的无端浪费，同时使消费者的一些本应得到满足的需求遭受冷落和忽视。现在国内很多企业动辄将城市尤其是大中城市作为其首选市场，而对小城镇和农村市场不屑一顾，很可能就步入误区。如果转换一下思维角度，一些目前经营尚不理想的企业说不定会出现“柳暗花明”的局面。

（二）细分市场结构的吸引力

细分市场可能具备理想的规模和发展特征，然而从赢利的观点来看，它未必有吸引力。波特认为有五个群体决定整个市场或其中任何一个细分市场的长期的内在吸引力。这五个群体是：同行业竞争者、潜在的新参加的竞争者、替代产品、购买者和供应商。它们具有如下五种威胁性：

1. 细分市场内激烈竞争的威胁

如果某个细分市场已经有了众多的、强大的或者竞争意识强烈的竞争者，那么该细分市场就会失去吸引力。如果该细分市场处于稳定或者衰退，生产能力不断大幅度扩大，固定成本过高，撤出市场的壁垒过高，竞争者投资很大，那么情况就会更糟。这些情况常常会导致价格战、广告争夺战、新产品推出，并使公司要参与竞争就必须付出高昂的代价。

2. 新竞争者的威胁

如果某个细分市场可能吸引会增加新的生产能力和大量资源，并争夺市场份额的新的竞争者，那么该细分市场就会没有吸引力。问题的关键是新的竞争者能否轻易地进入这个细分市场。如果新的竞争者进入这个细分市场时遇到森严的壁垒，并且遭受到细分市场内原来的公司的强烈报复，他们便很难进入。保护细分市场的壁垒越低，原来占领细分市场的公司的报复心理越弱，这个细分市场就越缺乏吸引力。某个细分市场的吸引力随其进退难易的程度而有所区别。根据行业利润的观点，最有吸引力的细分市场应该是进入的壁垒高、退出的壁垒低。在这样的细分市场里，新的公司很难打入，但经营不善的公司可以安然撤退。如果细分市场进入和退出的壁垒都高，那里的利润潜量就大，但也往往伴随较大的风险。因为经营不善的公司难以撤退，必须坚持到底。如果细分市场进入和退出的壁垒都较低，公司便可以进退自如，然而获得的报酬虽然稳定但不高。最坏的情况是进入细分市场的壁垒较低，而退出的壁垒却很高。于是在经济良好时，大家蜂拥而入，但在经济萧条时，却很难退出。其结果是大家都生产能力过剩，收入下降。

3. 替代产品的威胁

如果某个细分市场存在着替代产品或者有潜在替代产品，那么该细分市场就失去吸引力。替代产品会限制细分市场内价格和利润的增长。公司应密切注意替代产品的价格趋向。如果在这些替代产品行业中技术有所发展，或者竞争日趋激烈，这个细分市场的价格和利润就可能会下降。

4. 购买者讨价还价能力加强的威胁

如果某个细分市场中购买者的讨价还价能力很强或正在加强，该细分市场就没有吸引力。购买者便会设法压低价格，对产品质量和服务提出更高的要求，并且使竞争者互相斗争，所有这些都会使销售商的利润受到损失。如果购买者比较集中或者有组织，或者该产品在购买者的成本中占较大比重，或者产品无法实行差别化，或者顾客的转换成本较低，或者由于购买者的利益较低而对价格敏感，或者顾客能够向后实行联合，购买者的讨价还价能力就会加强。销售商为了保护自己，可选择议价能力最弱或者转换销售商能力最弱的购买者。较好的防卫方法是提供顾客无法拒绝的优质产品供应市场。

5. 供应商讨价还价能力加强的威胁

如果公司的供应商——原材料和设备供应商、公用事业、银行、公会等，能够提价或者降低产品和服务的质量，或减少供应数量，那么该公司所在的细分市场就会没有吸引力。如果供应商集中或有组织，或者替代产品少，或者供应的产品是重要的投入要素或转换成本高，或者供应商可以向前实行联合，那么供应商的讨价还价能力就会较强大。因此，与供应商建立良好关系和开拓多种供应渠道才是防御上策。

（三）符合企业目标和能力

某些细分市场虽然有较大吸引力，但不能推动企业实现发展目标，甚至分散企业的精力，使之无法完成其主要目标。这样的市场应考虑放弃。此外，还应考虑企业的资源条件是否适合在某一细分市场经营。只有选择那些企业有条件进入、能充分发挥其资源优势的市场作为目标市场，企业才会立于不败之地。

二、体育目标市场营销存在的问题

体育目标市场营销是企业品牌宣传的主要手段，在企业发展中发挥了重要的作用。利用体育赛事提升企业品牌形象已经被大多数企业接受，也受到了企业的重视。但是，受到经验不足、体育产业起步较晚等因素的影响，体育产业目标市场营销存在一定的问题与缺陷，不利于体育产业目标市场营销工作的开展。表现在以下几个方面：

第一，企业的目光短浅。体育营销是战略的，需要长期坚持，并不是简单的促销与推广，也无法立竿见影。因此，需要企业进行战略性支持，而不是单纯的体育赞助。而在实际操作过程中，企业目光短浅，只是将世界杯、奥运会等活动当作一次炒作机会，并未将体育文化、品牌文化与体育产业特有的营销文化相融合，无法形成长期的竞争优势。这样不仅加大了资金投入，还浪费了企业的时间与精力。

第二，企业具有盲目性，会盲目投入资金。企业都希望可以树立良好的品牌形象，成为跨国企业，进行有效的体育营销。但是在实际发展过程中，企业具有较大的盲目性，只看到著名企业光鲜的一面，未了解企业与品牌背后的故事、成功的原因等。在此情况下就进行盲目的跟风，会造成恶劣的影响。不仅会影响产品信息的传递，还会影响营销形式与营销决策，影响企业的进一步发展，降低企业的市场竞争力。

第三，体育企业体育营销活动的组织能力较差。体育营销是非常复杂的系统活动，需要参与者、组织者、中介、媒体共同合作，才能创造良好的体育营销活动效益。但是，受到体育营销活动规模大、宣传手段丰富、营销工具多样化等因素的影响，企业营销活动的难度加大。体育营销活动企业不能独立承担，组织能力较差，影响了企业的发展。除此之外，还存在企业营销环节工作不充分等问题，影响了整个营销活动，无法达到理想的预期效果，导致企业经受了较大的损失。

第四，无法市场化运作。在中国体育市场不断繁荣的情况下，国内体育营销企业却几乎没有，中国体育营销举步维艰。产生这一问题的原因主要有两点：一方面，国内体育赛事水平不强，无法推销到国际市场；另一方面，未引进高水平国际体育赛事，也未利用体育市场消费强、选择面广等特点。无法引进有效的体育营销模式，无法实现市场化运作。

三、解决体育目标市场营销存在问题的对策分析

（一）注重品牌策略，树立良好的品牌形象

品牌策略是体育营销的主要策略。注重品牌策略，树立良好的品牌形象，可以解决体育产业市场营销存在的问题，促进体育产业的发展。因此，注重品牌形象十分重要。注重品牌策略、树立良好的品牌形象需要注意以下两点：第一，实施双品牌战略，通过设定一主一副两个品牌，可以保证企业产品品牌收益。还可以降低副品牌失败造成的整体损失，

避免投资风险，实现战略重点转移，将企业做大做强，树立良好的品牌形象。同时，规避投资风险，提升企业的市场竞争力。第二，品牌决定着消费者的购买动机。注重品牌策略，根据消费者消费动机与市场需求创设品牌，增强产品的可信度，提高产品的市场欢迎度，有效进行体育产业市场营销，解决体育产业目标市场营销存在的问题，促进体育产业的发展。

（二）选择恰当的营销手段，提高营销效果

奥运营销是一种有效的营销平台。同时，奥运营销也是一种参与精神。只要策略得当，可以获得较好的效益，收到理想的体育营销效果。选择恰当的营销手段，提高营销效果需要注意以下几点：

第一，进行埋伏式营销。专家研究发现，部分头脑灵活的企业并未去争当奥运会的赞助商，而是进行埋伏式营销策略。在奥运会前后做广告，达到宣传目的，收到理想的宣传效果。国内企业也可以采用这种搭便车的方法，站在巨人肩膀上说话，利用埋伏式营销，提高营销效果。

第二，品牌专属栏目宣传。将品牌与成功的节目相结合，可以有效进行品牌宣传，提高营销效果。将品牌与活动完美结合，使品牌与活动不可分割。企业通过对电视栏目的资助，可以设计出属于企业品牌的专属栏目，突出品牌特色。例如，特步利用“天天向上”的口号，将特步体育企业与天天向上综艺节目相结合，提升品牌的知名度。

第三，体育明星代言。体育明星代言是一种常见的营销手段。体育明星为祖国争光，具有较高的知名度，作为体育产业的形象代言人十分恰当。一般情况下，企业会选择具备夺冠实力与潜力的运动员作为企业代言人，等到体育明星获得较好的成绩后，可以大大提升品牌效应，使品牌效应更加深刻。

第四，有效进行品牌推广。通过商业赞助，广告等传播方式，企业还可以利用其他方式创建自己的品牌。利用推介新产品、参与活动、促销活动等进行有效营销，调动各方积极性，将品牌活动接入客户联系之中，发挥重要的作用，提高营销效果。

（三）制定科学的长期的战略战术

制定科学长期的战略战术具有重要的意义，是有效进行市场营销的关键。依据营销计划与战略，制定相对应的战略与战术，可以实现传播与营销目标，明确市场定位，有效进行市场选择，提升品牌的知名度。制定科学的长期的战略战术需要注意以下几点：

第一，明确体育营销目标。运用一种有效的营销形式，合理利用体育明星代言等措施进行营销。第二，长期坚持体育营销战略。通过一次次成果的积累，不仅可以由量变转化为质变，还可以将体育品牌、产品、赛事等相结合，引起消费者的共鸣，提升体育产业的竞争优势。第三，转变思想观念，制定有效的营销战略。企业不能够抱着赚到钱就可以的思想，也不能希望借着一次契机，就可以长期地发展下去。必须制定详细的、长期的发展战略，转变思想，制度科学的发展战术。

（四）合理运用分销、促销等策略

合理利用分销、促销等策略是解决体育市场营销存在问题的主要措施，是有效进行体育营销的主要手段。合理运用分销、促销策略需要注意以下两点：第一，有效运用分销策略。由于消费者的消费观念、价值取向存在较大的差异，呈现多样化发展。因此，需要利用分销策略，根据消费者的消费特点展开营销，提高消费者的购买能力，为消费者提供方便。第二，有效进行促销策略。通过体育赛事进行促销，可以在促销过程中增大销量，获取较大的市场份额。使消费者可以对品牌产生更加深刻的印象，达到理想的营销效果。合理运用分销、促销等手段展开研究十分必要，是促进体育产业发展的关键。

总而言之，利用体育市场进行营销，树立良好的品牌形象，制定科学的战略战术，可以达到理想的市场营销效果，促进体育市场的发展，为体育产业发展提供战略支持，提升企业的市场竞争力，为我国体育产业的发展创造有利的条件。

体育营销公司在选择目标市场时手段不同。体育市场的细化，像一棵大树分出许多分支，公司应针对自己的产品（服务项目），消费市场能量的大小等等形式，选择所需要进入的市场，获得竞争优势。

例如耐克公司在进入目标市场后，首先采用无差异市场营销手段，即在市场细分之后，不考虑各子市场的特征，而只注重子市场的共性，决定只推出单一产品，力求在一定程度上满足尽可能多的顾客的需求。公司创建之初，当时公司首席执行耐特断定高档优质跑鞋定会有销路，于是发动了一场制鞋业的革命。20世纪70年代初期，耐克公司在短短10年内一跃成为美国最大的鞋业公司。到80年代，红火的运动鞋公司变成了一部营销机器，耐克公司的年营业额已超过37亿美元，占领美国运动鞋市场一半以上。随着时代进步，消费需求差异加大，耐克公司也不断推出新产品。耐克运动鞋应有尽有，仅仅足球鞋就细分为绿茵杀手、沙地先锋、湿草勇士和平地硬汉四种。而且不断拓宽领域，从运动服饰、运动鞋到设施附件等产品。

四、体育目标市场策略选择

（一）体育目标市场策略的种类

评估不同的子市场后，企业需要决定为几个子市场服务，这实际上是选择目标市场的问题。目标市场是一个消费群体，这个群体里的消费者有共同的需要或特点，企业也正是为这些需要来服务的。体育经营者可以选择三种市场覆盖策略中的任意一种，既无差异性目标市场策略、差异性目标市场策略和集中性目标市场策略。

1. 无差异性目标市场策略

使用无差异性目标市场策略，体育经营者只考虑消费者共有的需求，而不是他们的需求差别。在设计体育产品和营销策略时，都以吸引绝大多数消费者为目的。这种策略的运用，可以获得成本的经济性。但是由于通过一种产品或一个品牌去满足所有消费者的难度比较大，致使无差异性目标市场策略很少被采用。企业只是针对市场中最有规模的目标市场时才会运用它。

2. 差异性目标市场策略

使用差异性目标市场策略，体育经营单位同时在几个细分市场上经营业务，并分别为每一个细分市场制订不同的营销计划。例如，运动服装公司为不同性别、不同年龄段、不同收入水平、不同生活方式的消费者，提供不同颜色、不同规格、不同款式、不同档次的服装，并运用不同的传播策略进行广告宣传，就是差异化目标市场策略。这种策略的运用可以有针对性地满足具有不同需求特征的顾客群，提高产品的竞争力。但是由于产品品种、广告宣传的多样化，市场营销费用增大，会使优势成为劣势。因此，企业要防止市场细分过度。目前，只有力量雄厚的大企业采用这种策略。

3. 集中性目标市场策略

使用集中性目标市场策略，体育经营单位不是面向整个市场，也不是把精力分散在不同的细分市场。而是集中力量进入一个细分市场，开发一种专业性产品，实行高度专业化的生产和销售，满足特定消费者或用户的需要。采用这种策略的企业对目标市场有较深的了解，也是大部分中小企业采用的策略。这种策略的运用可以使体育经营单位集中有限的资源，使企业劣势变为优势，但有较大的风险。因为它的目标市场中目标消费者的要求和爱好发生变化，企业就可能因应变不及时而陷入困境。所以，采用这一策略的企业，应该密切注意市场行情，准备应对措施。

（二）体育目标市场策略选择

由于不同的目标市场策略各有利弊，一个体育经营单位如何选择最佳的目标市场策略，必须在科学评估目标市场的基础上，综合考虑企业自身实力、产品性质、市场性质、产品生命周期和竞争对手的目标市场策略等因素，选择符合自己发展的目标市场策略。

1. 企业实力

实力雄厚、管理水平高的体育企业，可以考虑采用无差异性目标市场策略。这样有利于规模经营，创造规模效应。或采用差异性目标市场策略，利用不同品种、性能的众多产品满足众多市场的需要，促成需求市场前景广阔。如果企业实力不足，则应用集中性目标市场策略。

2. 产品性质

有些体育产品差异不明显，消费者不加区别，竞争主要集中在价格和服务方面。因而这类体育产品适宜实行无差异性目标市场策略，如体育教学仪器。当体育产品质量、性能等方面的差别较大，消费者对这类产品的需求也是多样化时，生产经营这类产品的企业宜采用差异性或集中性目标市场策略，如运动服装企业。

3. 市场性质

当顾客需求、购买行为基本相同，对营销方案的反应也一样时，亦即市场是同质的，宜采用无差异性目标市场策略。反之，则应用差异性或集中性目标市场策略。

4. 产品生命周期

一般来说，处于导入期和成长期的新产品，竞争者稀少，宜采用无差别性目标市场策略，以便探测市场的需求和潜在顾客。一旦进入成长后期或成熟期，市场竞争加剧，应采用差别性目标市场策略或集中性目标市场策略，以便开拓市场扩大销售。体育用品企业常常采用这种策略。

5. 竞争对手的目标市场策略

一般来说，当竞争对手使用差异性目标市场策略，本企业也选择差异性目标市场策略可能是一种自杀性的行为。相反，当竞争对手使用无差异性目标市场策略，企业可通过差异性或集中性目标市场策略可获得优势。

体育市场细分与目标市场选择对体育经营者特别有用。体育市场细分的关键是识别具有共同需要的体育消费者，而一旦认识了细分市场，紧接着就是选择一个目标市场。体育目标市场选择，是选择一个或多个可以让体育企业组织高效率，和最有效地获得其营销目的的细分市场。

第三节　体育市场定位

企业市场定位理论是自20世纪六七十年代以来发展起来的一种新的营销理论，它的产生使现代的营销理论更加贴近实践、贴近消费者。从而使企业的形象更加鲜明，更能吸引消费者对企业产品的重视，突出企业本身的竞争优势。在经济全球化和信息技术的推动下，企业之间的竞争已不再是基于产品甚至服务的竞争，而是基于顾客的竞争。本节从市场定位、定位方式和定位策略的运用等方面予以诠释，进一步研究体育市场定位的重要意义。

一、体育市场定位的理解

“定位”的含义是指企业确定的某一市场营销因素和竞争对手的营销因素相比较，找出差距在哪里，由此形成消费者对本企业的营销因素和别的企业营销素的不同看法和区别。在体育市场中体育企业根据自己的企业特点，分析对手以及市场潜在因素，以找出差距作为切入口，才能准确地定位。

市场定位是根据竞争者现有产品在细分市场上所处的地位和顾客对产品某些属性的重视程度，塑造出本企业产品与众不同的鲜明个性或形象并传递给目标顾客，使该产品在细分市场上占有强有力的竞争位置。准确进行市场定位需要注意以下两点：第一，明确经济发展的趋势，将体育产业与资本市场完美结合，提高体育产业营销效果。实现奥林匹克与商业的完美结合，准确进行体育产业市场营销定位；第二，创立自己的品牌，利用明星形象，打造时尚、亲和、有魅力的品牌形象。对消费群体进行准确的定位，从而对体育市场进行准确定位。将品牌定位为休闲、大众的形象，树立良好的企业品牌形象，为企业发展打下坚实的基础。充分重视市场战略，准确进行市场定位。

二、体育市场定位的特定意义

（1）定位可以针对潜在顾客的心理采取行动，即要将产品在潜在顾客的心目中定一个适当位置，采取相应的措施。

（2）定位结果是在消费者心目中占据无法取代的位置，让品牌形象深植于消费者脑海。有相关需求，消费者就会开启记忆之门、联想之门，自然而然想到它。体育产品市场定位是通过为自己的产品创立鲜明的特色或个性，从而塑造出独特的市场形象来实现的。产品的特色或个性，有的可以从产品表现出来。

（3）准确的定位更能贴近消费者心理。企业在进行产品定位时，一方面要了解竞争对手的产品具有何种特色，另一方面要研究顾客对该产品的各种属性的重视程度。然后根据这两方面进行分析，再选定本企业产品的特色和独特形象。可以塑造出一种消费者或用户将之与别的同类产品联系起来，而按一定方式去看待的产品，从而完成产品的市场定位。

三、体育市场定位的影响因素

不同的体育企业会采用不同的方式进行产品的市场定位。当然有时同一个体育企业也会运用不同的方式对产品进行市场定位，但是要保证定位的排他性特征。影响体育企业定位的主要因素有产品属性、产品的性价比、产品功能、使用者、产品类别和竞争者。

（1）产品属性。每个体育产品都有其不同的属性，体育企业可以依据产品鲜明的属性特征定位。

（2）产品性价比。体育产品性价比是一种产品区别于另一种产品的重要特征，基于产品性价比优势进行市场定位是一个有效的战略选择方式。

（3）产品功能。强调体育产品的独特的功能会吸引相当一部分消费者，原因在于现在的消费者越来越追求独特功能的产品。

（4）使用者。该种定位基础关注的是使用者的个性特征和类型。不同的用户类型对产品有不同的需求，那么不同类型的产品应适应不同的用户。

（5）产品类别。企业也可以根据产品类别的不同（如餐饮类、卫生用品类等）进行产品的市场定位，以突出不同产品种类的差异。产品类别和特定需求直接能够产生品牌联想。例如，利用类别定位寻求消费者头脑中的空隙，如由运动联想到耐克。

（6）竞争者。针对竞争者对手的定位去确立企业产品的市场定位也是一种有效的定位方法。在体育用品界，耐克与阿迪达斯是一对强劲的竞争对手。

四、体育市场定位的步骤

体育市场定位的关键是企业要设法在自己的产品上找出比竞争者更具有竞争优势的特性。竞争优势一般有两种基本类型：一是价格竞争优势，就是在同样的条件下比竞争者定出更低的价格。这就要求企业采取一切努力来降低单位成本。二是偏好竞争优势，即能提供确定的特色来满足顾客的特定偏好。这就要求企业采取一切努力在产品特色上下工夫。因此，企业市场定位的全过程可以通过以下三大步骤来完成：

（一）分析目标市场的现状，确认本企业潜在的竞争优势

这一步骤的中心任务是要回答以下三个问题：一是竞争对手产品定位如何？二是目标市场上顾客欲望满足程度如何以及确实还需要什么？三是针对竞争者的市场定位和潜在顾客的真正需要的利益要求企业应该及能够做什么？要回答这三个问题，企业市场营销人员必须通过一切调研手段，系统地设计、搜索、分析并报告有关上述问题的资料和研究结果。通过回答上述三个问题，企业就可以从中把握和确定自己的潜在竞争优势在哪里。

（二）准确选择竞争优势，对目标市场初步定位

竞争优势表明企业能够胜过竞争对手的能力。这种能力既可以是现有的，也可以是潜在的。选择竞争优势实际上就是一个企业与竞争者各方面实力相比较的过程。比较的指标应是一个完整的体系，只有这样，才能准确地选择相对竞争优势。通常的方法是分析、比较企业与竞争者在经营管理、技术开发、采购、生产、市场营销、财务和产品七个方面究竟哪些是强项，哪些是弱项。借此选出最适合本企业的优势项目，以初步确定企业在目标市场上所处的位置。

（三）显示独特的竞争优势和重新定位

这一步骤的主要任务是体育企业要通过一系列的宣传促销活动，将其独特的竞争优势准确传播给潜在顾客，并在顾客心目中留下深刻印象。为此，体育企业首先应使目标顾客了解、知道、熟悉、认同、喜欢和偏爱本企业的市场定位，在顾客心目中建立与该定位相一致的形象。其次，体育企业通过各种努力强化目标顾客形象，保持目标顾客的了解，稳定目标顾客的态度和加深目标顾客的感情来巩固与市场相一致的形象。最后，体育企业应注意目标顾客对其市场定位理解出现的偏差，或由于企业市场定位宣传上的失误而造成的目标顾客模糊、混乱和误会，及时纠正与市场定位不一致的形象。企业的产品在市场上定位即使很恰当，但在下列情况下，还应考虑重新定位：

（1）竞争者推出的新产品定位于本企业产品附近，侵占了本企业产品的部分市场，使本企业产品的市场占有率下降。

（2）消费者的需求或偏好发生了变化，使本企业产品销售量骤减。

重新定位是指体育企业为已在某市场销售的产品重新确定某种形象，以改变消费者原有的认识，争取有利的市场地位的活动。重新定位对于体育企业适应市场环境、调整市场营销战略是必不可少的，可以视为体育企业的战略转移。重新定位可能导致产品的名称、价格、包装和品牌的更改，也可能导致产品用途和功能上的变动。企业必须考虑定位转移的成本和新定位的收益问题。例如李宁有限公司在 2010 年高调宣布品牌重塑战略，发布全新的标志和口号，并对品牌 DNA、目标人群、产品定位等做了相应调整，打造“90 后”李宁。李宁公司新口号为“Make the Change”，品牌新标志则抽象了李宁原创的“李宁交叉”动作。但是随后的市场反应证明李宁重新定位效果不佳，不仅没有占领“90 后”新市场，反而将“60”“70 后”老市场都丢掉了。①

五、体育市场定位的原则

各个体育企业经营的产品不同，面对的顾客也不同，所处的竞争环境也不同，因而市场定位所依据的原则也不同。总的来讲，体育市场定位所依据的原则有以下四点：

（一）根据具体的产品特点定位

构成产品内在特色的许多因素都可以作为市场定位所依据的原则。比如所含成分、材料、质量、价格等。如户外服装的设计，户外运动服装中特殊的纳米级微细的陶瓷粉末能吸收太阳光等可见光并将其转化为热能，从而达到保暖的效果，这种特殊材料制成的运动服装，决定了其市场的定位为户外运动类服装。

（二）根据特定的使用场合及用途定位

为老产品找到一种新用途，是为该产品创造新的市场定位的好方法。比如收藏型球鞋，一般球鞋主要是在运动时能达到较好的运动舒适感，但是对于收藏型球鞋而言，其用途并不是在于使用，而是具有无形资产的价值。这种用途的扩展，就决定了其市场的销售幅度，一般球鞋可以批量生产，但对于收藏型球鞋，只适合惜售。

① 刘铖．李宁公司的品牌策略研究［D］．大连理工大学，2012.

（三）根据顾客得到的利益定位

产品提供给顾客的利益是顾客最能切实体验到的，也可以用作定位的依据。比如有些顾客想要达到减肥的效果，但实际上只通过运动往往是不够的，甚至非正常饮食也并不能实现顾客的利益需求。营养减肥餐就专为希望减肥又不影响身体健康的顾客所制，通过对饮食进行科学合理的搭配调整，来迎合那些顾客的需求，满足其利益。

（四）根据使用者类型定位

企业常常试图将其产品指向某一类特定的使用者，以便根据这些顾客的看法塑造恰当的形象。比如球鞋市场的定位，因为体育运动的多样，其参与体育运动的人群也呈现多样化，为了满足不同运动者的需求，球鞋也就形成了不同的种类，篮球爱好者使用篮球鞋，足球运动者穿着足球鞋，这就是根据使用者的类型来定位相应的产品市场。

事实上，许多企业进行市场定位的依据的原则往往不止一个，而是多个原则同时使用。因为要体现企业及其产品的形象，市场定位必须是多维度的、多侧面的。

六、体育市场定位方法

实施市场定位应要选定企业特色，并从消费者的心理出发，从价格、质量等方面进行市场定位。(1) 注意研究体育消费者对某种体育产品的重视程度，包括对产品的属性和心理的要求。(2) 从对手能提供何种产品给顾客，分析对手在市场上的定位以及所在的位置，对相关的资料进行收集。(3) 了解现有顾客和潜在顾客的真实需要，找出顾客心目中对自己商品的“理想点”位置。根据这些进行综合分析，选定企业产品的特色和独立的形象，从而达到定位的目的。

七、体育市场定位类型

（一）避强定位

这是一种避开强有力的竞争对手进行市场定的模式。企业不与竞争对手直接对抗，而是将自己置定于某个市场“空隙”，发展目前市场上没有特色产品，开拓新的市场领域。这种定位的优点是：能够迅速地在市场上站稳脚跟，并在消费者心中尽快树立起一定形象。

当企业意识到自己无力与强大的竞争者抗衡时，应远离竞争者，寻找开发尚未被对手发掘的潜在市场。例如“亚平”乒乓球系列产品当初进入市场时有意避开“双鱼”等中高端产品市场，生产中低档乒乓球产品以满足普通消费者的需要。这一方式能够使企业在市场上迅速站稳脚跟，市场风险较小，成功率较高。

（二）迎头定位

这是一种与在市场上居支配地位的竞争对手“对着干”的定位方式，即企业选择与竞争对手重的市场位置，争取同样的目标顾客，彼此在生产、价格、分销、促销有形展示等方面少有差别。这是以强对强的市场定位方法，是与市场上最强的竞争对手“对着干”。

采用这种定位方法要求企业能比竞争者生产出质量更好或成本更低的产品，或市场容量大，能容纳两个以上竞争者的产品，或比竞争者有更多资源和有更强的资金实力。如

“红双喜”与“双鱼”在乒乓球系列产品之间持续不断的竞争，就是双方知己知彼，实力相当，实行对抗性定位，争抢中高端市场。

（三）重新定位

重新定位通常是指对那些销路少、市场反应差的产品进行二次定位。初次定位后，随着时间的推移，特别是健身行业中应特别注意，随着新的竞争者进入市场，选择与本企业相近的市场位置，致使本企业原来的市场占有率下降；或者，由于顾客需求偏好发生转移，原来喜欢本企业产品的人转而喜欢其他企业的产品，因而市场对本企业产品的需求减少。在这些情况下，企业就需要对其产品进行重新定位。

企业寻找尚未被占领但有潜在市场需求的位置，填补市场空缺，生产市场没有的、具备某种特色的产品。采用这种方式时，企业应明确创新定位所需的产品在技术上、经济上是否可行，有无足够的市场容量。生产、销售运动营养食品的康比特公司，一直把产品创新和提高运动营养食品的科技含量放在首位，努力寻找市场空缺，其独特的创新定位模式，给企业带来了很大的社会效益和经济效益。

（四）插位

插位是通过打破市场原有的竞争地位排序，“后进”品牌迅速成为行业领导品牌的营销新法。旨在通过颠覆性的营销手段，打破市场上原有竞争地位排序，突破“后进”品牌面临的竞争困境，为品牌创造大市场，并迅速成为市场的领导者。

总之，通过各种市场定位，可消除顾客心目中相似定位的模糊，重新加深自己在消费者心目中的印象。但是，采用市场定位战略也具有一定的冒险性，因为它可能会使你失去一部分以往的品牌忠诚者，所以应谨慎使用。

从 STP 营销战略的基本内容中不难看出，体育市场 STP 营销战略的核心在于“定位”，其本质就是定位战略。市场细分 S、选择目标市场 T 实质上是在通过细分市场发现目标顾客，而市场定位 P 则是在目标顾客中确定自己的位置。三者是一个整体，密不可分，没有 ST 的目标顾客，也就没有 P 在顾客中的定位。

随着体育用品市场竞争的日益激烈，企业只有从发展战略角度分析所面临的巨大市场，通过市场细分，锁定目标市场，进行产品市场定位，进而开拓广阔的体育用品市场。STP 营销战略既是营销工作的重点更是核心和灵魂，它必将给我国体育用品企业带来生机与活力。因此，必须清醒地认识到我国体育用品业的现状，转变观念，积极服务于国内市场，努力参与国际竞争，快速发展我国的体育用品产业。

树立市场形象，取得目标市场的竞争优势。当今世界影响最大的社会文化活动——奥运会的商业宣传功能和促进经济发展的作用，已得到许多跨国公司的共识。阿迪达斯公司于 1985 年同国际奥委会签署合同，独家承包奥运会赞助权的销售活动。为此，公司成立了国际运动与娱乐营销公司（ISL Marketing），其宗旨在于向全球推销奥林匹克文化。通过 ISL 的运作，国际奥委会制订了奥运计划（The Olympic Programme，简称 TOP 计划）。各商业公司通过出资购买 TOP 的成员权，便可在世界范围内获得使用奥运标志的权利。“奥林匹克计划”就是一个国际范围的商业赞助计划，通过这个计划，把奥林匹克运动真正和商业结合在一起。阿迪达斯公司在 1997 年的销售额就达到 65.1 亿马克，位居世界第二位。体育产业资本在发达国家资本市场中的地位不断提高，体育产业与资本市场的结合已成为经济发展的新趋向。

从这些实际情况来看，体育营销最基本的作用就是成为买方和卖方市场改善和重建彼此关系的重要工具，确立本企业潜在、相对及独特的竞争优势，吸引更多的消费者消费，真正达到体育营销的目标。

综上所述，如何有效利用体育市场进行营销，树立企业品牌形象，“有备而战”在体育营销中是一个系统有序的工作。如果没有市场细分、目标市场选择、市场定位等市场营销战略支持，企业竞争力将无从谈起。作为我国体育产业发展的重要影响因素，企业管理者应充分重视和认真制定、实施目标市场战略。

第六章　体育市场营销组合

第一节　体育营销组合策略概述

体育营销是起源于20世纪80年代末，由美国最先提出来的一种市场营销策略。它是以体育活动为载体来推广自己的产品和品牌的一种市场营销方式，是市场营销的一种手段。这种市场营销活动主要依赖于体育活动得以实现，是企业进行品牌推广的方式之一。总的来说，体育营销主要包括两个方面：一是与体育相关的行业的企业进行的体育产品营销；二是非体育行业的企业通过体育而进行的非体育产品的市场营销。体育营销主要包括三个方面的特点，分别是长期性、系统性以及文化性。

体育营销最主要的作用就是对企业各方面的资源进行分类组合，做到把企业所生产的产品与体育活动中所体现出来的体育精神相融合，实现企业文化、品牌文化以及体育文化的有机结合。通过这种方式吸引消费者的眼球，抓住消费者的心理，使消费者结合自己对体育活动的喜爱形成对某一产品品牌的好感，从而与该品牌产生共鸣，最终为该品牌形成比较固定的客户群体，增强企业在市场上的竞争力。将企业文化、品牌文化以及体育文化进行的有机结合，并不仅仅是概念的叠加，而是多种文化的融合，从而形成了一种新的文化。执行体育营销的企业销售产品的过程不仅仅企业进行交易创造利润的过程，而且是一个传播体育文化的过程，在这一过程中企业与消费者针对体育产生共鸣的情感。

随着我国体育事业的不断发展和进步，我国许多企业将体育营销作为其进行运动品牌推广的主要手段之一。但我国一直以来都是产品生产大国而不是创新大国，与体育相关的行业也不例外，大多数企业都没有自己的独立品牌。因此熟练运用体育营销组合策略对于提升中国运动企业的品牌竞争力显得尤为重要。运动品牌的体育营销组合策略制定过程的核心部分是获取有关消费者、竞争者、公司和外部环境的信息并进行相关研究，组合策略主要包括产品、价格、营销渠道以及促销四个方面。

第二节　体育营销产品策略

一、产品概述

产品是市场营销活动的基础，产品是指能通过交换满足消费者或者用户需求和欲望的任何有形物品和无形物品的服务。一个产品由三个因素组成：实体商品、服务与品牌。产品是企业形象最主要的体现者。把握产品整体概念，有利于企业从产品的各个层次出发，依据自己的优势，开发出体现企业特色的产品，从而树立起自己独特的形象。企业的所有营销活动都与其产品密切相关。明确产品整体概念，有利于企业内部之间营销行为的协调统一、营销手段步骤的规范化。无论是企业的生产、销售各环节，还是企业品牌形象的建立，产品都在其中发挥着重要作用。

（一）体育产品

体育产品是指通过市场满足消费者需要以及利益的实物产品和非实物形态的体育服务综合。体育产品分为有形和无形产品，前者包括运动服装、体育场地设施、运动器材、体育饮料和各种健身娱乐用品等。后者是以活劳动非实物形态向社会提供各类体育服务，以满足人们的健身、娱乐和精神需要的产品。

（二）体育产品的生命周期

产品生命周期指产品从投放市场到最终市场被淘汰为止的全过程。包括投入期、成长期、成熟期、衰退期。

1. 导入期

导入期指产品从设计研发成型并投入市场进入测试阶段。新产品投入市场，便引入了导入期。此时产品品种少，顾客对产品不了解，除少数追求新奇的顾客外，几乎无人实际购买。生产者为了扩大销路，不得不投入大量促销费用对产品宣传推广。该阶段由于生产技术方面的限制，产品销量价格偏高，销售量极为有限，企业通常不能获利，反而可能亏损。

营销战略：瞄准市场，先声夺人。引入期是产品成功的开始，但是，往往是很多新产品在向市场投放以后，还没有进入成长期就被淘汰了。因此，企业要针对生命周期特点，制定和选择不同的营销策略。

2. 成长期

当产品因进入导入期，销量取得成功之后，便进入了成长期。成长期是指产品通过试销效果良好，购买者逐渐接受该产品，产品在市场上站住脚并且打开销路。这一阶段属于需求增长阶段，需求量和销售额迅速上升，生产成本大幅度下降，利润迅速增长。这一阶段竞争者看到有利可图，纷纷进入市场参与竞争。于是市场开始出现仿制品，使同类产品供给量增加，呈现出竞争过度。新的追随者与竞争者在这一阶段也进入市场，市场进一步增大，分销网点数目增加。

营销策略：为了尽可能地延长产品的成长期，企业可以要根据用户需求和其他的市场信息，不断提高产品质量，努力发展产品的新款式、新型号，增加产品的新用途，已到达树立强有力的产品形象。这样有助于加强企业的市场地位和竞争能力。

3. 成熟期

成熟期指产品走入大批量生产并稳定地进入市场销售的阶段，经过成长期之后，随着购买产品人数增加，市场需求趋于饱和。在这一阶段价格随之下降，企业利润增长速度逐步减慢，最后达到生命周期利润最高点。此时，产品普及并日趋标准化，成本低而产量大，销售增长速度缓慢直至转而下降。由于竞争加剧，导致同类产品生产企业之间不得不加大在产品质量、花色、规格、包装服务等方面加大投入，在一定程度上增加了成本。

营销战略：强化品牌形象和差别化利益，并衍生新的产品概念来支持品牌。继续发展维持品牌忠诚，提示消费者这是同类产品里最正宗、性能最成熟的品牌。比如可口可乐打出“真正的可乐”的旗号，对竞争者进行堵截，以保持市场的地位，提高顾客购买数量和频率。

4. 衰退期

衰退期是指产品进入淘汰阶段。随着科技的发展以及消费习惯的改变等原因，产品的销售量和利润持续下降，产品在市场上已经老化，不能适应市场需求，市场上已经有其他性能更好、价格更低的新产品，足以满足消费者的需求。此时成本较高的企业就会由于无利可图而陆续停止生产，该类产品的生命周期也就陆续结束，以至于最后完全撤出市场。

营销策略：产品进入衰退期，企业应该保持原有的细分市场和营销组合策略，采取最有效的销售渠道和最易销售的产品品种，以最有利的市场赢得尽可能多的利润。待到适当时机，便停止该产品的经营，退出市场。如果企业决定停止经营衰退期的产品，应在立即停产还是逐步停产问题上慎重决策，并处理好善后事宜，使企业有秩序地转向新产品经营。

二、产品生命周期以其营销策略

（一）导入期的营销战略

商品的导入期，一般是指新产品试制成功到进入市场试销的阶段。在商品导入期，一方面，由于消费者对商品十分陌生，企业必须通过各种促销手段把商品引入市场，力争提高商品的市场知名度；另一方面，导入期的生产成本和销售成本相对较高，企业在给新产品定价时不得不考虑这个因素。所以在导入期，企业营销的重点主要集中在促销的价格方面。一般有四种可供选择的市场战略。

1. 高价快速策略

这种策略的形式是：采取高价格的同时，配合大量的宣传推销活动，把新产品推入市场。其目的在于先声夺人，抢占市场，并希望在竞争还没有大量出现之前就能收回成本，获得利润。适合采用这种策略的市场为：必须有很大的潜在市场需求量；这种产品的品质特别高，功效又比较特殊，很少有其他商品可以代替，消费者一旦了解这种商品，常常愿意出高价购买；企业面临着潜在的竞争对手，想快速建立良好品牌形象。

2. 选择渗透策略

这种战略的特点是：在采用高价格的同时，只用很少的促销努力。高价格的目的在于能够及时收回投资，获取利润；低促销的方法可以减少销售成本。这种策略主要适用以下情况：商品的市场比较固定、明确；大部分潜在的消费者已经熟悉该产品，他们愿意出高价购买；商品的生产和经营必须有相当的难度和要求，普通企业无法参加竞争，或其他原因使潜在的竞争不迫切。

3. 低价快速策略

这种策略的方法是：在采用低价格的同时做出巨大的促销努力。其特点是可以使商品迅速进入市场并提高占有率，该策略的适用性很广泛。适合该策略的市场环境是：商品有很大的市场容量，企业可望在大量销售的同时逐步降低成本；消费者对这种产品不太了解，对价格又十分敏感；潜在的竞争比较激烈。

4. 缓慢渗透策略

这种策略的方法是：在新产品进入市场时采取低价格，同时不做大的促销努力。低价格有助于市场快速接受商品；低促销又能使企业减少费用开支，降低成本，以弥补低价格造成的低利润或者亏损。适合这种策略的市场环境是：商品的市场容量大；消费者对商品了解，同时对价格又很敏感；存在某种程度的成本优势。

（二）成长期的营销策略

商品的成长期是指新产品试销取得成功以后，转入成批生产和扩大市场销售额的阶段。在成长期，企业的营销重点应该放在保持并且扩大自己的市场份额，加速销售额的上升方面。另外，企业还必须注意成长速度的变化，一旦发现成长的速度由递增变为递减时，必须适时调整策略，突出“稳”字。成长阶段适用的具体策略有以下几种：

（1）积极筹措和集中必要的人力、物力和财力，进行基本建设或者技术改造，以利于迅速增加或者扩大生产批量。开始考虑围绕这种产品开发系列产品。所谓系列产品就是以现有产品及其生产工艺为基础，上下延伸，左右扩展，形成产品系列。如羽球鞋、球、线、柄套、球拍、球衣、球袋、护膝、护腰、护踝、护腕、护肩、汗巾等。

（2）改进商品的质量，增加商品的新特色，在商标、包装、款式、规格和定价方面做出改进。对名牌商标进行深度开发和综合利用，扩大名牌商标的范围。

（3）进一步开展市场细分，积极开拓新的市场，创造新的用户，以利于扩大国内外销售，将市场拓展到城镇农村地区。

（4）努力疏通并增加新的流通渠道，扩大产品的销售面。

（5）改变企业的促销重点。例如，在广告宣传上，从介绍产品转为树立形象，以进一步提高企业产品在社会上声誉。

（6）充分利用价格手段。在成长期，虽然市场需求量较大，但在适当时可以降低价格，以增加竞争力。当然，降价可能暂时减少企业的利润，但是随着市场份额的扩大，长期利润还可望增加。

（三）成熟期的营销策略

这一阶段商品进入大批量生产，在市场上处于竞争最激烈阶段。

1. 市场修正策略

市场修正策略即通过努力开发新市场，保持和扩大自己商品市场份额。通过努力寻找市场中未被开发的部分，使非使用者转变为使用者；通过宣传推广，促使顾客频繁使用或每一次使用更多的量，以增加现有顾客的购买量，如牙刷、大瓶装洗发水等就属于频繁使用的日用产品，加大宣传可在顾客中树立良好的品牌形象，让顾客能忠实选择该产品，抢占竞争者的市场份额；通过市场细分化，努力打入新的市场区划，例如在地理、人口、用途方面进行细分，针对不同的市场采用不同的市场战略，从而扩大自己的市场占有率，赢得竞争者的顾客。

2. 产品改良策略

企业可以通过产品特征的改良，来提高销售量。品质改良，即增加产品的功能性效果，如耐用性、可靠性、速度及口味等；特性改良，即增加产品的新的特性，如规格大小、重量、材料质量，添加物以及附属品等；式样改良，即增加产品美感上的需求，如座椅式样的改变。随着生活水平的提高，座椅不再仅仅是一个四条腿的坐具，而且具有艺术与美观的特征，代表着身份和地位，从雕花椅到沙发椅，座椅一直在紧追大众的需求。

3. 营销组合调整策略

营销组合调整策略是指企业通过调整营销组合中的某一因素或者多个因素，以刺激销售。例如，通过降低售价来加强竞争力；改变广告方式以引起消费者的兴趣；采用多种促销方式，吸引顾客的注意力，激发顾客购买欲望，如大型展销、附赠礼品等；扩展销售渠道，改进服务方式（送货上门）或者货款结算方式（分期付款的应用）等，来增强产品的服务力度，让顾客感到便利与快捷，提高顾客满意度。

（四）衰退期的营销战略

产品最后由于新产品的出现、技术的更新，很快被其他产品所取代，进入衰退期。产品在此期间的主要问题是巨大生产能力和日益减少的销售量之间矛盾。

1. 维持策略

维持策略是指企业在目标市场、价格、销售渠道、促销等方面维持现状。使用这一策略配以商品延长寿命的策略，企业延长产品寿命周期的途径是多方面的，最主要的有以下几种：（1）降低产品成本，以利于进一步降低产品价格。（2）增加产品功能，开辟新的用途，将网络游戏补充和强化体育的特性后，成为新的电子竞技运动项目，再如杜邦公司中尼龙产品新用途的开发。（3）开拓新市场，创造新内容。例如男女用品互为扩展，健怡可口可乐、专业运动品牌除了面向运动员，还面向一般消费者。（4）改进产品设计，以提高产品性能、质量、包装、外观等，从而使产品寿命周期不断实现再循环。

2. 缩减策略

缩减策略是指企业仍然留在原来的目标上继续经营，在规模上做适当收缩。如把所有营销力量集中到一个或者少数几个细分市场上，加强这些细分市场的营销力量，也可大幅度降低市场营销费用，增加当前利润。

3. 撤退策略

在撤出目标市场时，企业应该考虑以下问题：将进入哪一新区划，经营哪一种新产品，可以利用以前的哪些资源，品牌及生产设备等残余资源如何转让或者出卖，保留多少零件存货和服务以便继续为过去的顾客服务。

第三节　体育营销价格策略

给所有买者规定一个价格是一个比较近代的观念。它形成的动因是19世纪末大规模零售业的发展。在历史上，在多数情况下，价格是作为买者做出选择的主要决定因素在起作用。随着社会经济发展，人们生活水平提高，买者开始看重产品的质量与服务，在买者选择行为中非价格因素已经相对地变得更重要了。但是，价格仍是决定公司市场份额和盈利率的最重要因素之一。在营销组合中，价格是唯一能产生收入的因素，其他因素表现为成本。厂商面对买者的3种主要的定价决策问题是：对第一次销售的产品如何定价；怎样随时间和空间的转移修定一个产品的价格以适应各种环境和机会的需要；怎样调整价格和怎样对竞争者的价格调整做出反应。在制定价格的过程中，尤其在第一次制定价格时，企业要考虑以下因素：(1) 定价目标；(2) 定价时成本；(3) 市场供需情况；(4) 产品的需求弹性；(5) 选定最终价格。

一、定价的目标

定价目标 (Pricing Objectives) 是企业在对其生产或经营的产品制定价格时，有意识地要求达到的目的和标准。它是指导企业进行价格决策的主要因素。

(一) 获得尽可能多的或适当的利润为目标

产品的价格关系到企业的销售收入，企业通过对产品需求和成本的估计，制定使当期利润最大化的价格，以获得最大的收益。有了较多的利润，企业才能购买更多更先进的设备，提升技术，增加职工的工资和福利，提高整个企业的质量，为市场创造更多更优质的体育产品。

(二) 体育投资报酬率为定价目标

这一目标即企业通过定价，使价格有利于实现一定投资报酬为定价目标。采取这种定价目标的企业，一般是根据投资额规定的利润率，然后计算出各单位产品的利润额，把它加在产品的成本上，就成为该产品的出售价格。采用这种定价目标，应该注意两个问题：第一，要确定合理的利润率。一般来说，预期的利润率应该高于银行的存款利息率，但又不能太高，否则消费者不能接受。第二，产品必须是畅销的，否则预期的投资利润率就不能实现。

(三) 以应付竞争为定价目标

在竞争比较激烈的市场中，大多企业会采用这种定价策略，来提高自己的竞争优势，以此在竞争中处于优势地位。企业在定价前应进行市场调查，收集同类产品的质量和价格信息，与自己的商品进行比较，然后选择应对竞争的价格，以至于在市场中保持竞争力。

(四) 保持或提高企业的市场占有率为目标

市场占有率的高低反映了该企业的经营状况和竞争能力，从而关系到企业的发展前景。企业的盈利状况是同其市场占有率正向运动的。为了扩大市场占有率，企业必须相对降低产品的价格水平和利润水平。但是，采用这一策略必须和大批量生产能力结合起来。因为降价后市场需求量急剧增加，如果生产能力跟不上，造成供不应求，竞争者就会乘虚而入，反而会损害本企业利益。

二、定价时要考虑的重要因素

(一) 国家的政策法令

政府对产品的各项政策，是企业确定产品价格的重要依据（如产品增值税，直接影响产品成本，进而影响产品的定价）。政府对产品价格的控制有监督性的、保护性的、限制性的。我国有《价格法》《合同法》等，企业定价时必须遵循；体育企业在定价时还要遵照《体育法》《奥运争光计划纲要》《全民健身计划纲要》等行政法规。

(二) 产品的成本

产品成本指企业在生产过程中各种费用的总和，是价格构成的基本因素和制定价格的基础。商品的价值由 $C+V+M$ 构成。$C+V$ 是在生产过程中物化劳动转移的价值和劳动者为自己创造的价值。M 是劳动者为社会创造的价值。显然，对企业的定价来说，成本是一个关键因素。成本又可分解为固定成本和变动成本。

固定成本是一定时期内产品固定投入的总和，如厂房费用、机器折旧、管理费用、生产者工资等。在一定的生产规模内，产品固定投入的总量是不变的。变动成本指随生产的产品种类及数量的变化而直接变化的成本费用，如原材料、燃料、运输等。总成本指企业生产一定数量的某种产品所发生的成本总额，是固定成本与可变成本之和。

成本不仅是企业定价的依据，同时也是制定产品价格的最低界限。产品价格只有高于成本，企业才能补偿生产上的耗费，从而获得一定盈利。

(三) 市场供需情况

市场需求与供给决定了产品价格能被市场接受的最高经济界限。当供不应求时，商品短缺，购买者争相购买，销售者趁机提价，买方不得不接受较高的价格以满足自身需求。由于商品收益增加，企业加大生产，商品的供给增加，但市场需求却减少，形成了供过于求的情况。当供过于求时，商品过剩，销售者竞相出售，购买者持币待购，买方不得不接受较低的价格以减少库存，导致价格下降。由于商品收益缩减，企业减少生产，商品的供给减少，但市场需求却渐渐回升，又再一次形成供不应求的市场情况，这些阶段循环往复，价格也随之波动。

(四) 产品的需求弹性

产品的需求弹性是产品价格的变化对需求量产生影响的程度。其公式为：$E = |(\Delta Q/Q)/(\Delta P/P)|$。

不同的产品具有不同的需求价格弹性，从其弹性的强弱可决定企业的价格策略，故定价时应考虑需求弹性。

$E=1$，标准需求弹性。价格变化对销售收入影响不大。定价时，可选择预期收益率为目标，或选择通行的市场价格。

$E>1$，需求富有弹性。定价时可适当低些，通过降价、薄利多销以达到增加盈利的目的。(多是非生活用品)。

$E<1$，需求缺乏弹性。在国家政策允许的范围内，价格可以适当高些，一般采用提价策略，增加盈利，如生活必需品（水、牛奶、食盐等）。

(五) 市场经营组合的其他因素

价格策略与产品策略、促销策略和分销策略相互关联（见图 6-1）。此外，价格变动也受产品的生产周期的影响，在产品导入期与成长期间，产品适应市场环境的发展，较符合顾客的当期需求，为获取更大利益，会以较高的价格出售；当产品慢慢步入成熟期，最后进入衰退期时，新产品的进入冲击了此产品，此产品逐渐落后并淡出消费者的视野。在这期间，为了减少库存的积压与损失，往往进行降价和优惠策略，产品的价格比较低。

三、定价的基本程序

根据定价全过程要解决的几个重要问题，定价程序包括以下六个基本步骤（见图 6-2)。(1) 选择定价目标。企业的总目标是获得最大利润，但不同时期、不同产品的定价目标是不一样的，所以首先要确立定价目标。(2) 估算成本。对于产品成本、边际成本的估

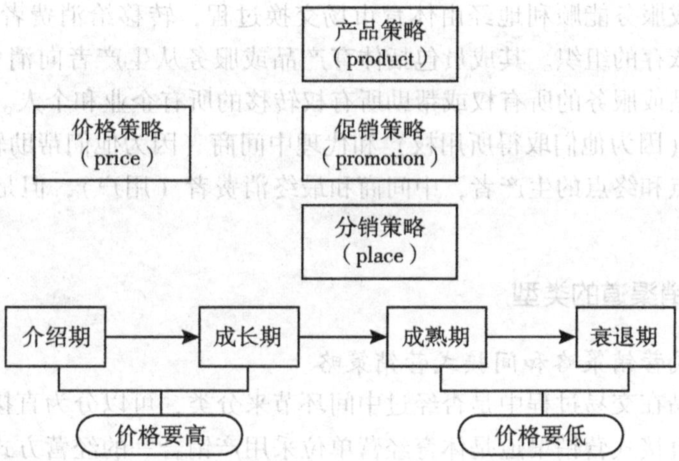

图 6-1　影响定价的经营组合因素

算，可以找到产品的盈亏平衡点，得出产品的保本价格。（3）了解竞争价格、确定产品特点。（4）分析市场经营组合对价格的影响因素。（5）估计需求量。（6）确定最终价格。

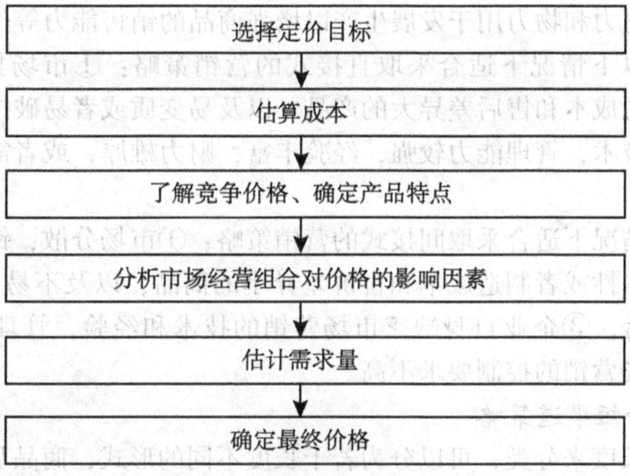

图 6-2　定价的基本程序

第四节　体育营销渠道策略

在体育市场营销理论中，体育市场营销渠道和分销渠道经常不加区分地交替使用。所谓体育营销渠道，是指配合起来生产、分销和消费某一体育生产者的产品或服务的所有企业和个人。也就是说，体育营销渠道包括参与某种体育产品供产销过程的所有有关企业和个人，如供应商、生产者、商人中间商、代理中间商、辅助商（如支持分销活动的仓储、运输、金融、广告代理等机构）以及最终消费者（用户）等。所谓分销渠道，通常指促使某种体育产品或服务能顺利地经由体育市场交换过程，转移给消费者（用户）消费使用的一整套相互依存的组织。其成员包括体育产品或服务从生产者向消费者转移过程中，取得这种体育产品或服务的所有权或帮助所有权转移的所有企业和个人。因此，分销渠道包括商人中间商（因为他们取得所用权）和代理中间商（因为他们帮助转移所有权），还包括处于渠道起点和终点的生产者，中间商和最终消费者（用户），但是不包括供应商和辅助商。

一、体育营销渠道的类型

（一）直接式营销策略和间接式营销策略

按照体育产品在交易过程中是否经过中间环节来分类，可以分为直接式和间接式营销渠道两种类型。直接式营销渠道是体育经营单位采用产销合一的经营方式，即体育产品从生产领域转移到消费领域时不经过任何中间环节；间接式营销渠道是指体育产品从生产领域转移到消费者手中要经过若干中间商的营销渠道。直接式营销有销售及时，中间费用少，便于控制价格，及时了解市场，有利于提供服务等优点。但是此方法使生产者花费较多的投资、场地和人力，所以消费广、市场规模大的商品不宜采用这种方法。间接营销由于有中间商加入，企业可以利用中间商的知识、经验和关系，从而起到简化交易，缩短买卖时间，集中人力财力和物力用于发展生产以增强商品的销售能力等作用。

一般来讲，在以下情况下适合采取直接式的营销策略：①市场集中，销售范围小；②技术性高或者制造成本和售后差异大的产品，以及易变质或者易破损的商品；③企业自身应该有市场营销技术，管理能力较强，经验丰富，财力雄厚，或者需要高度控制商品的营销情况。

反之，在以下情况下适合采取间接式的营销策略：①市场分散，销售范围广，如大部分消费品。②非技术性或者制造成本和售价差异小的商品，以及不易变质及非易碎商品，如日用品、标准品等。③企业自身缺乏市场营销的技术和经验，管理能力较差，财力薄弱，对其商品和市场营销的控制要求不高。

（二）长渠道和短渠道策略

营销渠道按其长度来分类，可以分为若干长度不同的形式，商品从生产领域转移到用户的过程中，经过的环节越多，营销渠道就越长；反之就越短。

体育营销渠道有四种基本的类型：生产者—消费者；生产者—零售商—消费者；生产者—代理商或者批发商—零售商—消费者；生产者—代理商—批发商—零售商—消费者。工业品销售渠道有三种基本的类型：生产者—工业品用户；生产者—代理商或者工业品经销商—工业品用户；生产者—代理商—工业品经销商—工业品用户。

二、体育营销渠道策略

体育营销渠道策略基本工作程序包括考虑体育经营的战略目标、考察渠道的影响因素、渠道设计、挑选中间商和渠道管理与控制等。

(一) 考虑体育经营的战略目标

体育经营的战略目标包括体育市场、体育市场占有率、利润销售增长率等目标。体育经营单位的战略目标不同，具体体育市场营销组合策略也会不同，这种差异会影响体育经营单位对销售渠道的管理、控制与调整。因此，体育经营单位必须依据其战略目标的要求，并结合考虑自己的体育产品策略、定价策略、促销策略等，进行正确的渠道决策。

(二) 考察渠道的影响因素

影响体育经营单位体育产品销售渠道的因素很多，但大体上可归纳为以下四个方面。

1. 目标体育市场特性

(1) 目标体育消费者的规模与分布。当目标体育消费者的需求量很大，体育消费者较多且分布广泛而又稀疏，经营单位可考虑与多环节、多数中间商协作销售。反之，体育消费者少但分布集中，考虑短的间接渠道或由经营单位直接分销。

(2) 购买特点。当目标体育消费者购买的批量大，频率低，形式单一，且购买相对稳定时，经营单位可考虑直接分销或以尽可能短的间接渠道分销。反之，购买的批量小，重复购买，多样化购买，可考虑与中间商广泛协作销售。

(3) 竞争状况。体育经营单位应考察目标体育市场上竞争对手的渠道策略，比较双方的分销实力，灵活地选择销售渠道。

2. 体育产品特性

(1) 体育产品的价值、体积与重量。体育产品的单位价值高、体积大而笨重，可考虑直接分销，也可考虑与少数中间商协作销售。反之，对价值低下而轻便的体育产品可选择间接渠道。例如，场馆器材、训练器材的店很少；大众体育消费品在许多商店（百货公司、超级市场体育用品、文化用品商店等）都有供应。

(2) 体育产品的贮存性与时尚性。对不易贮存的体育劳务产品和较流行的体育实物产品，体育经营单位可考虑直接分销或以短的间接渠道销售；对可以贮存的时尚性低的体育产品则可考虑长的间接渠道。

(3) 体育产品的标准化程度与附加服务。有些体育产品标准化程度较高且体育消费者要求的附加服务少而简单，如大多数小型运动器材可考虑间接销售。反之，对标准化程度低且附加服务多而复杂的体育产品，如专业队使用的训练器材，体育经营单位可考虑直接分销。

(4) 体育产品的生命周期。对于投入期或成长期的新型体育产品，中间商往往不大愿意承担风险，体育经营单位为了早早打开销路，而组织自己的推销队伍直接分销。对于成熟期的体育产品，其体育市场需求逐渐稳定，中间商乐于推销。此时，体育经营单位可选择长的间接渠道。体育产品的销售量减少，体育经营单位则可以考虑缩减中间商。

3. 体育经营单位自身特性

(1) 体育经营单位的声誉与规模。体育经营单位声誉高，规模大，实力雄厚，可自由地选择营销渠道，也很容易取得与中间商的广泛协作，甚至有中间商主动寻求合作。然而，企业声誉低、规模小、实力有限，中间商就不大乐意协作，体育经营单位选择渠道自由度较小。此时，经营单位应努力争取中间商的支持和合作。

(2) 体育经营单位的销售经验和服务能力。体育经营单位销售经验丰富，且售后服务能力较强，可考虑直接渠道改用间接渠道；反之，经验不足、服务能力低，则应尽力争取较多的精明能干的中间商，协助经营单位进行分销。

(3) 体育经营环境特性。经济萧条，国家紧缩银根，产业结构和投资方向的重大调整，自然资源严重短缺，自然灾害严重，都可使目标体育市场需求下降。此时，体育经营单位需要以较低的价格出售体育产品，必须尽量减少不必要的体育商品流通环节，或取消一些非根本性的服务，以降低体育产品在流通领域中的成本。这样，体育经营单位通常采用直接销售或以尽可能采用短的间接渠道销售体育产品。经营环境因素的变化使体育市场需求增大，体育经营单位则应考虑与多个中间商广泛协作，尽量扩大体育产品的销量。

(三) 渠道设计

有效的渠道设计以确定企业所要进入的体育市场为起点。原则上讲，目标市场的选择并不是渠道设计的问题。然而事实上，体育市场选择与渠道选择是相互关联的，有利的体育市场加上有利的渠道才能使企业获得利润。因此渠道设计问题的中心环节是确定目标市场的最佳途径。影响渠道设计的主要特性因素有以下几个方面：

1. 顾客特性

渠道设计受顾客人数、地理分布、购买频率、平均购买数量以及对不同促销方式的敏感性等因素影响。当顾客人数较多时，生产者倾向于利用每一层次都有许多中间商的长渠道，购买人数的重要性，又受到地理分布的影响。例如，生产者直接销售给集中于同一地区的500个顾客所花的费用，远比给分散在500个地区的500个顾客要少。购买者的购买方式，又受到购买人数及地理分布的影响。如果顾客经常小批量购买，则需较长的分销渠道供货。因此，购买者少量而频繁的订货，常使得制造商依赖批发商为其销货。同时，这些制造商也可能越过批发商，直接向订货量大且订货次数少的大客户供货。购买者对不同促销方式的敏感性，也影响着渠道的选择。

2. 产品特性

通常来说，产品的体积和重量、单位价值、新颖性、工艺与非工艺特点以及产品耐用性、经久性都是影响渠道选择的变量。如果产品的单位价值高、具有工艺性特点，在渠道的选择方面，企业要以安全保质为原则，减少对产品的损害，从而降低成本。

3. 中间商特性

设计渠道时必须考虑执行不同任务的中间机构的优缺点，并在成本、可获得性以及提供的服务三方面对中间商进行评估。只有这样，才能保证产品利益最大化，减少因中间商的服务不到位、成本过高而造成不必要的损失。例如，当制造商代表与顾客接触时，花在每一位顾客身上的成本较低，因为总成本由若干顾客分摊。但制造商代表对顾客所付出的努力，不如中间商的推销员。

4. 竞争特性

生产者的渠道设计受竞争者所使用渠道的影响。有时体育行业的生产者希望在与竞争者相同或相近的经销处，与竞争者的产品抗衡。例如，体育服装鞋类用品经常会聚集在一条街上一起销售。有时竞争者使用的分销渠道，其他企业则会避免使用此渠道而选择其他渠道。

5. 企业特性

企业特性在渠道设计中也十分重要，体现在以下方面：

(1) 总体规模。企业总体规模的大小决定了其市场范围、客户规模及强制中间商时合作的能力。

(2) 资金实力。资金实力的强弱决定了哪些市场营销职能可由自己执行，哪些应给中间商执行。财力薄弱的企业一般采用“佣金制”的分销方法，尽量利用愿意并能吸收部分储存、运输及融资等成本费用的中间商。

(3) 产品组合。企业的产品组合宽度越大，与顾客直接交易的能力越大；产品组合的深度越大，使用独家专售或选择代理商就越有利；产品组合的关联性越强，越应使用性质相同或相近的渠道。

(4) 渠道经验。企业过去的渠道经验，也会影响渠道设计。曾经通过某种特定类型中间商销售产品的企业，会形成渠道偏好。

(5) 营销政策。例如，对最终购买者提供快速交货服务，会影响到生产者对中间商执行的职能、最终经销商的数目与存货水平以及采用的运输系统的要求。

6. 环境特性

渠道设计还受到环境因素的影响。如经济发展状况、社会文化变革、竞争结构、技术及政府管理等。经济萧条时，生产者都希望采用能使最终顾客廉价购买的方式，将产品送到市场。这也意味着使用较短的渠道，并免除那些会提高产品最终售价但又不必要的服务。

(四) 挑选中间商

选择中间商实际上就是考察中间商的各方面情况。体育经营单位在选择中间商时应从以下五个方面考察基本情况。

1. 能够选择的中间商的类型与数目

可能和体育经营单位协作的中间商是什么样类型？是批发商、代理商，还是零售商？能供体育经营单位选择的各种类型的中间商的具体数量是多少？有能力且愿意与体育经营单位合作的各类中间商的具体数量有多少？弄清这些问题是体育经营单位管理者选择中间商的第一步工作。

2. 销售对象

中间商所处的地理位置应能方便订货或方便体育经营单位目标体育消费者购买，这是确定中间商的最基本的条件。例如，球票销售一般以体育场馆为主，因为体育场馆是体育消费者经常光顾的地方。

3. 商业信誉

中间商是否为体育经营单位的体育消费者所信任，中间商与相关单位的关系是否融洽、资信程度如何等等，这些也是体育经营单位选择中间商必须考虑的项目。

4. 经营能力

中间商是否拥有一支训练有素的销售队伍，资金与资产有多少，是否有足够的仓储运输能力，能否向体育消费者提供必要的技术指导、维修保养、送货上门等销售服务项目。这些问题直接关系到体育经营单位体育产品的销售量、销售利润和体育市场占有率等。

5. 竞争情况

中间商是否有竞争对手的体育产品，体育经营单位的体育产品能否与竞争者的体育产品相抗衡。

（五）渠道的管理与控制

渠道的管理与控制是体育经营营销渠道决策的有机组成部分，可以提高体育经营单位的经济效益。

1. 渠道管理

渠道管理是指体育经营单位设法解决与中间商的冲突，并以各种适合的措施去支持和激励中间商积极分销，从而促使体育产品高效地流转到体育消费者手中的活动过程。应当注意这里的“管理”并不包括“行政”的或“上下级”的管理含义。

（1）对中间商提供适销对路的体育产品。体育消费者购买所偏爱的某种体育商品时又顺带购买其他体育商品。因此，中间商总是设法增加购进某些畅销品，也乐意投资于这类体育商品的推销等，以此带动它们的整个经营。

（2）合理分配销售利润。体育经营单位与经销商协作销售必定要给予相应的销售利润。经营单位分出的利润总额要高于相关行业有关部门规定比例幅度，经营单位应将分出的利润总额细分，并根据经销商在销售方面的工作绩效大小合理地分配，从而使中间商活动目标明确，又能调动中间商的销售积极性。

（3）恰到好处地实施激励措施。激励必须适度，理由是：其一，激励费用过高会使体育经营单位盈利下降；其二，在某些场合下激励过度会适得其反。比如，降价幅度过大会造成中间商囤积产品，这样就有可能导致生产的盲目发展和体育产品供给过剩。

（4）协作促销。经销商往往同时批发或零售许多同类体育产品，它们对某个品牌体育产品的褒贬，有时会决定该体育产品的存亡。因此，体育经营单位以及广告商、中间商的协作销售，往往能收到良好的促销效果。

（5）提高中间商的销售服务能力。对于一些技术性较强、使用复杂、需要经常保养维修的体育产品，体育经营单位应当为中间商培训维修人员、提供咨询或提供必要的资助，以服务取胜于体育市场。

2. 渠道控制

渠道控制是渠道管理的继续。所谓渠道控制是指各销售渠道中某个“领袖”成员以各种标准制约渠道其他成员行为的活动过程，即“领袖”成员的领导活动过程。多数中间商是独立的企业，并不是体育经营单位的业内机构，因此，体育经营单位控制渠道并非易事。渠道控制通常是“领袖”成员。作为“领袖”成员的体育经营单位应具备以下两个条件之一。其一，大型体育经营单位，财力雄厚，能保持体育产品开发和研究的领先地位，并通过大规模促销建立了它们的声誉，能够向中间商提供较优厚的利润和强力支持。其二，小型体育经营单位，虽然财力、人力、物力不足，但具有优良的或独特的适销对路的体育产品。

三、渠道策略的新发展

随着信息时代的到来，互联网渗透到生活中的方方面面，也给体育经营单位的渠道策略创新带来机会。

1. 通路“直销”

传统意义上的直销，是生产厂家直接将产品销售给消费者。但目前的通路“直销”，是生产厂家或经销商通过一些中间环节，直接供货给零售终端，并非直接向最终消费者销售。直接控制零售终端，是厂家提高市场辐射力和控制力的关键。

2. 垂直渠道网络

垂直渠道网络是将厂商由松散的利益关系，变为紧密战略伙伴型关系；由平行关系变为垂直、利益一体化关系；由简单无序放射状分布，变为真正的网络分布；由简单的契约型变为管理型、合作型、公司型。这样，厂商之间就容易达成信息共享、风险共担、利益共享、物流畅通的理想状态，有利于厂商强力合作。

3. 水平渠道系统

这是由两家或两家以上的企业横向联合，共同开拓新的营销机会的渠道系统。这些企业或因资本、人力、生产技术、营销资源不足，无力单独开发市场机会，或因惧怕承担风险，或因与其他公司联合可实现最佳协同效益而组成共生联合的渠道系统。

4. 基于互联网的分销渠道

基于互联网的分销渠道指应用互联网提供产品或服务，是计算机或其他技术手段的目标客户通过电子手段进行并完成交易。在互联网环境下，分销渠道不再仅仅是实体的，而是虚实结合的，甚至完全是虚拟的。在线销售、网上零售、网上拍卖、网上采购、网上配送等新的分销形式，使分销渠道多元化，由宽变窄，由实变虚，由单向静止变为互动。

第五节 体育营销促销策略

促销策略是指体育经营单位如何通过人员推销、广告、公共关系和营销推广等各种促销手段，向消费者传递产品信息，引起他们的注意和兴趣，激发他们的购买欲望和购买行为，以达到扩大销售的目的。体育经营单位将合适的体育产品，在适当地点、以适当的价格出售的信息传递到目标体育市场，一般是通过两种方式：一种是人员推销，即推销员和顾客面对面地进行推销；另一种是非人员推销，即通过大众传播媒介在同一时间向大量消费者传递信息，主要包括广告、公共关系和营销推广等多种方式。这两种推销方式各有利弊，起着相互补充的作用。此外，目录、通告、赠品、店标、陈列、示范、展销等也都属于促销策略范围。一个好的促销策略，往往能起到多方面作用，如提供信息情况，及时引导采购；激发购买欲望，扩大产品需求；突出产品特点，建立产品形象；维持市场份额，巩固市场地位，等等。

一、促销策略的分类

根据促销手段的出发点与作用的不同，可分为两种促销策略：

（一）推式策略

推式即以直接方式，运用人员推销手段，把产品推向销售渠道。其作用过程为，企业的推销员把产品或劳务推荐给批发商，再由批发商推荐给零售商，最后由零售商推荐给最终消费者。

该策略适用于以下几种情况：(1) 企业经营规模小，或无足够资金用以执行完善的广告计划。(2) 市场较集中，分销渠道短，销售队伍大。(3) 产品具有很高的单位价值，如特殊品、选购品等。(4) 产品的使用、维修、保养方法需要进行示范。

(二) 拉式策略

采取间接方式，通过广告和公共宣传等措施吸引最终消费者，使消费者对企业的产品或劳务产生兴趣，从而引起需求，主动去购买商品。其作用路线为，企业将消费者引向零售商，将零售商引向批发商，将批发商引向生产企业。

这种策略适用于：(1) 市场广大，产品多属便利品。(2) 商品信息必须以最快速度告知广大消费者。(3) 对产品的初始需求已呈现出有利的趋势，市场需求日渐上升。(4) 产品具有独特性能，与其他产品的区别显而易见。(5) 能引起消费者某种特殊情感的产品。(6) 有充分资金用于广告。

二、促销策略制定的影响因素

(一) 促销目标

企业在不同时期或不同地区、经营的目标不同，促销目标也不尽相同，无目标的促销活动收不到理想的效果。因此促销策略的制定，要符合企业的促销目标，并根据不同的促销目标，采用不同的促销策略。

(二) 产品因素

(1) 产品的性质。不同性质的产品，购买者和购买目的不相同。因此，对不同性质的产品必须采用不同的促销策略。

(2) 产品的市场生命周期。促销目标在产品市场生命周期的不同阶段是不同的，这决定了在市场生命周期各阶段要采用不同的促销策略。

(三) 市场条件

市场条件不同，促销策略也有所不同。从市场地理范围大小看，若促销对象是小规模的本地市场，应以人员推销为主；而对广泛的全国甚至世界市场进行促销，则采用广告形式。从市场类型看，消费者市场因消费者多而分散，多数靠广告、销售促进等人员推销形式；而对用户较少，批量购买、成交额较大的生产者市场，则主要采用人员推销形式。此外，在有竞争者的市场条件下，制定促销策略还应考虑竞争者的促销形式和策略，要有针对性地适时调整自己的促销策略。

(四) 促销预算

企业开展促销活动，必然支付一定的费用。费用是企业经营十分关心的问题，并且企业能够用于促销活动的费用总是有限的。因此，在满足促销目标的前提下，要做到效果好而费用省。企业确定的促销预算应该是企业有能力负担的，同时是能够适应竞争需要的。为了避免盲目性，在确定促销预算时，除了考虑营业额的多少，还应考虑到促销目标的要求，产品市场生命周期等其他影响促销的因素。

三、常见的促销策略

（一）人员促销

人员促销是指企业派出推销人员直接与顾客接触、洽谈，宣传商品，以达到促进销售目的的活动过程。它既是一种渠道方式，也是一种促销方式。人员促销有如下几个特点：

1. 人员促销具有很大的灵活性

在推销过程中，买卖双方当面洽谈，易于形成一种直接而友好的相互关系。通过交谈和观察，推销员可以掌握顾客的购买动机，有针对性地从某个侧面介绍商品特点和功能，抓住有利时机促成交易；可以根据顾客的态度和特点，有针对性地采取必要的协调行动，满足顾客需要；还可以及时发现问题，进行解释，解除顾客疑虑，使之产生信任感。

2. 人员促销具有选择性和针对性

在每次推销之前，可以选好具有较大购买可能的顾客进行推销，并有针对性地对未来顾客做一番研究，拟定具体的推销方案、策略、技巧等，以提高推销成功率。这是广告所不及的，广告促销往往包括许多非可能顾客在内。

3. 人员促销具有完整性

推销人员的工作从寻找顾客开始，到接触、洽谈，最后达成交易。除此之外，推销员还可以担负其他营销任务，如安装、维修、了解顾客使用后的反应等，而广告则不具有这种完整性。

4. 人员促销具有公共关系的作用

一个有经验的推销员为了达到促进销售的目的，可以使买卖双方从单纯的买卖关系发展到建立深厚的友谊，彼此信任，彼此谅解。这种感情增进有助于推销工作的开展，实际上起到了公共关系的作用。

（二）广告策略

广告作为促销方式或促销手段，是带有浓郁商业性和艺术性的综合体。虽然说广告并不一定能使产品成为世界名牌，但是没有广告，产品肯定不会成为世界名牌。成功的广告可使默默无闻的企业和产品名声大振，家喻户晓。

广告媒体，也称广告媒介，是广告主与广告接受者之间的连接物质。它是广告宣传必不可少的物质条件。广告媒介并非一成不变，而是随着科学技术的发展而发展。科技的进步，必然使得广告媒介的种类越来越多。体育行业常见的广告媒体的种类有：报纸、杂志、广播、电视、互联网、邮寄广告、基于地点的广告，以及附着在产品上的广告。

（三）公共关系策略

公共关系是一门“内求团结，外求发展”的营销管理艺术，是一项与企业生存发展休戚相关的事业。公共关系的活动方式，是指以一定的公关目标和任务为核心，将若干种公关媒介与方法有机地结合起来，形成一套具有特定公关职能的工作方法系统。按照公共关系的功能作用不同，公共关系的活动方式主要有五种：宣传性公关、征询性公关、交际性公关、服务性公关、赞助性公关。

开展公共关系活动，其基本程序包括调查、计划、实施、检测四个步骤。通过公关关系活动的具体实施，能够了解和掌握社会公众对企业决策与行为的意见，能够衡量和评估公关活动的效果。在肯定成绩的同时，也能发现新问题，为制定和不断调整企业的公关目标、公关策略提供重要依据。

四、促销手段和促销方式

（一）降价式促销

降价式促销就是将商品低于正常的定价出售。其运用方式最常见的有库存大清仓、节庆大优惠、每日特价商品等方式。

（1）库存大清仓：以大降价的方式促销换季商品或库存较久的商品、滞销品等。

（2）节庆大优惠：新店开张、逢年过节、周年庆时，是折扣售货的大好时机。

（3）每日特价品：由于竞争日益激烈，为争取顾客登门，推出每日一物或每周一物的特价品，让顾客用低价买到既便宜又好的商品。低价促销如能真正做到物美价廉，极易引起消费者的“抢购”热潮。

（二）有奖式促销

顾客有时总想试试自己的运气，所以“抽奖”是一种极有效果的促销活动，因为抽奖活动一定会有一大堆奖品，如彩色电视机、洗衣机等。这样的奖项，是极易激起消费者参与兴趣的，可在短期内对促销产生明确的效果。通常，参加抽奖活动必须具有某一种规定的资格，如购买某特定商品，购买某一商品达到一定的数量，在店内消费达到固定金额，或某一特定问题答对者。另外，需要注意的是，办抽奖活动时，抽奖活动的日期、奖品或奖金、参加资格、如何评选、发奖方式等务必标示清楚，且抽奖过程需公开化，以增强消费者的参与热情和信心。

（三）打折式优惠

一般在适当的时机，如节庆日、换季时节等打折以低于商品正常价格的售价出售商品，使消费者获得实惠。

（1）设置特价区，就是在店内设定一个区域或一个陈列台，销售特价商品。特价商品通常是应季大量销售的商品或为过多的存货，或为快过保质期的商品，或为外包装有损伤的商品。注意不能鱼目混珠，把一些变质损坏的商品卖给顾客。否则，会引起顾客的反感，甚至会受到顾客投诉。

（2）节日、周末大优惠，即在新店开业、逢年过节或周末，将部分商品打折销售，以吸引顾客购买。

（3）优惠卡优惠，即向顾客赠送或出售优惠卡。顾客在店内购物，凭手中的优惠卡可以享受特别折扣。优惠卡发送对象可以是由店方选择的知名人士，也可以是到店购物次数或数量较多的熟客，出售的优惠卡范围一般不定，这种促销目的是为了扩大顾客群。

（4）批量作价优惠，即消费者整箱、整包、整桶或较大批量购买商品时，给予价格上的优惠。这种方法一般用在周转频率较高的食品和日常生活用品上，可以增加顾客一次性购买商品的数量。

（四）竞赛式促销

竞赛式促销是融动感性与参与性为一体的促销活动，由比赛来凸显主题或介绍商品。除了可打响商品的知名度以外，更可以增加销售量，如喝啤酒比赛等。此外，还可举办一些有竞赛性质的活动，如卡拉OK比赛等，除了可热闹卖场之外，也可借此增加顾客对零售店的话题，加深顾客对零售店的印象。

（五）展览和联合展销式促销

这是说在促销之时，商家可以邀请多家同类商品厂家，在所属分店内共同举办商品展销会，形成一定声势和规模，让消费者有更多的选择机会；也可以组织商品的展销，比如多种节日套餐销售等等。在这种活动中，通过各厂商之间相互竞争，促进商品的销售。

（六）焦点赠送式促销

想吸引顾客持续购买，并提高品牌忠诚度，焦点赠送是一种非常理想的促销方式。这一促销活动的特色是消费者要连续购买某商品或连续光顾某零售店数次后，累积到一定积分的点券，可兑换赠品或折价购买。

（七）赠送式促销

赠送促销便是在店里设专人对进店的消费者免费赠送某一种或几种商品，让顾客现场品尝、使用。这种促销方式通常是在零售店统一推出新商品时或老商品改变包装、品位、性能时使用。目的是迅速向顾客介绍和推广商品，争取消费者的认同。

五、小结

在促销竞争中，要想在战争前把对手置于死地，就需要战略性地提早规划。实际上，需要从以下三方面做好准备：战略上，应从行业研究入手，充分地分析行业竞争的根本，并根据自身实力，制定有效的促销策略，注重“推力”和“拉力”的协调配合，顺应消费者需求和渠道自然力量，以最少的投入取得更大的促销效果。管理上，当促销职能成营销部门常规工作时，人们往往只记得通过促销把商品卖出去，而忘记促销是为了凸显商品或服务的价值。消费者需求是多方面的，既是理性的，也是感性的，促销活动需要满足客户的这种心理需求。促销管理也与一般管理有相通性，需要明确目的、制定计划、过程管理、结果评价。缺少一个环节，都会造成促销的浪费和无效。

第七章 体育广告

【案例导入 7-1】

乔丹（Jordan）与耐克（NIKE）的世纪“联姻”

耐克为全球第一大体育用品制造商，2016 年的总营收为 334 亿美元，旗下的各类广告代言人群星荟萃。但却有一人是最为特殊的，他不仅拥有耐克最长的广告代言合同，同时是唯一一个不使用有耐克通用的“钩子”标示，而是拥有自己专属“飞人”标示和品牌名称“Air Jordan”（特别说明，这里的品牌专指 Air Jordan，而不是中国的“乔丹”牌），他就是被誉为最伟大的篮球运动员，迈克尔·乔丹。耐克和乔丹被称为体育广告最伟大的一次合作，造就了两个传奇。

1984 年，乔丹从北卡罗来纳大学退学，提前进入 NBA 加盟公牛队。虽然他已经两度当选全美最佳大学生球员，得过一次 NCAA 冠军，在洛杉矶奥运会上光芒四射，但在职业圈里乔丹能否成为巨星，仍然不能下定论。只有乔丹的经纪人法尔克对他满怀信心，这个精明的生意人希望乔丹能给他带来财富，按照规定，经纪人可从他代理的运动员合同中提取 4%的报酬。法尔克一直想找一家运动鞋公司去包装他旗下的球员，而且要出大价钱。当时美国运动鞋市场虽已由匡威、阿迪达斯和耐克三分天下，但老名牌匡威依然名气最响，20 世纪 80 年代如日中天的两位巨星伯德和“魔术师”约翰逊都在匡威旗下。然而，那时运动鞋公司与球星所签合同的金额并不高，“天钩”贾巴尔创下与运动鞋签约的天价，阿迪达斯给他的一年报酬也只有 10 万美元。法尔克希望阿迪达斯能给乔丹更多的报酬，至少应该达到 100 万美元，但销售量正在大幅赶超匡威的阿迪达斯看不上乔丹。他再找匡威，同样遭到拒绝，他们都不相信这种前所未有的方式能带来回报，何况法尔克代理的詹姆斯·沃西已有前车之鉴。这时候，耐克向乔丹伸出了手。法尔克不相信耐克，乔丹也不喜欢耐克。在大学里，阿迪达斯就曾资助过乔丹。然而，与耐克官员见面之后，乔丹一下子就喜欢上了那个“钩子”。更重要的是耐克在签约和推销方面的全新理念打动了乔丹，只有耐克肯出大价钱。他不仅可以每年从那里取得上百万的报酬，而且可以从运动鞋销售额中提成。其实，耐克是在进行一场赌博，他们认定乔丹能成为空前绝后的“飞人”，一个 1972 年刚刚成立的运动品牌小厂，一个初入 NBA 赛场的青年，谁都不知道从他们相遇的那一刻起，就是传奇的开始。

耐克为乔丹成功地推出“Air Jordan”系列，每一代乔丹鞋差不多都代表着乔丹当年的职业生涯。“气垫”在英语中正好是 air，与“航空”为同一词，让人联想到乔丹在空中飞行。“飞人”很快成为乔丹的绰号。第一代乔丹鞋默默无闻地诞生了，它只是耐克第一代高帮鞋“气垫船”的翻版，不过加上了红边而已。但耐克真正的革命却是对乔丹的广告包装。从1985年开始，一部名为“飞人乔丹”的系列广告片在全美各地电视台播出，乔丹在芝加哥上空飞翔、扣篮，“谁说他不是在飞?”的广告语深入每一个人的脑海。

当年，“Air Jordan”系列在美国的销售额就达到1.3亿美元。耐克在70年代中期的销售额仅1000万美元，到70年代末就达到2.7亿美元，而乔丹的加入无疑使耐克又加上一截推进器。随着一代又一代革命性的“Air Jordan”推出，耐克的销售额呈几何级增长。到90年代初，仅“Air Jordan”系列的销售就创下2亿美元纪录，而耐克产品遍地开花，总销售额达到40亿美元。当时，每3个美国人脚上就有一双耐克鞋，每两双跑鞋中就有一双打着“钩”。从1984年到1998年，耐克共推出14代“Air Jordan”，每一代都继承了前一代的优点，同时在式样、色彩、选材等各方面都有革新。虽然耐克也同时推出许多不同型号的运动鞋，但“Air Jordan”无疑引领着美国运动鞋发展的潮流。到第6代诞生时，它那全黑色的鞋面奠定了90年代运动鞋发展的最新方向，第7代则更加突出黑底红边的两个色彩，因为那时公牛队已经踏上了3连冠的道路，公牛的红黑两色成为NBA最新代表色。第12代则是乔丹复出后最流行的式样，其黑皮鞋帮上有光芒四射的花纹，乔丹的球王地位被表现得淋漓尽致。

1995年乔丹第一次复出之后，他的形象更加高大完美，但耐克没有脱离现实地宣传乔丹“神”的一面。在1996年一则广告中，乔丹流着汗对观众说：“说我老了吧，说我再也不能飞吧……”几乎在这则广告家喻户晓的同时，乔丹夺得了他复出后第一个总冠军。1997年，乔丹又在广告中和联合中心工作人员的一一问候声中默默走进球馆，当大门在他背后关上时，观众得到这样一个印象：乔丹还行吗？他还能为他的球迷带来冠军吗？工作人员每一个期待的眼神，都是对乔丹的默默支持。随着乔丹名气越来越大，经纪人法尔克对耐克的合同渐露不满。1987年，他怂恿乔丹离开耐克，与两位著名的设计师合伙创立自己的公司。为了挽留乔丹，耐克同他和法尔克进行了数次激烈的谈判，奈特亲自出阵，他提醒乔丹说，想与他合作的设计师是想利用他的名声，在未来同耐克对抗。经过讨价还价，乔丹终于答应继续与耐克合作，让耐克为他今后的职业生涯包装。耐克本来打算用一份10年合同包下乔丹今后10年的职业生涯，但法尔克不愿意，新合同期限为7年，乔丹可获得1800万美元的保证金，然而，耐克每卖出一双“Air Jordan”，乔丹就要提走售价的5%。

乔丹和耐克的结合是体育与商业的一次完美的姻缘，而乔丹对耐克的忠心，从1992年奥运会领奖服风波可见一斑。

正当“梦之队”向男篮冠军乘胜挺进时，美国奥委会突然宣布，如果“梦之队”中几位与耐克签约的明星——乔丹、巴克利、罗宾逊、斯托克顿、皮蓬和穆林不愿穿由锐步(Reebok)生产的指定领奖服上台领取金牌，那么他们就不得在发奖仪式上露面。乔丹坚决表示：“我决不会穿锐步上台领奖。”他对美国篮协主席加维特说：“我们不过是被招募来打球，我们都有各自的赞助商，你怎么能把领奖服指定给某一家厂商呢？”巴克利也拥护乔丹的主张。那时，耐克在NBA已经拥有深厚的基础，324名球员中，有200人穿耐克鞋打球，其中约80人与耐克有合同。美国篮协只好作了妥协，宣布“可以在不损坏领奖服表面的情况下，不露出领奖服的品牌标志”。“有人提议，最好用别针夹住”。就在领奖前不久，法尔克突然来了主意。当“梦之队”走出更衣室时，乔丹和巴克利身上披着一面星条旗，巴克利还用别针将国旗固定在裤子上，把锐步商标一个不漏全部盖住，可惜当时只找到三面星条旗。

1999年1月14日，乔丹第二次离开了NBA球场，消息传出当天，耐克的股票就下跌5.3%，每股损失2.375美元。

退役后的乔丹不会与耐克分手。奈特说，乔丹将像以往那样亲自参与新产品的开发。事实上，从乔丹在1984年与耐克结缘开始，他就亲自过问每一件与自己有关的产品，那时耐克每年只给他50万美元。第一年“Air Jordan”就获得1亿3千万美元的销售收入，到1988年，“Air Jordan”的年销售额已达3亿5千万美元。1998年耐克的全球销售额为92亿美元，在5年内翻了两番还多，其中近4%为“Air Jordan”。

然而就在2001年，“9·11”事件后，乔丹打着拯救美国人民心灵的旗号再度复出，并把自己的年薪“100万”捐给灾民。彼时，他已不再是那个上帝了，虽然依旧能飞，能在单场拿下55分，但谁都知道，他老了，不可能再得总冠军了。2003年，篮球之神在全明星赛第一个加时赛末投中了他标志性的“最后一投”之后，也在那个赛季之后，永远告别了他所热爱的NBA赛场，以老板的形式继续着他在NBA的旅程。经历了乔丹之前的两次退役，耐克在乔丹第三次退役之前对此就精心准备。他们的下一步策略，就是不再过多宣传乔丹在篮坛的成就，而是以一个普通人的形象对他做深入挖掘，期望乔丹的魅力永存。耐克与乔丹的姻缘，还有很长的路要走。

案例导读：

1. 商业化的运作和激励机制

乔丹作为一名运动员，在他纵横球场和商场16年里，成为全世界最成功的职业体育明星和商业体育明星。作为他的赞助商，耐克看好这个极有潜质的小伙子，开出了非常优厚的条件，并且说将以乔丹为形象，树立他的个人品牌，并且在每双乔丹系列运动鞋的销售中，让乔丹提成。这种特殊条款刺激了乔丹扬名立万的欲望，也为体育商业开了先河。

2. 双赢的品牌效应

耐克以此为契机，借助“飞人鞋”的动力，成为全球最大的体育用品公司，乔丹也成为拥有个人运动鞋品牌的第一人。许多人认为，耐克和乔丹的结合，是现代商业和现代体育最完美的婚姻。

3. 契约精神

乔丹对耐克的忠心其实源自于一种契约精神，存在于商品经济社会，而由此派生的契约关系与内在的原则，是一种自由、平等、守信的精神。

资料来源：瞿优远，苏群．绝版乔丹．珠海出版社，1999.

思考题：

1. 结合材料，试述体育明星效应对体育产品或服务的影响。

2. 结合材料，试述体育产品或服务如何树立品牌效应。

3. 结合材料，试述好的体育广告对于公司和代言的人影响。

第一节 体育广告的基本内涵

一、体育广告的含义

（一）广告的含义

什么是广告？“广告”一词是外来语，在英语中为 advertise，在中古英语时代（1300—1475 年）其基本含义为：注意、诱导、劝告、忠告、通知等。到 17 世纪末，随着英国进行大规模的海外殖民和商业活动，这时的 advertise 也演变成为 advertising，其基本含义也成为：广告、登广告、设计广告的职业或技术等。

通过对广告词源的考察不难看出，最初意义上的广告都是指将非商业性的信息广泛地发散于众。后来，只是随着商品经济发展了，广告才被用来传播商业信息。实际上，由于在一定的历史时期，特别是在西方社会，商品经济比较发达，广告传递商品信息功能被人们所强化了，人们才将广告视为商品经济发展的产物。这就是说，仅从广告一词的发展变化中我们就能看到，社会广告要早于商品广告。但仅从词义变化上了解广告的基本含义来说明它所指的不仅仅是商品广告，还是远远不够的，而现代广告的基本含义比从字面上所理解到的广告的基本含义要丰富多了。现代广告分为狭义广告和广义广告。

所谓狭义广告，也称为盈利性广告，有人称之为经济广告、商业广告，其基本内容为：广告主以付费方式，通过公共媒介对其商品或劳务进行宣传，借以向消费者有计划地传递信息，影响人们对所广告的商品或劳务的态度，进而诱发其行动而使广告主得到利益的活动。

广义广告则被这样表述：广告发布者通过媒体向特定或非特定的广告对象发布的非商品信息，包括政府公告，政党、文化教育团体、宗教团体的启示，个人征婚、挂失、寻物等与日常生活密切相关的信息。这种广告不以营利为目的。

威廉阿伦斯《当代广告学》中的广告定义为：“广告是由可识别的出资人通过各种媒介，通常是有偿的、有组织的、综合的和非人员性劝服的，进行有关产品（商品、服务和观点）的信息传播活动。”这是业界人士比较认可的定义，也是美国市场营销协会对广告的界定，定义中提到了广告主、广告媒介、广告经营和代理的方式与性质，并且认为广告是一个活动过程。

通过以上的对于广告的定义的分析，我们可以得到以下两个方面的结论：

首先，广告活动是一种信息传递活动。广告是人类信息交流的产物。当人们在广告活动中传递的是商品信息时，这类广告就称为商品广告；而传递的是非商品信息时就称为非商品广告。将广告视为一种信息传递和信息交流活动，从这一角度来探讨广告的起源问题，更能科学、合理地揭示广告发展、演变的基本规律，也更容易理解广告活动中不同广告表现形式和不同的广告现象。

其次，从以上所论及的广告所包含的基本内容来看，一个确定意义上的广告，基本上包括广告源、广告信息、媒介、受众（对象）四个基本要素，具备了这四个基本要素，我们就可以称之为广告。但需要说明的是，这种意义上的广告，是较成熟的广告。原始意义的广告构成要素可能有所欠缺，因为广告在其发展过程中，本身也有一个演变和完善的过程。尽管如此，这四个基本要素仍是我们判定基础广告形态的基本依据。

（二）体育广告的含义

体育广告是广告的一种，其基本的属性也脱离不了广告的属性。结合之前的对于广告的含义的阐述，我们首先讲体育广告中最核心的要素“体育”。从广义的角度来讲，简单来说，一切印着体育元素的广告都叫作体育广告。与体育实体有关的公告、宣言等也属于体育广告的范畴。从狭义的角度来看，体育广告通常是广告主以付费的形式，通过各种媒介，运用体育元素通过体育活动进行产品（商品、服务和观点）的信息传播活动。

除此之外还有一些对于体育广告其他方面的定义：

国家体育总局课题组定义：体育广告是指体育行业和非体育行业的广告客户以公开付费的方式，通过各种媒体或以体育活动为载体传递体育商品或其他商品劳务信息，从而影响消费者的消费行为，促进销售，使广告客户获得利益的活动。

高等教育出版社的定义：体育经营单位和非体育经营单位支付一定的费用，以不同的主客体形式，通过一定的媒介向市场传播信息，以促进产品或劳务的方式。

我们还可以这样来理解体育广告，其是客户以付费方式有计划地通过与体育活动密切相关的媒体或形式向公众传递商品、劳务和其他方面的信息，以期达到特定目的的大众传播活动。

这里我们选取的关于体育广告的定义来自《国家体委关于国家体委各直属企事业单位、单项体育协会通过体育广告、社会赞助所得的资金、物品管理暂行规定》，即体育广告是指凡为国际、国内体育活动提供资金、器材、产品用以开展广告宣传的，包括体育场馆广告、印刷品广告、实物广告、冠杯广告、冠队广告均属体育广告。

二、体育广告的类别

一般来讲，体育广告的要素都会参照广告的类别分类，如果按照内容进行分类就包括商品广告、劳务广告、文娱广告、公务广告、社会广告、公益广告等。如果按照媒介、区域进行分类就包括形象类、家用电器类、食品类、饮料类、家庭及个人用品类、办公设备及用品类、医疗器材药品类、服务类、房地产及家具建筑材料类、交通工具及器材类、衣物饰品类、其他类。

体育广告都可以出现在上述广告类别当中，参照上述分类结合体育广告的定义将体育广告分为体育用品广告、体育赞助营销广告、体育赛事广告、体育公关广告、名人体育广告、体育文艺表演广告、体育信息广告及其他八个类别。

三、体育广告的特点

体育运作历史悠久、影响力大、影响范围广、影响时间长、深入现代人们生活的各个层面。一项影响力大的体育赛事比如奥运会、世界杯足球赛可以受到全世界一半以上的人口的注意。由于体育运动的高竞争性和高娱乐性，产生出具有广泛号召力的体育明星，他们的各项选择和个人爱好，往往对体育爱好者产生强烈的引导作用。因此，体育广告作为一种特殊的行业广告，与一般广告相比有其独特的特点（见图 7-1）。

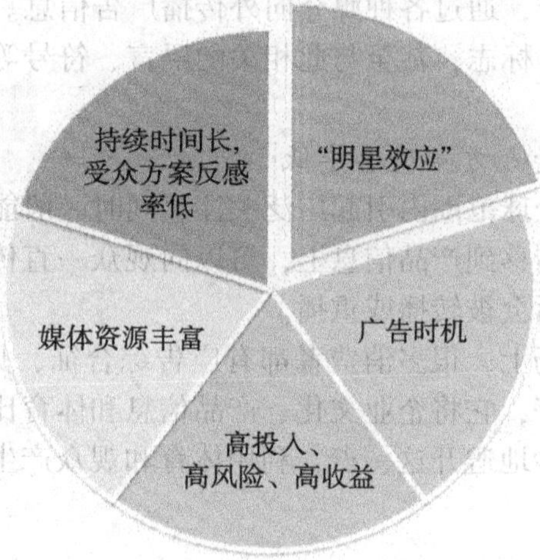

图 7-1 体育广告的 5 个特点

（一）“明星效应”

明星经济是经济社会发展过程中一种很自然的社会现象，是人的价值的最大化的使用，正是在这样的一种形势下，体育广告往往挑选体育明星作为广告中的模特。体育广告的明星效应明显是体育广告最大的特点之一。

随着现代体育运动的不断发展，体育职业化的趋势越来越明显，这种趋势将进一步加深体育广告中的“明星效应”。这将体现在两个方面：一是职业化的体育明星将具有更大的号召力，从而使广告的“明星效应”更为突出；二是体育职业化的经营主体——体育俱乐部因为其经营的需要，会努力树立与众不同的企业形象，注重其广告效应，从而为体育广告的“明星效应”增添光彩。

（二）广告时机

国际体坛定期举行的大型体育赛事吸引了众多参赛国家和参赛团体，也因此吸引了全球各地体育爱好者的注意，一项具有广泛群众性的体育赛事就像一个盛大的节日。研究表明，在这期间，人们以极大的兴趣关注着体育赛事的各个方面，对广告的印象也比平时深得多。如此巨大的诱惑，每到大型的体育比赛期间，世界各大商家都要使出浑身解数，在广告台上争得一席之地，利用大型体育赛事来推广品牌，以期取得更大的经济效益和广告效果。

（三）高投入、高风险、高收益

体育广告不仅需要向各种广告媒介支付费用，而且要向体育明星体育团体等广告模特支付高昂的出场费、使用费和其他费用，因而其初始投资远远高于其他广告。当然精明的广告主自然清楚，高投入的回报将是令人振奋的高收益。体育广告的收益固然不小，但一旦广告失败，达不到预期目的，造成的损失也是相当大的。

（四）媒体资源丰富

体育广告在广告的对象、内容和目的等方面与一般的广告没有多大的区别，但在广告的媒体上却有十分明显的差别。体育广告的媒体很多，商家和广告商往往挖空心思地寻找和开发一切可用的广告媒介，通过各种媒介向外传播广告信息。运动员、体育组织、运动队、比赛场地、比赛名称、标志，甚至与此相关的语言、符号等都受到保护，都能产生巨大的广告效果和经济效应。

（五）持续时间长，受众方案反感率低

大型的体育比赛能在全球范围内引起广泛关注，同时一般能够持续较长的周期。商家通过体育广告将这种关注转移到产品信息上，可以向观众一直传播要传播的信息，甚至当比赛结束后，在若干时间后会被转播或重播。

在现在广告泛滥的市场上，很多消费者都有广告综合征，见到广告就产生抵触情绪。有的体育广告制作得非常好，它将企业文化、产品信息和体育比赛融合在一起，让人感觉不到很浓的商业气息，巧妙地避开这一点，利用体育和观众产生共鸣，让观众对产品产生好感。

四、体育广告的形式

体育领域中的广告形式五花八门，有的甚至表面上毫不关联，但最终目的都是一样，那就是通过体育传递信息，扩大赛事本身或者广告产品的知名度。

《国家工商行政管理局、国家体委关于加强体育广告管理的暂行规定》指出："凡为国际、国内体育活动提供资金、器材、产品用以开展广告宣传的，均属体育广告。包括：体育场馆广告：在体育场馆内设置的立牌广告、横幅广告、电子记分牌广告、气球广告及在比赛路线沿途设置的各种临时性广告；印刷品广告：在体育活动的成绩册、画册、纪念册、秩序册、明信片、信纸、信封、票证等物品上印刷的广告；实物广告：在运动服装、用具、器械、纪念品、礼品上带有广告宣传作用的商标名称或企业名称；冠杯广告：以商标名称或企业名称作为体育比赛奖杯名称；冠队广告：以商标名称或企业名称作为体育运动队名称。"

《国家体委关于国家体委各直属企事业单位、单项体育协会通过体育广告、社会赞助所得的资金、物品管理暂行规定》明确定义了体育广告："本规定所称的体育广告，是指凡为国际、国内体育活动提供资金、器材、产品用以开展广告宣传的，均属体育广告。它包括体育场馆广告、印刷品广告、实物广告、冠杯广告、冠队广告。"由以上两个文件我们可以看出，体育广告的形式主要包括以下四个方面：

（一）体育赞助

市场经济条件下，随着体育产业的深入发展，越来越多的厂商都认识到体育背后蕴藏着无限的商机，认识到体育赛事是品牌的最好广告载体。投资体育产业的企业也将获得很好的回报，赞助体育活动的方式因此应运而生。以赞助体育为主导，辅以其他手段的综合沟通手段，通过体育来宣传自己的形象和品牌正在成为现代企业的时尚，被越来越多的企业采纳，并乐此不疲。事实也表明，这种方式符合企业利益，符合企业发展潮流。

（二）产品广告

广告商利用体育比赛或体育活动的时机直接宣传自己的产品，或者在有关体育的传播媒介（如体育报刊、体育广播、体育电视等）中做商品广告。这是体育领域中最常见的商业广告形式。一般多为生产与体育运动有关的产品的企业所采用。但随着体育逐渐深入人们日常生活，与体育无直接联系的产品也开始借助体育大做广告。

（三）经营体育俱乐部

一些有实力的企业或企业家通过直接经营一家高水平的体育俱乐部来提高自己的企业的知名度，从而达到无形广告的目的。目前这种形式在我国的足球职业化过程当中比较盛行，但这种企业直接经营体育俱乐部是不是最佳选择，这种形式能够持续多久则是一个问题。企业的最终目的是追求利润的最大化，体育俱乐部作为一个独立的经营实体，如果不能给经营者最终带来利润，即使考虑到了它所起的广告作用，它也不可能长久存在。因为这种亏损难以预测其规模，不像广告费用那般容易计划和控制，风险极大，经营者是不可能长久地负担这样的亏损的。国际体坛中一些著名的体育俱乐部因经营不善而变更所有者就证明了这一点。

（四）冠名权以及商业赠品

严格来说，这两种广告形式都可归结为体育赞助，但有一定特点。前者是由一家广告商对某项体育赛事的名称进行独占，冠以广告商指定的名称，从而增强广告效果，当然这种广告形式耗资也相对较大；后者是指企业将自己的产品以免费赠送的形式提供给体育运动员或体育团体，以期达到广告目的，也常被归结到特种广告一类中。

第二节 体育广告的功能

一、广告功能的演进

广告的功能是指广告的基本效能，是广告以其所传播的内容对所传播的对象和社会环境所产生的作用和影响。在不同的经济社会发展阶段，广告被赋予了不同的功能，这里我们将现代广告的功能演进划分为三个阶段：

（一）企业导向阶段：传播的一元功能

广告理论酝酿于生产观念和产品观念时期，成长于推销观念时期。1900 年美国学者哈洛·盖尔在多年广泛调查研究的基础上写成《广告心理学》一书。1901 年，美国西北大学校长、心理学家瓦尔特·狄尔·斯科特在芝加哥的一次集会上，首次提出要把广告活动和广告工作的实践发展成为科学。1903 年，他写成《广告原理》一书，书中首次提出了科学广告的一般原则，第一次把广告当作一种学术理论来探讨。

这一时期的广告研究，是一切以企业为中心，包括生产观念、产品观念和推销观念。生产观念是以生产者为中心的企业经营思想，认为消费者会接受任何买得到、买得起的产品。因此，经营者主要注意力集中在追求生产率和建立广阔的销售网络上。产品观念是以产品为中心的企业经营指导思想，认为产品是最重要的因素，消费者总是喜欢质量最优、性能最好的产品。在这种观念的指导下，企业往往把注意力放在产品的精心制作上，根本不去考虑市场上的消费者是否真正接受这种产品。推销观念是以销售为中心的企业经营指导思想，认为消费者通常有购买迟钝或抗拒购买的表现，如果听其自然，消费者不会购买本企业太多的产品。因此，企业必须大力开展推销和促销活动，刺激消费者购买。

（二）消费者导向阶段：传播、营销相统一的二元功能

消费者导向阶段是广告理论的成熟时期。20 世纪 40 年代，罗瑟·瑞夫斯提出了“独特的销售说辞”理论，在这个被称作“产品至上”的时代，曾经一度执广告理论的牛耳。随后，形象时代到来，大卫·奥格威、李奥·贝纳、韦伯·扬、威廉-伯恩巴克等来自广告行业一线的广告大师，结合各自多年丰富的广告实践，以各种方式，夯实了广告理论大厦。大卫·奥格威创立了品牌形象理论，李奥·贝纳建立和发展了“芝加哥广告学派”。韦伯·扬贡献了广告创意“组合说”，威廉·伯恩巴克的广告理论被总结为 ROI 论……这些理论不仅在广告实践领域产生了巨大的经济效益，也作为现代广告理论中的经典而被后人传诵。20 世纪 70 年代。艾里斯和杰·特劳特提出“定位”概念，并写了一系列名为《定位时代》的文章，倡导起定位理论。

消费者导向阶段的核心营销观念是市场营销观念，认为要达到企业目标，关键在于断定目标市场的需要，并且比竞争者更有效地满足顾客的需求，被公认为是现代市场营销学的“第一次革命”。这一次革命要求企业把市场在生产中的位置颠倒过来，过去市场是生产过程的终点，而现在市场则成为生产过程的起点；过去是“以产定销”，而现在是“以销定产”；过去高压式的“硬卖”转变为现在诱发式的“软卖”。整个营销活动建立在如何满足消费者需要的基础上。以市场为出发点、以顾客为中心、整合营销、盈利性是市场营销观念的四大支柱。

（三）社会导向阶段：多元化功能

20 世纪 70 年代以后，以消费者为中心的营销观念得到发展，逐渐演变为社会营销观念，认为企业要正确处理消费者欲望、企业利润和社会整体利益之间的矛盾，统筹兼顾，求得三者之间的平衡与协调。20 世纪 80 年代由当代市场营销学泰斗、美国西北大学教授菲利浦·科特勒提出的大市场营销将市场营销组合从战术营销转向战略营销，被称为市场营销学的“第二次革命”。此后，定制营销、服务营销、网络营销、观念营销、文化营销、体验营销、概念营销、绿色营销等一些新的营销观念便层出不穷，竞相辉映。

站在广告发展的历史角度看，现有的广告理论框架基本构建于以报纸、杂志、广播、电视为代表的传统媒体时代。广告的功能角色也经历了早期的告知、劝服，以及 20 世纪 60 年代开始的诱导、20 世纪 90 年代开始的沟通等功能。变化都取决于社会生产力进步带来的市场竞争需求，以及传播技术带来的媒体创新发展。进入 20 世纪 80 年代，互联网开始了民用阶段。互联网的普及不仅把消费者的时间和注意力从传统媒体转向电脑屏幕和手机屏幕，Web2. 0 和全球繁荣发展的社会化媒体更让消费者产生了深刻变化。

广告功能的演进如图 7-2 所示。

二、现代体育广告的功能

体育广告是传播活动中的一种事物，也是经济活动中的一种促销方法。这就是说，它可以达到促进社会生产力不断提高和推动社会经济不断发展的目标。同时，体育广告对于

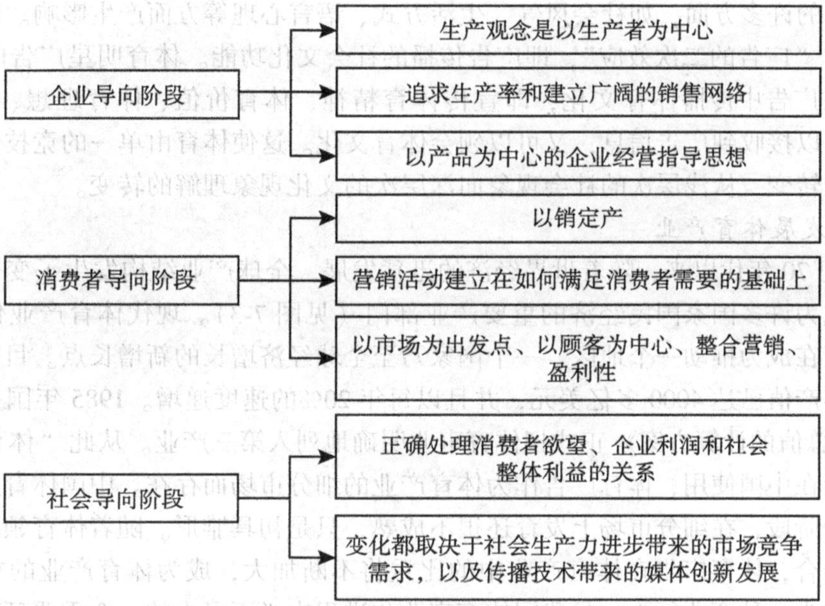

图 7-2 广告功能的演进

体育本身的发展也是有益的。具体表现在以下五个功能。

（一）树立企业形象

企业形象是企业在公众脑海中形成的印象或影响，是企业一种无形资产。完美的企业形象是企业成功的前提，也是企业在市场竞争中取胜的有力武器。企业形象不会很快给企业带来经济效益，但它能创造良好的社会效益，获得社会的认同感、价值观，最终会得到由社会效益转化而来的经济效益，是宝贵的财富。在激烈的市场竞争中，人们越来越认同这样一个道理：企业独有的文化特征，及通过它们而塑造的企业形象，可以提高企业的社会认知度，给企业带来经济效益。许多知名公司纷纷选择体育明星作为形象代言人，把运动员青春、健康的精神风貌作为体现公司形象或产品质量的载体，持续地通过大众传播媒介，以广告的形式向消费者传播信息，使更多的消费者对企业逐步形成良好的总体形象和较高的综合评价，使企业形象定位在预想的层次上。企业形象广告诉求的总体是企业，选择家喻户晓的体坛明星做广告，可让公众对企业产生熟悉感、亲切感、信赖感。企业形象广告一旦见效，将惠及企业所有产品。因为消费者对一个企业产生信赖，便会对它所有的产品都深信不疑，成为该企业所有品牌产品的购买者。

（二）传播体育文化

现代商业广告是一种出于经济目的的说服性传播，它为了有效地完成经济使命，以生动形象、震撼人心的方式来表现，因而具有文化形态特征。现代广告拥有广大的受众，传播广泛，影响巨大，是社会大众文化不可忽视的一个组成部分。广告既然是经济目的与文化形态合为一体的，因而必然具有经济与文化的双重功能，肩负着经济与文化的双重社会使命。在经济与文化呈现一体化趋势的今天，文化在整个经济发展、商品产销中的作用日益增强。体育广告除了具有传递信息、树立企业形象、促进销售等一般广告功能以外，还对社会生活的许多方面，如社会风气、生活方式、语言心理等方面产生影响。西方社会学者把这叫作“广告的二次效应”，即广告传播的社会文化功能。体育明星广告的“二次效应”就是在广告中传播体育文化，即宣传体育精神、体育价值、体育理想、体育道德，使人们既可以接收到广告信息，又可以领会体育文化。这使体育由单一的竞技健身功能向多元化功能转变，从浅层次的社会现象向深层次的文化现象理解的转变。

（三）发展体育产业

20 世纪 70 年代以来，随着世界经济的迅猛发展，全球产业结构发生了变化，体育产业已发展成为许多国家国民经济的重要产业部门（见图 7-3）。现代体育产业作为一项新兴产业，正在成为推动一个地区、一个国家乃至全球经济增长的新增长点。目前，全球体育产业的年产值已达 4000 多亿美元，并且以每年 20%的速度递增。1985 年国务院颁布的《国民生产总值的计算方案》正式把体育事业明确地列入第三产业。从此“体育产业”这一概念开始在中国使用，体育广告作为体育产业的细分市场而存在。中国体育产业的发展尚处于起步阶段，在细分市场上发育还很不成熟，只是初具雏形。随着体育领域与广告领域的密切结合，体育广告在体育产业中的比重将不断加大，成为体育产业的重要组成部分。广告作为一种商业行为，是我国体育产业化进程中必不可少的一个重要环节。

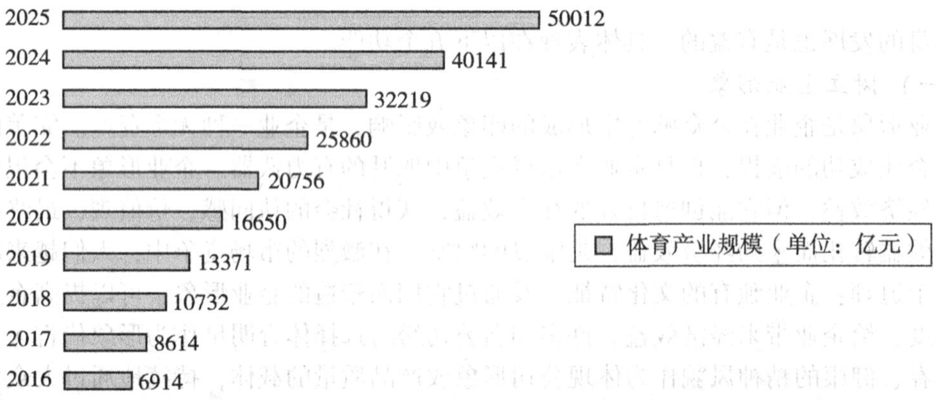

图 7-3　2016—2022 年中国体育产业深度调研及投资前景预测报告

（四）引导社会消费

根据马斯洛的需求理论，人是有需求的，而需求又是有层次的。科特勒的市场营销告诉我们，人们购买行为的产生，主要决定于 3 个方面的因素，即人的需要、欲望和需求。广告除了具有传递信息的功能，还具有劝服和诱导的功能，不断地刺激消费者的需求。当然，广告信息一方面要体现广告主要的愿望，另一方面也不能忽视观众的兴趣，否则这种引导只会与广告目的背道而驰，事倍功半。随着社会的发展，商品种类繁多，新产品层出不穷，一些产品消费者难以辨其优劣。企业通过体育广告可以向消费者介绍其产品的性能和用途，指导他们进行消费。特别是一些非物化产品的竞技体育项目，其市场的潜在文化价值大，更需要好的体育广告来向社会大众介绍这一新型的市场文化，引导广大消费者理性地进行体育这种具有特殊价值的文化消费，并促使他们购买体育用品及体育相关产品。

（五）促进精神文明建设

体育作为人类社会的一种文化形态，具有健康、高尚和文明的显著特性。一个国家的体育发展水平是其民族进步、国家昌盛、社会文明的重要标志。体育精神是体育事业的观念表现，它不仅是体育运动竞技的精神指南，而且是民族精神的重要特征，具有丰富的内涵和特殊的功能，并对我国的精神文明建设产生了深刻的影响。体育具有健身、娱乐和教育的自然属性，以及政治、经济、科研、外交等社会属性。体育的重要属性，构成了它在社会精神文明建设中的独特作用。一则好的体育广告，可以是一件好的艺术品。从广告意义看，大型竞技体育比赛本身就是一种流动的广告风景线，竞赛中运动员各种优美的造型动作其本身就具有陶冶情操、培养爱国主义情感和增强民族凝聚力、培养团结拼搏的集体主义精神的作用。

第三节　体育广告中的明星代言

一、体育明星的广告代言价值

体育明星在社会中具有巨大的影响力和感召力。他们大多代言体育类产品，在广告中往往以专业人士的形象出现，具有很强的说服力。企业选择体育明星作为形象代言人，既能提高产品知名度，树立良好的企业形象，又能快速打开消费市场，促进产品销售。

体育明星较之文艺明星而言，两者都具有很高的公众知名度和关注度。而前者由于和体育密切相关，除了宣传体育运动，倡导健康的生活方式和消费习惯外，在代言领域范围和负面新闻方面远少于后者。

二、体育明星广告的类型

根据企业、商家等广告用户对体育明星广告诉求点的不同，体育明星广告可归纳为新闻效应型、明星名气型、市场定位型和赞助回报型等类型。

（一）新闻效应型

当运动员以其优异成绩取得世界冠军或奥运会冠军的时候，其名字及形象就会连篇累牍地出现在各种新闻媒体上，一时间成为社会公众关注的焦点，这正是企业看中的。对企业来讲，新闻性带动广告价值，受关注程度越高，广告效应越好。但这类广告由于新闻的即时性较强，企业在选择广告对象时过分强调时效性，忽略人物在广告中的精雕细刻，急功近利，创意和制作较为粗糙，广告手法尚处初级阶段。

（二）明星名气型

借助于一些体育明星在公众中的名气，让这些体育明星为其产品做广告，这类广告在早期的体育明星广告中所占比例较大。选择的体育明星不一定都是世界冠军或奥运会冠军，但其形象在公众的心目中早已存在，在很长一段时期他们往往是社会关注的新闻人物或其从事的是社会影响比较大、职业化程度比较高的运动项目。这类广告是通过明星的知名度来提高品牌的知名度，追求的是明星效应，缺乏可信的市场调查和明确的品牌定位，对品牌的未来发展缺乏长期目标，忽略产品品质。

（三）市场定位

按照市场运作规律选择对象，其形象与企业精神、企业文化或产品品质吻合，市场定位清晰的广告。这类广告多为国外品牌，它们有一整套成熟的广告运作模式，包括强大的市场调研（产品开发、定位、品牌认知）和广告模特的选择，是一种理智的商业行为，所获得的广告效益也是非常巨大。

（四）赞助回报型

由于体育的特殊性，还存在着一种回报型广告，即由企业或商家出资赞助运动队或运动员。作为回报条件，该运动队的运动员或教练员为其产品代言。这类广告往往是在企业或商家提供赞助时约定好的。

三、体育明星广告的商业价值策略

（一）明确体育明星在消费群体中的影响力，有针对性地选择代言产品

消费者只有了解并信任体育明星广告代言人，才愿意出钱去购买他们代言的产品或服务。而企业要挑选出具有知名度、美誉度和信誉度的体育明星，就要对消费者进行深入调查，选出他们了解并信任的体育明星作为形象代言人，从而让消费者在心理上接受并认同他们所代言的产品或服务。

（二）体育明星形象要与代言品牌文化契合度高，建立明晰的品牌形象

体育明星代言要遵循的一个原则是，明星体现出来的气质和产品特质代言品牌文化理念高度契合。明星代言对品牌要有清晰的定位，对品牌的文化内涵要有准确的认识，否则不仅起不到提高产品知名度的效果，还可能会产生负面影响。另外，体育明星的代言越多，品牌之间形象区别就越不清晰，代言效应就会降低。尤其是同类产品选择同一位体育明星代言，很容易让消费者混淆，公众记住了明星却淡忘其代言的产品，不利于品牌的形象塑造。应尽可能选择那些商业价值还没有得到充分挖掘，且适合企业品牌文化内涵的体育明星做代言，建立明晰的品牌形象。

（三）体育明星和代言产品之间应建立良好的合作伙伴关系

要想体育明星对自己的品牌“忠心”，更好地履行代言人的责任和义务，代言产品的企业就不能完全从商业和功利角度出发，而应给予体育明星一定的人文关怀。如在安排宣传活动时尽量不和训练、比赛时间起冲突，尽可能给体育明星提供比赛赞助等。这样既能使体育明星深切感受到企业对自己的关心和支持，尽最大努力争取优异的比赛成绩回报企业，又能使企业通过赞助进一步提高产品知名度，树立良好的企业形象，从而实现双赢。

（四）制作符合体育明星形象特质的宣传策略

体育明星作为产品的代言人，还要制作出符合体育明星形象特质的宣传策略，才能使代言的产品在观众心目中留下深刻印象。因此，代言产品企业在制作广告时，应将产品与体育明星的运动成就、形象特质相结合，挖掘广告文化内涵，提升广告艺术创意，通过精美的广告，建立起消费者与体育广告之间思想沟通的桥梁。

（五）加强体育明星代言的风险控制

体育明星作为代言人时，代言产品企业投入了巨大的资本。然而，并不是巨额投入就能得到丰厚回报。体育明星因为生理因素的限制，运动生命周期有限，再加上疾病、个人行为、比赛状态等一些不可预知因素，进一步增加了企业选择体育明星做代言人所承担的风险。因此，企业在与体育明星签订代言合同时，应考虑其取得佳绩和成绩不佳时在代言费用上的差别。同时还应签订约束协议，体育明星一旦有退赛或负面新闻出现，企业有权单方面提前终止合约，并要求赔偿经济损失。企业可以通过这些方式来维护品牌价值，避免因体育明星自身的原因给企业造成损失。另外，由于体育比赛的不确定性，在赛前应充分考虑到各种可能出现的风险。

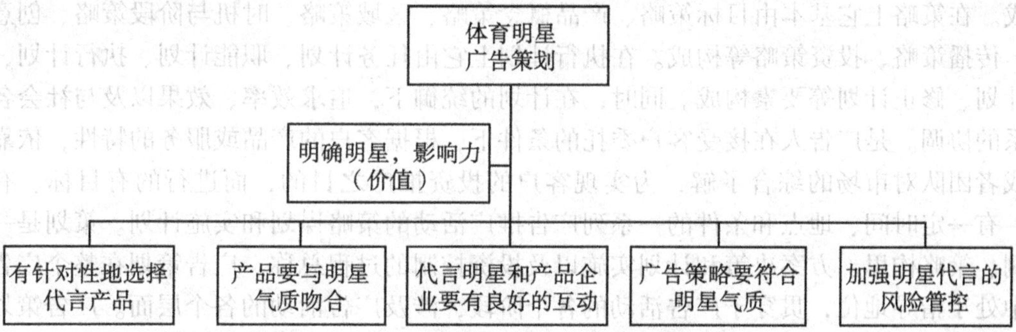

图 7-4　体育明星商业价值的策略

四、体育明星代言广告的缺陷

（一）代言产品与体育明星气质吻合程度要求高

任何产品都有其独特的文化内涵，尤其是体育产品，这不仅是产品质量的重要组成部分，也是必须通过广告宣传将其传递给产品消费者的重要内容。体育明星形象代言广告若是由名人加广告词，将名人和产品简单地叠加起来，毫无内在联系，是得不到观众认可的。若产品仅仅追求的是明星效应，试图通过明星的知名度提高品牌的知名度，则多流于盲目性，缺乏可信的市场调查和明确的品牌定位，对品牌的未来发展没有长期目标，忽视产品质量，这无异于押宝。

（二）消费者会自己定位体育明星的代言尺度

体育明星众多，可具备成为产品形象代言人并被消费者接受的并不多。因为大部分时候，消费者更多地接触到的体育明星是在其所专长的运动赛场拼搏的形象。所以他们在这个时候就会被消费者打上一个专有的标记，形成一个固有印象，他们适合对那个领域的产品进行代言。一旦体育明星代言打破了其固有印象，不但会对其代言产品产生负面影响，甚至会影响其本身的运动形象。

（三）体育明星广告代言产品数量局限

体育明星由于自身特点和形象，决定了其代言的产品不可能像娱乐明星那样多。在消费者眼中，体育明星的形象是积极向上的，带给他们的是一种正能量的回馈。而对于明星所代言的产品，也必须拥有或者能够体现此类属性。同时，消费者对于体育明星的认同主要来自于对体育明星的信任，其广告代言的产品数量一旦过多、过滥，不但有损体育明星自身的价值，对于广告也会带来负面影响。

第四节 体育广告策划

一、广告策划的含义及原则

（一）广告策划的含义

广告策划，是为了实现一定的目的，而提出的一系列策略构想和一个执行计划的智慧集成。在策略上它基本由目标策略、产品概念策略、区域策略、时机与阶段策略、创意策略、传播策略、投资策略等构成。在执行计划上它由任务计划、职能计划、执行计划、检测计划、修正计划等要素构成。同时，在计划的统御下，追求效率、效果以及与社会各种关系的协调。是广告人在接受客户委托的条件下，根据客户的产品或服务的特性，依靠自身或者团队对市场的综合了解，为实现客户的投资推广之目的，而进行的有目标、有效益、有一定时间、地点和条件的一系列广告推广活动的策略谋划和实施计划。策划是一个预测、策略构思、方案决策和计划实施以及投资控制的过程总称。广告策划在整个广告活动中处于指导地位，贯穿于广告活动的各个阶段，涉及广告活动的各个层面。广告策划使广告调研、目标确定、广告对象的确定、广告创意和表现、广告媒体、广告发布和广告效果的测定等各项专业工作，具有明确的指导和系统的遵循，从而集中体现着广告业的智慧价值，也更集中体现着客户期望的达成。

如果说广告策划是企业开发市场的一个整体系统的话，那么广告创意就是在这个系统中担当重要角色，起着直接推广作用的一个个闪亮的智慧结晶。借助策划这个流畅有效的沟通过程，通过创意表现一步一步地将崭新的产品概念、生动的企业形象，传输到消费者的心里，作用于消费者的观念。在创意引导下，人们不断地提升生活质量，完善需求满足的方式，推动着商业文明的进步与发展。

（二）广告策划的原则

广告策划，所遵循的选择分为两个大类：广告流程原则和涉及领域原则（见图 7-5）。

1. 广告涉及领域原则

（1）区域市场差别化原则。由于广告面向的区域不同，针对不同的自然市场区域，广告策划的策略特征和专业手段的使用都应有所区别。各个国家和地区具有各自不同的区域特征，这就要求广告策划必须充分了解各个市场不尽相同的消费者、不尽相同的传播媒体以及不同的销售通路等。这些对广告策划具有影响力的因素，也是广告策划进行构思的依据。

（2）民族文化差异化的原则。随着互联网社会的建立，广告策划中所要面对以及所要反映出来的文化现象和民族特征，已经成为决定广告效果成败的重要因素。特别是在中西文化交融、国际竞争国内化的今天，更是应该引起策划者的足够重视。广告最终目的是通过大众传播“做人的思想工作”，首先要做到的就是尊重人。而尊重的主要含义是对广

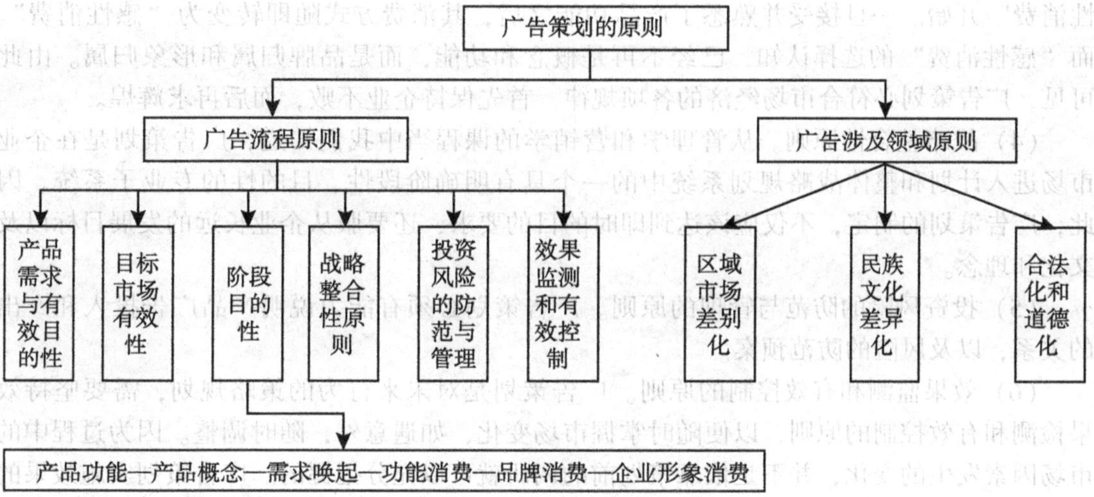

图 7-5　广告策划的原则

告受众群体的文化、习惯和风俗尊重。当然广告策划也可以制造一些幽默，甚至制造一些噱头，但首先要在广告受众群体文化、习惯的尊重上做到“合情合理”。

(3) 合法化和道德化的原则。广告作为借助大众媒体广泛传播的形式，在策划阶段就必须是合法的和符合道德规范的。广告策划应该首先符合法律的规范，这是一个硬性的标准。在这个方面大多数策划人员都基本知道，甚至知道将播出前的创意脚本或者样带，送到有关执法审查机构进行预审。但是对于广告策划的道德遵循，往往因为各种原因，而屡屡出错。因为“道德的基础是人类精神的自律”，也是广告策划人员素质和修为的体现。广告策划中的道德现象，通常是指广告人和广告主之间、广告人和广告受众之间存在的道德关系。挖空心思追求轰动的广告策划，虽然不敢公然违抗法律，但是触及道德规范的现象却时有发生。对于社会道德的尊重和自律，应该是广告策划者事前就必须考虑的。

2. 广告流程原则

(1) 产品需求与有效目的性的原则。需要理顺需求与目的之间的逻辑关系和能力关系，使产品的需求逐步显现为有效的目的。这样广告策划才具备了针对性，也是帮助产品赢得有效利益的基础。同样通过这个整理的过程，产品需求与目的有效性的论证和分析，可以理智地遵循科学性和目的性原则，维护利益，实现双赢。

(2) 目标市场有效性的原则。广告产品拥有不同的几个区域市场，其产品分别处于不同的市场环境中，处于不同的市场成长周期。特别是策划实施过程中未来竞争环境变化，直接影响着策划的有效性和投资的风险性，因为广告策划是对未来广告推广的策略规定。

(3) 阶段目的性原则。无论是国内的企业还是国外的企业，在进行产品推广时，会因为市场区域的不同、推广阶段的不同，而形成策略和目的的不同。广告策划必须首先是科学的，决不能无视这个规律。广告策划必须与市场运行相适应，按照运行规律规定策略。所谓的消费运行的发展规律就是：产品功能—产品概念—需求唤起—功能消费—品牌消费—企业形象消费。在这个消费运行过程中，消费者对新的功能性产品，总是以“理性消费”开始。一旦接受并熟悉了产品功能之后，其消费方式随即转变为“感性消费”。而“感性消费”的选择认知，已经不再是概念和功能，而是品牌归属和形象归属。由此可见，广告策划必符合市场经济的各项规律，首先保持企业不败，而后再求辉煌。

(4) 战略整合性原则。从管理学和营销学的课程当中我们知道，广告策划是在企业市场进入计划和整体战略规划系统中的一个具有明确阶段性、目的性的专业子系统。因此，广告策划的制定，不仅应该达到即时的目的要求，还要服从企业长远的发展目标以及文化和理念。

(5) 投资风险的防范与管理的原则。广告策划必须有能力说明产品广告投入和产出的关系，以及风险的防范预案。

(6) 效果监测和有效控制的原则。广告策划是对未来行为的策略规划，需要坚持效果检测和有效控制的原则，以便随时掌握市场变化，如遇意外，随时调整。因为过程中的市场因素发生的变化，并不是依靠策划前的调研就可以充分把握的。广告策划实施效果的监测和有效控制，不仅要落实于整个的策划实施过程，而且应该成为广告策划的必要条件，以维护客户的利益和维护广告策划单位的企业形象。

二、体育广告的策划

通过前一节的学习，我们对于广告策划的含义及其原则已经有了较为深入的了解，下面我们来看看体育广告的策划的特点有哪些？毕竟，体育广告作为广告的一个分支，与其他广告形式相比有相似之处，也有许多不同的地方。在进行体育广告策划的过程中，要重视体育广告的特点，也就是说要看到体育广告和其他广告形式的差别，在此基础上进行体育广告的策划。根据我们的研究，体育广告策划应该具备以下六个方面的特点。

(一) 体育广告要抓住受众需求的脉搏

体育广告首先要了解自己的目标受众，了解他们的需求，使之察觉自己的需求，以创新型产品满足他们的需求。产品符合受众需要，这是体育广告获得成功的关键。体育产品开发和创新是策划体育广告的重要前提，但消费者需要的产品未必一开始就被消费者所接受。新产品推广需要企业开展多种市场营销活动，使消费者察觉和识别自己的需要，通过有效的沟通使这种潜在需要变为现实需要。

(二) 体育广告要找到体育和广告产品之间的关联性

体育广告一般是指以体育作为企业产品、服务的载体。只有找到体育和企业信息之间的联系，才能顺利、有效地进行广告宣传。如何寻找两者之间的联系，或者说如何找到它们之间相互的关联性，这是体育广告成功的又一关键。每个企业在进行体育广告时总能找到体育与企业信息之间的关联之处，问题在于这种联系是否科学、是否恰当、是否具有很好的传播效果。我们在寻找这种联系时，可以考虑企业和体育项目、企业（或企业产品）与运动员之间的关系、在体育活动中企业和观众之间的互动关系等。从中我们可以得到许多启发，发现可供利用的相关关系。

(三) 体育广告应采取集中战略

体育广告的特点在很大程度上是由体育项目、运动会的特点所决定的。运动会和重大体育项目往往是几年举办一次，一般具有规模大、声势大的特点。与之相适应，体育广告也具有这样的特点。特别是强势企业、市场的领导者，它们更重视体育广告所带来的机会。为了获得体育广告的规模优势和聚焦效应，广告主一般采用集中战略。提前启动传播，意味着企业通过广告造成“先声夺人”“先入为主”的印象，加强品牌在人们心目中的印象，抢占有利的传播平台，确定有效的广告传播策略。从广告目标看，重点是宣传企业和品牌形象，扩大广告的显露总数；从广告地区分布看，企业广告资源分布应集中在大型体育场馆和权威性的传播媒体上；从广告投资分配看，可以采用短期、集中投放，增加广告的有效频次；从广告媒体种类看，可以采用不同媒体组合，使不同媒体效果相辅相成，产生更大的协同效应。

（四）体育广告要充分、有效地利用明星效应

在体育营销中企业利用明星做广告，其主要目标是推销产品、宣传品牌、树立企业形象。明星做广告影响力大，但要价也高。所以聘请明星做广告，必须认真策划，仔细推敲。利用明星扩大品牌影响是广告主常用的广告套路。怎样把品牌名称和明星的名字结合起来，使两者强势互补、相得益彰也颇有学问。

（五）体育广告必须重视文化因素

体育营销与其他营销方式的最大区别在于它代表的是一种文化，年轻、健康、积极、向上，这是体育文化的重要内涵。如果企业能够找到品牌与体育文化的结合点，那么就可以建立起自己的品牌文化，并形成一个企业全方位的文化系统。众所周知，未来企业高端竞争方式是文化的竞争，企业文化不容易被竞争对手模仿，是形成企业差异化的核心竞争力。因此从这个角度来说，体育文化是体育广告可以长期使用的无形资产。同时，体育也是世界各国人民进行交流的共同语言。正是体育文化这种公正、平等和无边界的沟通功能，让众多商家利用体育广告实现了自己建立国际品牌的梦想。因此体育广告一定要充分利用体育文化的功能，以期达到四两拨千斤的功效。

在国际广告中要重视跨文化沟通。广告设计要考虑东道国的文化特点，使国际广告能适应东道国人民的文化需求，达到最佳的沟通效果。同时国际广告也要考虑母国的文化因素，以广告为媒介传递本国的文化精华。同时，体育广告一定要发掘体育文化的积极因素，抵制腐朽文化，批判亵渎体育文化的不良行为。

（六）体育广告必须重视对人民大众的宣传和引导

政府或体育组织进行体育营销时，要重视对人民大众的宣传，充分挖掘本国国民的消费能力。政府及体育组织在组织体育广告时，应该充分面向人民群众，针对不同群体制定不同的广告对策，不要使体育广告仅仅成为政府或体育组织少数个人或组织的事。脱离主要广告受众的营销是没有市场的营销。体育广告必须重视广告主与广大受众（人民群众）的互动，使广大受众成为体育赛事宣传的主体，成为体育赛事市场的主体。

第五节　未来体育广告传播发展

随着新技术的产生与应用，人们体验运动的方式也在不断发生变化。2015 年 9 月，数字和社会媒体机构 Attention Span Media 发布题为《体育的未来》（*The Future of Sports*）

的报告。一个由多学科专家组成的智囊团分别从 1~5 年、5~10 年、10~25 年三个阶段预测未来体育的发展趋势，勾勒出未来体育的远景。下面我们将以此为依据，预测一下未来体育广告的发展和传播方式。

一、体育参与方式：现实空间与虚拟媒介深度结合

体育的发展和技术的进步使体育场馆的容量不断增长，开放式的概念场馆将可以容纳 25 万名观众，并将带来全新的赛事体验。在赛场周围座位区不增多的情况下，舞台空间的延伸会提供更多体验比赛的方式，门票将不再只销售座票，开放式的场馆将提供访问层，它允许观众在有限区域中进行移动。

未来 1~5 年，场馆的交通、安全和通信都将不断地发展。场馆通信设施会更加完善，体育迷们能够在球场发微博、上传照片、观看视频和访问社交网站，体育场馆也会努力满足体育迷对数据流量的需求。当今天的孩子长大后，他们不会只是保存赛事的门票票根，还会下载数字化照片和比赛视频剪辑，增强记忆和保留记录对比赛的热爱。

未来 10~25 年，体育场馆将更加模块化，成本更低，功能更多，超轻质的碳纤维和其他材料的进步将使建筑和屋顶能够变形。体积更小的体育场将拟建在城市中心的附近，从而成为更有用、更综合的城市生活中心。整个体育建筑群，不再只是比赛场馆，而将是一个城市景点。

二、体育媒体——新旧媒体在融合中共同艰难发展

在新旧媒体的竞争发展中，各类媒介机构都在继续跌跌撞撞地艰难前行。数字媒体和宽带公司打破了传统广电媒体的束缚，提供在线体育新闻，创建新的商业盈利模式并着重推广利润空间巨大的应用程序（App）。传统媒体也在努力成为创新领导者，在赛事和其他体育媒体上进行在线分销，决定是否和网络运营商合作，并根据观众的习惯和选择迅速做出变化。在与体育迷分享图片、视频和其他内容的同时尽可能防止网络盗版。

未来 5~10 年，新媒体的快速发展尤其是在线直播技术的成熟，会使联赛、球员，甚至体育迷成为受欢迎的内容提供商。曼联率先通过体育特许经营，放开了自媒体的传播控制。越来越多的运动员加紧组建自己的媒体，建立自己的广播电台和在线渠道。超级体育迷与独家网络评论员和体育记者谈论赛事，他们将发布越来越多的具有吸引力的视频信息。在这种情况下，专业的体育记者将面临巨大的危机，因为观众越来越希望从业余播音员那里了解赛事的深度解析。

未来 10~25 年，从多渠道了解体育赛事，并与其他人进行交流和分享经验会成为主流的媒介信息接收方式。受众不仅将访问来自多个信源的体育内容，也将开始整合无缝、一致、个性化的浏览体验。这种多层观看体验本身可被打包并出售给其他的组织或个人。

三、广告赞助——运动员自主在线集资，通过承办赛事推广品牌

在一个日益分散的媒体环境里，体育运动仍然能够抓住广大观众的注意力。体育直播的魅力使得观众不会轻易跳过广告，这大大提升了体育节目的价值。

随着广告越来越普遍，球迷的注意力被无数的场景和娱乐选择所分化。借由金融和文化力量，明星运动员将控制他们自己的内容流，在球队和联赛的管理上有更大的影响力。对于球迷来说，也将迎来一个划时代的奇迹。他们将能够访问海量信息，窥探他们最喜欢的球员 24 小时的私人生活。

未来 5～10 年，通过虚拟现实技术，球迷代表将在会议室参加决策。而决策权一度完全掌控在小部分体育行政人员手中。每个球迷将成为内容提供商，来自智能手机的信息量将超过官方媒体。联赛和专营权必然会摒弃传统电视网络交易的安全港湾，发掘互联网的潜在利润。

未来 10～25 年，所有的中间商开始消失，“官方”赞助将会提升到主权国家层面，体育赞助的大买家不再仅仅是企业，体育赞助也将成为国家建设的重要工具。与此相对，难以量化的体育赞助将转向品牌定向营销的预算，个性化、微目标的数字广告成为主流，即便得到一个立即可核查的投资回报，也是吸引眼球的最佳方式。

四、联网+体育——改进团队建设，进行全球整合

2014 年 10 月，中国政府发布了 46 号文件《关于加快发展体育产业促进体育消费的若干意见》，计划设定到 2025 年“中国体育运动人口达 5 亿，体育产业产值 5 万亿”的目标。2015 年的政府工作报告首次提出了“互联网+”行动，计划将重点促进以云计算、物联网、大数据为代表的新一代信息技术与现代制造业、生产性服务业等的融合创新，为“大众创业、万众创新”提供环境，促进国民经济提质增效升级。

未来 5～10 年为转变期，为加快媒介机构的发展实施全媒体发展战略，用新媒体思维建设、经营发展媒体；创新节目形态，由“单向线性非视觉”传播转化为“双向互动可视化”传播；延伸和扩大信息传播的有效覆盖率，搭建起跨区域、跨领域、跨媒体的产业发展新平台。

未来的 10～25 年为全球整合时期，全球联盟充分地发展，使得体育进入有国家、无国界的时代。从体育项目的选择、体育规则的统一，到营销方式、管理方式的规范，体育都在科学化、严谨化的道路中加速着同质化进程。广泛的联盟能尽量减少业务风险和控制球员的发展。

总的来说，广告传播的发展总与技术的进步息息相关，未来体育广告传播的所有关键词都将呈现出“技术革新—媒介市场转变—制度调适—生活方式变化”的整体发展脉络。无论是五年计划还是世纪战略，都离不开对技术变革的快速反应以及对市场运行的敏感把握。而所有这些最终都将回归到对体育发展与人类生活方式的考量上面。

【复习思考题】

1. 你能够列举出哪几种体育广告的形式？举出有针对性的例子以说明。

2. 为什么体育明星对于体育广告的影响大？这个是由于什么原因造成的？你认为体育明星参与到体育广告中的优势和劣势有哪些？

3. 为什么体育广告在策划中要注意哪些原则？为什么要注意这些原则？

4. 体育广告的策划，必须注意到哪些问题？这些问题对于体育广告策划的影响都有哪些？

【案例分析】

七匹狼：两次踏进同一条河

说起七匹狼，大家对它的狼文化可能印象深刻。应该承认，在文化营销这一块，七匹狼确实做了很多让人耳目一新的事情。但在2003年和2005年，七匹狼对皇马中国秀的两次赞助行动，却给业内人士留下了不少茶余饭后的谈资。俗话说，吃一回亏，学一回乖，精明的狼不知被什么冲昏了头，两次踏进了同一条河里。

第一次，七匹狼耗费400万元的赞助费成为皇马中国行的唯一指定服装赞助品牌，某杂志当时是这样为七匹狼大唱赞歌的："对于七匹狼来说，赞助皇马无疑有利于启动七匹狼更加广阔的市场，塑造七匹狼的国际形象。七匹狼不仅志在中国，也胸怀国际，既需要每个队员的精明强干，又需要整个团队的合作精神，足球的精神与七匹狼相信自己、相信伙伴的文化理念不谋而合，而名震五洲的皇家群星的强者象征，七匹狼的男性杰出的精神代言人，两者相得益彰。"胸怀国际的理想值得肯定，足球精神与七匹狼的文化理念也有相通之处。但是，七匹狼在搭皇马顺风车的过程中，似乎缺乏长远系统的营销理念以及严密的环节控制，而把赞助当成了一次性商业行为，结果导致漏洞百出：

其一，在赞助前，不知是七匹狼没作调研还是有意忽略这个事实：皇马早就有了服装赞助商——阿迪达斯。按照排他性合同，在全队出现的公共场合，皇马队员必须穿阿迪达斯的服装。所以后来人们在七匹狼的大幅广告中看到，皇马巨星身着的竟然是阿迪达斯运动服——花大价钱为竞争对手做广告，你说七匹狼冤不冤。

其二，七匹狼号称中国夹克之王，是国内休闲服的领军品牌，这次在广告中出现的代言人形象全是身着运动装，七匹狼到底是休闲服还是运动服，不免让人产生困惑？退一步讲，就算这些运动场上的健将穿上休闲服，又能在多大程度上让消费者认可其"休闲"形象呢？

其三，七匹狼"相信自己，相信伙伴"，可负责皇马中国行的高德公司却把七匹狼好好"涮"了一回。按照合同，皇马球星在王府井购物游览时将进入七匹狼专卖店参观，皇马球星登长城时会在七匹狼广告牌前停留并留影等，最后高德公司对七匹狼在赛场外的这些承诺一项都没有兑现。七匹狼对活动的控制力、执行力于此可见一斑。

两年后，皇马开始第二次中国行，仍以服装赞助商出场的七匹狼，似乎并没能吸取上回的教训，而是再次充当了冤大头，甚至更冤。事后有人谈及七匹狼的此次赞助，戏谑道"300万元可以赞助中超或CBA一年的时间，七匹狼一个星期就花完了，却什么也没得到"。

七匹狼出资300万与高德公司签订协议，邀请皇马全队在北京昆仑饭店出席产品新闻发布会。为此七匹狼早早租赁了酒店最大会场并作了精心准备，可结果是等待了两个小时后，皇马的人仍不见影子，组织方只好对外宣布发布会取消——七匹狼不仅蒙受了经济上的损失，更重要的是他们早已为此次活动进行了大量宣传。据说皇马爽约，原因是它与高德公司在合同细节上出现了分歧。而就在同一天，吉列公司迎来了自己的形象代言人贝克汉姆，奥迪中国迎来了罗纳尔多与菲戈；第二天阿迪达斯的活动也成功请到了贝克汉姆和劳尔，场面可谓火爆。如此结果，无异于给七匹狼脸上狠狠扇了一记耳光。

而且，皇马七位巨星身着阿迪达斯运动服出场的一幕在2005年再次重演，在镜头前，他们几乎没有穿过七匹狼品牌的休闲装。看到这样的场景，不知道七匹狼高层会不会问，自己是不是一开始就赞助错了对象？

此外与2003年相比，这次七匹狼还选择了一个很不适当的赞助时机。2003年皇马巨星顶着欧洲冠军的光环来到中国，让疯狂的球迷着实兴奋不已。而2004—2005赛季的皇马，因三度换帅成绩下滑，在中国人气大跌，加上前后有曼联、巴塞罗那等球队来中国串场，更稀释了大家对皇马的关注热情。如此一来，七匹狼的赞助效应也大打折扣。

“狼在流血”，是七匹狼打折时用的一句促销口号，也正是它这两次赞助行动的真实写照。体育营销不是简单的事件炒作，“流血的狼”应该知道痛定思痛，少一些急功近利，多一些长远考虑和缜密执行，这才是狼安身立命的哲学。

（资料来源：圣才学习网，2010-02-06）

讨论题：

1. 七匹狼在赞助皇马中国行的过程中所出现的失误违背了广告策划的哪些原则？
2. 假如你是七匹狼的广告策划方，应该如何完善这两次广告策划，使其达到预期的目的？

第八章 体育赞助营销

第一节 体育赞助概述

一、体育赞助的起源

体育赞助是现代营销的重要手段之一，史料记载体育赞助最早源于古罗马帝国竞技场角斗比赛。古罗马时期有一位贵族，他为了讨好罗马帝王自愿支付了竞技场一天的奖赏费用。最初的现代意义上的体育赞助始于19世纪中叶，交通运输业是最早运用现代意义体育赞助的行业。1852年，美国新英格兰铁路运输公司向哈佛大学和耶鲁大学划船队提供赞助，免费运送他们前去比赛，同时大力宣扬此事，以吸引上千名体育迷购票搭乘他们的火车前往观看比赛。1896年在雅典举行的第一届现代奥林匹克运动会上，柯达公司为了向摄影爱好者推销胶卷，就用少量的赞助费换得在奥运会成绩册上印广告的权利。1928年阿姆斯特丹奥运会上，可口可乐公司也随美国奥运代表团运去1000箱可乐，并且对外宣传自己是“奥运会指定供应商”。正式的体育赞助始于20世纪60年代的英国。1965年，壳牌、埃索和EP三家跨国石油公司共投资1000万西德马克赞助1.5公升级的汽车大赛，取得了在参赛汽车上粘贴公司贴纸的权利。1966年在南斯拉夫举行的赛艇世界锦标赛上第一次出现了大型广告牌，之后受赞助的运动项目从汽车、摩托车扩大到其他领域。同年，英国政府禁止烟草商在电视上做香烟广告，香烟的产量、销量开始急剧下滑，烟草业遭到巨大的打击。烟草商变通策略，将巨额广告费用于赞助汽车和摩托车比赛，用另一种方式为自己的产品做广告，从而成为企业大规模赞助与自己产品没有直接关系的运动项目的开端。虽然现在严禁烟草企业进行赞助活动，但它们在体育赞助方面取得的成功，无疑极大地促进了体育赞助活动的发展。

二、体育赞助的界定

（一）赞助的定义

赞助在美国分为体育赞助、公共节庆赞助、游乐和歌舞演出赞助、艺术赞助四类。在德国分为体育赞助、文化赞助、社会福利赞助、环保赞助四类。本书比较认可德国对赞助的分类。赞助（英语为Sponsorship）在汉语的日常用语中被解释为“帮助、支持”。最早在文献中出现的定义是1971年英国体育顾问委员会：“赞助是一种以提供方便和特权为回报，以出风头为目的的物质或金钱馈赠。”这一定义中赞助的目的过于狭隘，并且赞助的元素不完整。许多学者试图对赞助进行定义，但是目前对此概念尚无国际统一权威界定。

以下是具有代表性的几种观点。

(1) 希金斯在1980年提出关于赞助的三个观点。赞助者对体育提供现金或者其他形式的贡献；赞助活动非公司的主要商业行为；赞助商希望能从社会上获得回报，赞助活动决不能对公司造成任何不良影响。

(2) 斯莱特（Sleight，1989）认为赞助是提供者（赞助方）和接受者（被赞助方）之间的一种商业关系，前者获取一种关联的权利并利用其创造商业优势，而后者获取资金、实物或者服务。在斯莱特的观点中体现出赞助是一种对于赞助方和被赞助方双方互惠的商业关系。

(3) 赞助是一种沟通和市场交易的商业手段，具有短期和长期目标。目的是提高市场销售额；赞助应使所有参与者获利。其结果可与预定的目标比较。这是鲁斯（Roos）在1996年提出的观点，这一定义相对比较全面，其包含了赞助的本质特征并且将赞助评估考虑在内。

(4) 赞助就是企业免费向社会公益事业和文化事业提供物质、技术、资金和人力等方面的资助。这是许春珍在1998年提出的观点，其观点认为赞助就是对社会公益事业的资助，不强调赞助方的回报。

国内一般对赞助作这样的界定："赞助是指企业（赞助者）和公益组织、机构及个人（被赞助者）之间以投入（资金、实物、技术、服务等）和回报（冠名、广告、专利和促销等）互惠的交换关系，是平等合作、互利双赢的商业行为。"

（二）体育赞助的定义

体育赞助发展至今，已经成为一类重要的企业营销方式。体育赞助对于企业来说，具有越来越丰富的战略意义。体育赞助是赞助的一类，是以体育为题材的赞助。关于体育赞助的定义，最早见诸文献的定义是1981年在西班牙举行的欧洲体育部长研讨会上："体育赞助是个人或组织之间一种具有共同利益的关系。赞助方以某些利益去换取与体育活动设施或与体育参与者的某种联系。"

关于体育赞助许多学者给出了不同的定义。施耐特把体育赞助定义为：体育赞助是一种商业关系，它存在与资源供给者与体育事件（活动）或组织之间，资源供给者提供资金、资源和服务，体育事件（活动）或组织便授予一些权利以及其他可获得商业利益的要素作为回报。马克威廉把体育赞助定义为：体育赞助是指企业提供体育组织、运动竞赛以及运动员等所需要的任何物资，包括资金、产品、服装、器材、技术及服务等，并凭借赞助关系来达到企业营销的目的。俞诚士在其专著《体育赞助攻略》中把体育赞助定义为：体育赞助是一方为实现其预订的商业或社会目标，向另一方提供物质支持，并期望获得回报的一种现代市场交易方法。张林和刘文董把体育赞助定义为体育赞助以体育为媒介，以开拓市场和与公众交流为目的的市场营销活动，是赞助双方的资源交换过程。蒋家珍和钟秉枢将体育赞助定义为：体育赞助本质上是一种等价交换。体育赞助是以体育赛事、运动队或运动队员为对象的赞助行为。赛事组织者或运动队从企业方得到物质或资金支持，而企业则通过赞助使其产品和品牌的知名度与美誉度得以提升，促进其产品的销售。在这里我们比较认同鲍明晓对体育赞助的定义，他将体育赞助定义为：体育赞助是以体育为题材，以支持和回报为内容、以利益交换为形式、以达成各自组织目标为目的的一种特殊商业行为。

三、体育赞助的构成

体育赞助体系一般由赞助方、被赞助方、中介方和传媒四方组成。

（一）赞助方

赞助方是体育赞助的赞助者，即体育赞助的买方，是构成体育赞助的一大主体。赞助方（赞助商）可以是任何的自然人或法人（单位）。由于体育赞助市场目前普遍是供大于求，属于买方市场，所以它是矛盾的主要方面。它在体育赞助中的任务是向被赞助方体育部门提供金钱、物质、劳务或技术等支持，换取冠名、广告、专利和促销等商业回报权利，达到扩大和加强与目标受众之间的沟通，提高企业和品牌的知名度、美誉度和顾客对企业和品牌的忠诚度等目的。

（二）被赞助方

体育部门是体育赞助的被赞助方，即体育赞助的卖方，因而和体育赞助的买方即赞助方一道构成体育赞助的两大主体。它是体育赞助服务的提供者，具体负责体育赞助的策划、营销、组织和实施，因而责任重大。体育赞助的主要目的是扩大体育的财源和影响，增强体育的活力，促进体育的普及和提高，满足人们从事体育活动和观赏体育比赛的双重需求，加强和社会的沟通。

（三）中介方

中介方就是体育经纪人。体育经纪人包括从事体育经纪工作的个人、法人和其他经济组织。它是体育赞助两大主体之间的中介。其目的是通过中介工作获取报酬和利润。为此，其主要任务是向赞助双方提供居间、代理和行纪服务，牵线搭桥，促成赞助交易；或者作为双方的代理人或经纪人，具体策划、筹备、营销和运作赞助事宜。体育经纪人的构成比较复杂，有的是个人，有的是公司，有的是广告公司的一个部门，有的是多领域、综合性的经纪公司，也有的是专业体育经纪公司；有的是自由体育经纪人，有的是某体育组织下属的体育经纪人。

（四）传媒

传媒是大众传播媒介的简称，包括电视、广播、报纸、杂志、网络、广告等。当今的体育赞助如果没有传媒的大力配合、渲染，几乎就失去了其独有的魅力而无法存在。这是因为体育赞助的重大优势之一就是信息传播力强、覆盖面广、受众数量大、效果好，而这些优势的形成和发挥都离不开传媒。传媒无论是在赞助活动开始前的铺垫、包装和炒作，还是在活动期间及活动结束之后的转播、报道和评论，都功不可没。

四、体育赞助的特点

（一）商业性

赞助方与被赞助方之间进行资金、实物、技术、服务与冠名权、广告、资源等权利的等价交换。这一交换过程表现出体育赞助既有使用价值，又有交换价值。商业性是体育赞助突出的特征，它决定了体育赞助的本质功能。“在经济社会里，永远没有免费的午餐，你想得到一个机会，就必须付出一定的代价”，这是市场经济的基本原则。少投入，多产出，追求利润的大化，则是赞助商的首要目标。

（二）长期性

体育赞助一般很难在短时间内对销售产生明显的直接效果，它主要从企业的长期利益出发，走的是间接推销的路线。其主要模式大体为：赞助—扩大影响—提高知名度—树立良好形象—促进销售和企业的发展。要达到体育赞助的目的，企业要有长期打算，难以一蹴而就。体育赞助的长期性要求赞助企业把体育赞助看成是企业的营销战略，而不是一种战术行为。

（三）隐含性

体育赞助可以说是一种间接的软性广告传播行为，可归属于广告范畴，其商业目的隐含于赞助行为之中，隐蔽而含蓄。赞助活动虽说都怀着商业目的，但是大多在非商业状态下进行，一方面不会招致人们的反感，另一方面体育赞助是一种非常自然又带有强制性的软广告。

（四）广泛性

体育的受众面非常广，像奥运会、世界杯之类的世界大赛的电视观众遍布世界，在国内较大型体育赛事的现场观众也遍及城乡各地，能吸引大量电视、报纸、杂志、网络等媒体。

（五）外部性

企业在实施体育赞助活动中，对于其他经济主体产生的一种未能由市场交易或价格体系反映出来的影响。体育赞助的外部性主要是正外部性，因为一般情况下体育赞助会给社会带来好的影响。体育赞助能够推动体育的发展，而体育具有准公共产品的性质。具体而言，这种正外部性主要分成三个方面：同伴效应、社会化收益、经济发展效应。其中，同伴效应是指企业的体育赞助活动能够激发各类体育活动的开展与创新；社会化收益主要指赞助方购买的是体育产品——体育无形资产，而体育有着健康、积极向上等正面特征，购买体育产品会对社会产生积极的正面影响；经济发展效应是指体育赞助能够推动企业管理水平不断改进和提高，从而促进社会经济的发展，实现正外部性。

（六）整合性

赞助方通常以赞助为先导，整合广告、促销和公关等其他沟通手段来完成对赞助者品牌及其产品的宣传。体育赞助的形式多样化，包括赛事冠名赞助、冠队赞助、广告赞助等。虽然借助体育赛事进行广告传播具有得天独厚的优势，但同时要求企业采用整合促销的方法。即以赞助为主体，结合其他广告、促销和公关手段，以弥补赞助传播的不足，建立整合传播体系，以产生规模效应，扩大受众范围，实现赞助目标。

（七）依附性

赞助体育和企业自身营销最大的区别就在于，企业需要依附于体育赛事、运动员或俱乐部等客体进行营销推广活动，因此这些客体对于企业营销的配合程度也会直接影响到整个体育赞助的效果。

（八）风险性

体育赞助是一种经济活动，在实际运行中必然存在着风险。体育赞助的风险性主要体现在以下六个方面。第一，客观环境给体育赞助带来的风险；第二，系统复杂性带来的风险；第三，资金方面的风险；第四，隐蔽营销带来的风险；第五，被赞助运动员带来的风险；第六，违约风险。

五、体育赞助的作用

（一）赞助方视角

对赞助方而言，有扩大企业知名度和提升企业形象、激发企业员工斗志、促进销售、有针对性地与目标客户沟通、建立公共关系和增加销售渠道等作用。

1. 扩大企业知名度，提升企业形象

在大型体育赛事中，独家赞助权和冠名权具有排他性，拥有独家赞助权和冠名权能够体现企业的实力。赞助商通常借助网络、电视等现代媒体对于重大体育赛事的转播和报道，提高曝光率，以达到提升知名度的效果。并且一个企业如果经常赞助某些体育赛事、体育明星、俱乐部的话，久而久之人们就会把他们的特征转化到企业及其品牌身上，从而提升企业形象。

2. 激发企业员工斗志

企业在赞助体育之后，可以获取到包括赛事门票、包厢招待等特殊的权益。可以让企业员工在忙碌工作之余，在体育中得到放松并收获对于企业的荣誉感、归属感与自豪感。这对于企业员工是一种激励与鼓舞，能够激发员工的斗志。

3. 促进销售

赞助方可以利用赞助体育所取得的资源和竞争优势，宣传和推广产品或服务，其中产品试用和体验被公认为一种创新的受众也乐于接受的营销方式，而以体育赛事为代表的体育赞助对象为企业提供了一个绝佳的营销平台。

4. 有针对性地与目标客户沟通

体育赞助的对象极其宽广，仅一级子系统就有竞技体育、群众体育和学校体育三大类。二级子系统的竞技体育又可细分为足球、篮球、田径等数以百计的运动项目。赞助方既可通过赞助综合性运动会以取得和各界人士广泛进行沟通的效益，又可分别去专门赞助一些和自身特征有某些联系的运动项目，以便缩小范围，进行更有针对性的沟通。

5. 建立公共关系

企业可通过体育赛会的记者会、新闻稿、广告、活动等建立公共关系，借此让社会产生对企业组织的认知、了解、信任、好感与忠诚。公共关系也能为赞助的企业组织传导政府机关或相关直接或间接团体的正面信息。

6. 增加销售渠道

赞助体育赛会活动，是开辟企业组织销售渠道的一种手段，企业借赞助体育增加产品与消费者接触的机会，如增加产品的曝光率、介绍新产品、现场销售、提供现场试用品等。企业组织除原有同构型的市场与消费族群外，通过赞助体育赛会，可开拓运动文化意识层面的市场与消费族群。

（二）被赞助方视角

对被赞助方而言，有扩大资金来源、提高体育的社会认知度等作用。

1. 扩大资金来源

企业对体育进行赞助极大地弥补了体育经费不足的问题。企业赞助费用是体育经费的重要来源，这极大地缓解了当前体育经费不足的矛盾。企业对体育的赞助大大地增强了体育的活力。

2. 提高体育的社会认知度

体育部门在群众心中的形象和社会地位一直得不到应有的重视。企业对体育的投入，为体育提供了更多的机会贴近群众，贴近生活，无形中为体育赛事做了良好的宣传，同时使体育部门上升为企业良好的合作伙伴。

六、体育赞助的分类

（一）体育赛事赞助

体育赛事赞助指赞助方向赛事组织者提供资金、技术或服务以获取赛事的相关称号、标志和专利等体育无形资产使用权的商业行为。比如北京银行 2017 年世界斯诺克中国赛、2017 年华夏幸福北京马拉松等。另外，奥运会主办国寻求当地的赞助厂商，也是一种典型体育赛会的赞助。体育赛事赞助专指体育赛事整体的赞助，对赛事中的局部活动或个别参与人的赞助则不称为赛事赞助。综合性体育赛事中对某项运动的比赛的赞助也不属于赛事赞助。

体育赛事赞助有以下特点：(1) 是对事件或项目的赞助，而不是对事业、事物或人的赞助，即是对一个一次性活动的赞助，具有短期性和一次性。(2) 由于体育赛事是准公共产品，多数情况下有一定的正外部性，赞助也会有一定的公益性。因此对赞助人而言总是履行了一定的社会责任，从而也会获得社会的好评。(3) 因为交换一定要有交换的对象和交换的主体。在体育赛事赞助中，交换的主体有赞助人和被赞助人。赞助人（赞助商）可以是任何的自然人或法人（单位），而被赞助人则限定为赛事运作的主体——赛事组委会或主办方。因此赛事赞助的标志联系权也专指赞助商将自己的标志与赛事标志或赛事主办方的标志，抑或赛事的主要活动（比赛）联系在一起的权利。

（二）体育明星赞助

体育明星赞助是指企业对体育明星给予服装、器材、薪资、红利等支持，获取体育明星无形资产的使用权，借助于体育明星的影响力来宣传自己的产品。一般来说，选手名气越大、成绩越佳，所获得的赞助会越多。签约后的运动员必须使用赞助商的产品，遵守契约的约定并维持成绩表现。一旦成绩大不如前，或是涉及损害形象行为时，厂商可能提前终止合约，或在和约满后就终止彼此间赞助的关系。如耐克赞助美国篮球明星迈克尔·乔丹、俄罗斯网球明星玛利亚·莎拉波娃等。

（三）体育场馆设施赞助

体育场馆设施赞助是指通过资金支持体育场馆设施的建设，获得体育场馆冠名权。体育活动吸引着广大观众，使得充满动感的体育场馆广告产生无可比拟的效果。广告界普遍认为，以一定数额的金钱购买一个大型体育场馆的冠名权若干年，意味着这家企业的名字将可以通过印刷文字、空中电波和互联网跟潜在顾客接触超过数亿次。其效果比起传统的商业广告要高出许多倍。通过对体育场馆进行赞助，购买体育场馆冠名权的办法，一家默默无闻的公司可以立即名扬全国。即使一家早已家喻户晓的企业，通过这种方法也可大大改善形象。美国西雅图萨菲科保险公司在1997年就是购买了西雅图海军陆战队棒球场的冠名权而一举成名，结果被美国金融服务管理局从地区性公司提升至全国性公司地位。

（四）体育媒体节目赞助

体育媒体节目赞助就是赞助商赞助的是体育电视、广播、报纸、互联网等媒体里的一个节目、栏目，获得冠名、鸣谢等赞助广告方式。体育赛事的电视转播或点评节目常会获得相关产品制造商的青睐。赞助的形式包括节目冠名以品牌名特约播出，节目背景的大幅品牌标识宣传等。报纸媒体较多的形式为“金牌榜”“特约刊登”等冠名。体育媒体节目赞助广告是赞助方最主要的促销方式。它与常规性的广告的不同在于，赞助广告是体育媒体节目的一部分，观众不能随意避开广告的收看。

（五）体育俱乐部赞助

赞助商长期给予俱乐部不同形态的各类支持，包括经济、技术、设备和服务等，取得俱乐部职业比赛现场广告、俱乐部职业队冠名权等权利。赞助体育俱乐部可以使企业的品牌迅速传播开来，越是参与人较多的体育项目，其赞助效益就越好。通过俱乐部职业比赛，赛场内外的各色新闻不断涌现，企业形象、产品名称甚至企业文化等都渐渐印刻在万千观众的脑海中，这是其他形式的广告难以达到的效果。

以上是按赞助对象进行的分类。体育赞助还可以按赞助内容分为实物赞助、现金赞助、技术赞助，按赞助性质分为冠名赞助、独家赞助、联合赞助和指定赞助。

七、赞助与广告、捐赠的关系

（一）赞助与广告的关系

广告的定义为：广告是由明确的广告主在付费的基础上，采用非人际的传播（主要指媒介）形式对观念、商品及劳务进行介绍、宣传的活动。广告与赞助具有相似的特点，需要付费，有特定的沟通对象，是一种信息传播手段。赞助是广告的一种形式，广告与赞助是密不可分的，在进行赞助的同时还会有大量的广告去扩大赞助效果。赞助与广告的不同在于：一是过程不同。赞助传递的信息需要通过与被赞助方之间的联系来完成，需要先取得被赞助方的同意才能利用相关赛事、体育明星等做广告。广告信息的特点是“声音、画面和文字”的结合，只需要直接通过媒体发布广告。二是表达方式不同。赞助具有隐含性，是利用体育目标群体与体育之间的密切关系，间接影响企业目标群体的情感体验。广告则是直接向消费者传递相关信息。三是参与的部门数量不同。广告需要有企业、传媒、中介组织三个部门的参与。而赞助需要赞助方、被赞助方、中介组织、传媒四个部门的参与。

（二）赞助与捐赠的关系

赞助和捐赠有一定的联系，但是它们之间却有着本质的区别。捐赠是指向国家、集体或个人进行的无偿赠送，其性质是一种奉献，属于道义范畴。就体育而言，常见的赠品有体育文物、基金、金钱、奖金、奖品、奖学金、场馆和体育用品等。目的是弘扬体育精神，支持和促进体育事业的发展。赠送者一般出于自愿，不附加回报条件。受赠者为了感谢赠送者的义举，有时也会举行一个赠送仪式或给予奖状、奖旗或命名等象征意义的荣誉回报。赞助是一种市场营销活动，赞助的出发点是为了市场回报，一般是在经济领域的企业行为。而捐赠一般是个人行为，捐赠的出发点有很多比如人道、政治、军事等。

第二节　体育赞助营销过程

一、体育赞助营销

（一）体育赞助营销的定义

体育赞助营销是指企业（赞助方）以向体育资源拥有者（被赞助方）提供资金、实物、技术或劳务等的支持，从而获得冠名、专利、广告或促销等权利的体育赞助活动为中心，并且围绕赞助展开一系列营销活动，借助体育资源的影响力和社会效应，提高企业知名度和美誉度，提升赞助商的品牌形象，以获得社会各界广泛的好感和关注，为赞助商创造有利的生存环境和发展空间，达到企业营销的目的活动。

（二）体育赞助与体育赞助营销的关系

学者卢长宝从三个不同角度和层次对“赞助营销”和普通意义上的“赞助”概念进行了区分：从商业诉求来看，“赞助营销”指赞助者与事件所有者基于“事件关联”的交易和交换；从营销目的来看，“赞助营销”是赞助商围绕“事件关联”实现其战略目标的营销策略；从传播手段来看，“赞助营销”是赞助商与消费者沟通的有效传播工具。

“体育赞助”和“体育赞助营销”两者既相互联系又明显区别。“体育赞助”是“体育赞助营销”的前提和基础，“体育赞助营销”是“体育赞助”的扩展和推广。无论是体育组织还是企业组织，“体育赞助”和“体育赞助营销”的过程都不一样。就体育组织来说，“体育赞助营销”实际上是进行赞助市场调研、设计开发体育组织的无形资产使之成为体育赞助产品、确定产品价格等的过程。“体育赞助营销”是制订和实施营销规划、管理和控制营销过程，向企业传播和传递相关价值观念、筛选赞助企业，最后以最理想的价格把赞助产品售卖给最理想的赞助企业，实现体育赞助营销的根本目标。对于企业组织来说，“体育赞助”的工作重点是争取体育赞助权，是赞助企业取得赞助商的“身份”，争取权利的行为过程。其工作指向或者说公关对象是掌握体育赞助分配权的体育组织、体育赛事组委会的官员；其工作内容和目标主要是游说、谈判，以精湛的赞助计划、良好的公司业绩和企业形象以及足够数额的赞助金额、尽可能多的赞助商权利要求来说服体育组织的官员，最终拿到体育赞助权。企业组织“体育赞助营销”的工作重点是要利用赞助商这种身份和权利，把可能的、潜在的利益转化为现实的权益的过程。其工作指向是现实的或者潜在的消费者群体。其工作内容主要是以公司的名义组织实施各种丰富多彩的、与所赞助的体育组织、体育赛事紧密联系的、有更多消费者和媒体参与的营销推广活动。让更多的消费者和目标受众知道本公司是体育组织、体育赛事的赞助商，并最终提高公司的知名度和在消费者心目中的地位，扩大公司的市场占有率和销售额。

二、体育赞助营销的过程

（一）体育组织的体育赞助营销过程

对于被赞助方（资源拥有者）来说，体育赞助营销过程应该包括以下六个部分：

（1）分析赞助的必要性、可行性；（2）收集、分析相关资料，制定赞助意向书；（3）赞助项目推广；（4）与赞助商进行接触、洽谈；（5）签订合同；（6）回报赞助商。过程如图 8-1 所示。

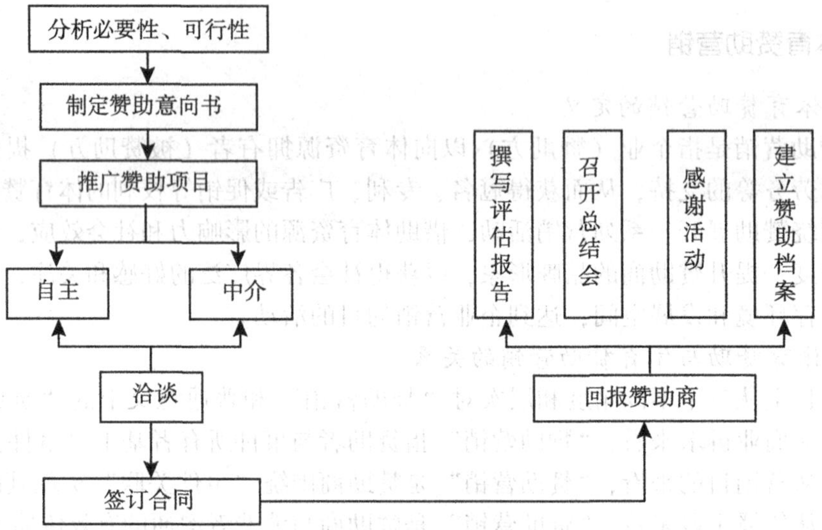

图 8-1　体育组织的体育赞助营销过程图

1. 分析赞助的必要性、可行性

必要性分析首先是在组织或机构的内部统一思想和认识，明确赞助目标，在赞助的动机、目的等方面取得共识。其次，要对组织或机构自身进行分析，内容包括组织或机构的规模、历史、社会形象、社会地位和拥有资源情况，通过分析明确组织或机构的优势所在，并进一步找出赞助的卖点。

2. 收集、分析相关资料，制定赞助意向书

在广泛地收集与赞助活动相关的资料，并对资料进行归纳、整理与分析的基础上，形成赞助意向书。意向书的内容应包括以下内容：赞助对象的情况、媒体推广情况、赞助回报权益、赞助费用。

3. 赞助项目推广

赞助项目推广包括自主推广和中介推广两种形式。在发达国家，由体育部门自行策划和营销赞助个案的现象已属凤毛麟角，大多委托中介机构进行策划和营销。有的甚至连实施和评估工作也都由中介机构一包到底。在我国，目前是两条腿走路，这两种运作方式兼而有之，但以体育部门自行运作为主。不过，随着赞助工作的日益规范化和专业化，委托中介机构运作的方式将越来越多。

4. 与赞助商进行接触、洽谈

在赞助项目推广之后，体育组织与赞助商进行接触、洽谈，为接下来签订合同和赞助活动做准备。在与赞助商进行接触、洽谈的过程中可以按照赞助商的类型，根据赞助商的需要撰写赞助建议书，目的是更好地与赞助商沟通，确保后面环节的顺利进行。赞助建议

书包含综述、活动简介、活动方案、赞助投资方案、赞助商的回报方案、决策的期限，五个部分内容。

综述部分应该简单扼要地介绍活动方案，对后面活动简介、活动方案、赞助投资方案、赞助商的回报方案、决策的期限的内容进行简单概括。

活动简介部分主要是对活动做一个简单介绍，对主办单位进行简介和对活动的背景资料、活动的构思和参与者进行一个简单介绍。

活动方案部分主要是详细介绍活动方案，活动的时间、期限、地点、活动项目、参与人群、参与人数、目标受众等进行详细介绍，说明活动目的。

赞助投资方案部分主要是介绍详细的赞助内容，比如现金、产品、奖金、奖品、服务等，每项内容应该定量，转化成价格。

赞助商的回报方案部分要明确列出赞助商所有的宣传机会和利益点，还要包括无形的利益（树立公司和产品的形象、增加公众的认知度等）。

决策的期限部分要明确表明企业最后的答复日期和联系资料。

此外，赞助建议书还要明确表明赞助的类型，并且附上相关的材料。

5. 签订合同

规范的赞助合同首先要符合我国法律、行政法规，尤其要注意遵循与赞助合同签订紧密相关的《中华人民共和国体育法》《中华人民共和国民法通则》《中华人民共和国广告法》《中华人民共和国著作权法》《中华人民共和国商标法》《中华人民共和国专利法》《特殊标志管理条例》等法规、条例。在签订赞助合同前，需对合同的内容及条款仔细研究，反复考虑，从可行性上进行认真分析，以免给合同签订后的赞助回报执行工作带来不必要的麻烦，增加执行难度，甚至带来执行风险。赞助合同的内容应该包括：赞助事项及内容；双方权利与义务；合同期限；违约责任；法人授权或授权代表签字等。赞助合同的签订标志着赞助双方从法律意义上确立了彼此的权利和义务，赞助回报执行工作必须严格按照赞助合同中的条款来进行。

6. 回报赞助商

这个阶段的核心任务是为赞助商提供服务，逐项落实提供给赞助商的权益。为确保赞助活动顺利完成，避免沟通不够，影响双方的关系，体育组织应指定专门人员为赞助商服务，做好反馈和监督工作，落实所承担的赞助义务。对赞助活动进行总结对于回报赞助商来说是不可或缺的。赞助活动必须全力以赴，力求善始善终。总结包括以下几个环节：①撰写赞助评估报告；②召开总结会；③感谢活动；④建立本次赞助活动的专项档案。赞助活动结束后，应将涉及回报执行工作的相关资料归纳整理，制作出专门的报告，交给赞助商，以便让赞助商全面了解赞助的成果和效益，并要配合赞助商的市场调查工作，做到善始善终。评估报告中的主要内容是赞助效果评定，它是指对赞助商的企业和产品所开展的赞助活动的全部效果的评定，包括赞助活动的文字、图画、音乐、表演等信息内容对受众作用程度的评定。如对产品的注意、认知和记忆率、理解程度、购买意向与品牌印象等的评定。

（二）企业的体育赞助营销过程

企业体育赞助营销的过程由体育赞助营销的决策、体育赞助营销方案设计、体育赞助营销方案实施、体育赞助营销方案评估四个部分组成。体育赞助营销的过程如图 8-2 所示。

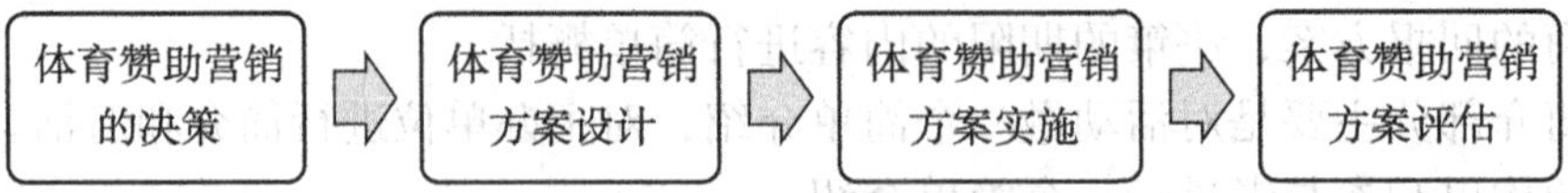

图 8-2 体育赞助营销过程图

1. 体育赞助营销的决策

企业首先要对企业内部环境有一个全面、客观的了解。这有助于策划者和决策者了解企业的状况，清楚企业的优势和劣势。由于时间和精力是有限的，不可能面面俱到。应该抓住主要问题，把调查研究的重点放在企业文化和形象特征、现在的发展阶段、市场占有率、营销战略、沟通战略、广告和公共关系状况以及过去开展赞助特别是体育赞助的情况和经验教训等问题上。其次，了解企业的外部环境，主要是指政治、经济、体育、市场、消费群体和竞争对手等与企业特别是体育赞助有关的环境。然后要确定赞助对象，也就是要决定“赞助什么”。企业应根据预期要达到的赞助目标，充分考虑企业产品与体育之间的亲和度以及企业规模两个因素进一步明确赞助的具体对象，最终决定是否参与体育赞助和赞助的目标。

2. 体育赞助营销方案设计

这个阶段就是要确定“如何赞助”。在企业决定参与体育赞助和确定了赞助目标后，策略就成为赞助成败的决定性因素。这些策略包括体育赞助经费预算、目标受众、对象、方式、时间、空间、措施以及企业内部的协调配合等，最终将赞助的策略体现在赞助策划书上。体育赞助策划书的要素包括策划书的名称、策划纲要、组织专业知识与能力、体育赞助目标、体育赞助方案、赞助方案的活动内容、评估、赞助方案的执行与管理、预算。

3. 体育赞助营销方案实施

赞助企业在这一阶段的任务是同体育赞助营销部门一起完成赞助的各项事宜，并配合赞助进行一系列的营销活动的阶段。

4. 体育赞助营销方案评估

效果评定阶段是企业体育赞助的后阶段。这一阶段的主要任务是评定赞助效果，明确体育赞助活动给赞助者产生的效益。通过赞助效果评定来检验原定赞助目标是否正确，实现程度如何；各项赞助措施是否得当，实际效益如何；赞助活动的策略和效益是否吸引人，对目标受众有何影响；赞助费用的投入是否经济合理；赞助活动的组织工作是否恰当等。

第三节 体育赞助的评估

一、体育赞助评估的定义及其发展

体育赞助评估是在整个赞助行为的全过程，运用一定的手段和方法对赞助商的投资效果进行调查和分析后作出的综合评价。对企业来说，体育赞助是企业重要的营销方式之一，体育赞助有扩大企业知名度和提升企业形象、激发企业员工斗志、促进销售、有针对性地与目标客户沟通、建立公共关系和增加销售渠道等作用。企业在体育赞助过程中需要投入大量的资源，只有体育赞助达到了企业的预期，企业才能持续地进行体育赞助。体育赞助达到了何种效果则需要对体育赞助进行评估。体育赞助评估是体育赞助营销中重要的一环，到现在体育赞助评估还不够完善，存在一些难点。孙晓强总结了体育赞助评估的难点：第一，体育赞助的整合性使评估者难以区隔评估纯粹的体育赞助。当广告、公关、销售促进等多种手段围绕赞助活动来展开的时候，很难将这些营销手段一一区隔开来，单独衡量它们各自取得的效用。第二，体育赞助的风险性使体育赞助效用的评估十分困难。在赞助活动结束后，赞助活动而导致的风险可能并没有完全消失，它还会持续较长的一段时间。因此在某一时点上进行的评估也很难衡量这种风险的大小及其对企业造成的后果。第三，体育赞助评估指标的抽象性使评估难以量化。体育赞助的目的，很多时候并不是为了单纯地提高销售量，往往是为了树立企业的形象，或者是为了维持这种形象，保持顾客的忠诚度。企业销售增长率的数据是很容易得到的。但是，企业形象的评价带有很大的主观性，非常难于量化。第四，体育赞助效用产生的时效性也使体育赞助评估的准确性大打折扣。

随着人们对体育赞助的认识不断加深，体育赞助评估的方法也发生了一些变化，沈佳在《体育赛事赞助目标和策略研究》中对国内外体育赞助评估方法进行了梳理（见表 8-1）。

表 8-1　**国内外体育赞助评估方法统计表**

姓名	年份	体育赞助评估法
Ensor	1987	曝光率评估法
McDonald	1991	追踪评估法：一种通过知觉、熟识与喜欢等问题，来调查消费者对于赞助企业的测量方法
Meenahghan	1991	媒体报道与曝光度；知觉与态度；销售量的变化；监督顾客的反馈；成本效益评估
Turco	1994	借助消费者评判忠诚度和消费状况来了解企业产品和形象的提升
Howard 和 Crompton	1995	信息曝光评估；企业知觉、意识的评估；企业形象的评估；消费者购买意图评估；销售量评估
程绍同	1998	体育赞助效益常用的评估方法有形象效益的评估、销售量的评估以及媒体报道的评估
蒋宜龙	1999	测量与评估企业赞助效益方面，常用的有曝光率评估法与追踪评估法两种
鲍明晓	2000	赞助商形象效益的评价，销售量评价，媒体报道评价
蔡俊五	2001	赞助的经济效益和心理效益

续表

姓名	年份	体育赞助评估法
程绍同	2001	赞助成效可以分为“质化”与“量化”两种价值评估标准。在质化方面，应评估的项目包括产品/品牌的信誉、差异化、形象。社会责任、与消费者生活形态建立关系、企业内部士气、与消费者互动等；而量化赞助价值评估则包括与现场参观者相关项目，如参观人数、问卷调查、顾客意见等
廖俊儒	2001	曝光率评估法；追踪评估法；销售量评估法
叶美琳	2002	媒体效益评估；消费者认知效益评估；赞助活动策略评估；成本效益分析评估；销售量评估
孙晓强	2003	事后评估包括曝光度、回忆度、到达率、销售效果等的评估

二、体育赞助评估方法

（一）常用体育赞助评估方法

最常见的体育赞助评估分为体育赞助心理效用的评估和体育赞助经济效用的评估。

1. 体育赞助心理效用的评估

体育赞助的心理效用评估的主要内容为曝光度、到达率、感知度、记忆度和受众态度五个指标。其中最重要的指标是记忆度和受众态度。

（1）基于曝光度的评估方法。这种方法经常为赞助企业所采用。曝光度是指赞助者及其所要提供的赞助称号、企业或产品名称、标志、商标等在现场采访和媒体上曝光的力度和频度。曝光度的评定方法主要采用统计法详细统计在某一段时间内有关在比赛现场电视、广播、报纸、杂志、街头广告和网络等有关媒体出现的次数和时间。

（2）基于到达率的评估方法。是指赞助者的各种信息到达受众的程度。就赛事赞助而言，到达率除了比赛现场的观众人数外，主要体现在媒体的受众率上，如电视收视率、广播收听率、报刊发行量等。其中影响大也为重要的当属电视收视率。其测定方法主要有两种：第一，通过电视收视记录仪自动记录下包括收看时间、频道和节目等内容的收视情况；第二，电话调查法。

（3）基于感知度的评估方法。是指各种赞助措施和信息被受众接受并经过初步加工形成初步印象的程度。①调查法。是指将所要调查的内容如赞助商的名称、标志或其产品商标、名称等信息用表格表示出来，在体育赞助活动的受众中进行调查。②实验室调查法。是指在实验室内通过目光记录仪记录受试者在观看有赞助者信息的录像过程中，目光在这些信息的停留时间的轨迹，从中可以看出受试者对这些信息的感知度。

（4）基于记忆度的评估方法。记忆度是衡量知名度的最主要的指标。这是因为人们注意到了赞助者的名称、标志或产品商标之后但不一定记住。只有注意到才能产生沟通效果，购买他所注意到的厂商的产品。主要测定方法是回忆测定，再认识测定。

（5）基于受众态度的评估方法。态度测定法分美誉度测定法和形象测定法两种。前者一般采用评分调查法直接就与企业及其产品形象和声誉有关的问题进行调查。后者的测定方法包括评分法和联想法。

2. 体育赞助经济效用的评估

相对于体育赞助心理效用的评估，体育赞助经济效用的评估占次要地位。赞助活动大多和广告、促销等其他沟通手段同时使用，无法单独测定。赞助活动本身不具备独特的经济效用测定方法，一般多借用广告经济效用的某些测定方法。体育赞助经济效用的方法无法排除其他沟通手段所带来的经济效用，测定结果只能供参考，不宜用来全盘肯定或否定赞助活动的效用。一般常用两种测定方法：

（1）销售量增加比率。通过开展赞助活动前后销售量的变化，销售量增加比率和赞助的经济效用成正比。多少能够看出一些赞助活动的经济效用。计算公式为：

销售量增加比率=（赞助后平均销售量-赞助前平均销售量）×100%/赞助费

（2）赞助费比率。通过对体育赞助费用投入量和赞助后销售量之间的关系，来衡量赞助活动的经济效用，赞助费比率和赞助的经济效用成反比。计算公式为：

赞助费比率=赞助费用×100%/赞助后销售量

（二）体育赞助评估体系

李屹松指出以往的研究往往通过调查消费者感知来测量体育赞助是否有效果，即调查在执行体育赞助前和执行体育赞助后消费者对企业的认知、熟悉以及偏好等变化来判断体育赞助是否成功。而这样的调查对判断体育赞助效果用处不大。通常情况下，赞助商或其产品和品牌是消费者早已熟知的（McDonald，1991）。因此，这样的调查对企业来说没有实质性的指导意义。即使企业进行了消费者调查，企业营销经理仍然不知道体育赞助行为是否对企业有所帮助；进而，他们也不知道是否应该对企业的体育赞助政策进行适当的调整。所以为了企业更好地对赞助过程与效果进行有效控制和调整，从而提高赞助活动的整体绩效，李屹松构建了企业体育赞助效果评价体系。体系由获利性、品牌资产和关系目标三个维度构成，每个维度由具体指标构成。获利性的评价指标为企业收入、产品销量和企业股价；品牌资产的评价指标为品牌知名度、品牌忠诚度、质量认知和品牌形象；关系目标的评价指标为客户关系、合作伙伴关系、员工关系和社区关系，如图 8-3 所示。

（1）企业可通过考察体育赞助前后企业获利性的变化情况来评价体育赞助效果。管理良好的体育赞助项目可以有效地提升企业获利性，获利性是企业评价赞助效果的维度之一。因此企业可将进行体育赞助前的企业销售量、企业收入和企业股价等与获利性相关的指标作为评价基准点。基于这些基准点，企业可制定出通过体育赞助希望在获利性相关指标上取得的增长目标。在体育赞助结束后，将销售量、企业收入和股价等指标与赞助前的基准指标相比较，从而判断企业进行的体育赞助活动是否取得了预期效果。企业在体育赞助执行过程中，也可以根据获利性指标的变化来调整和控制后续的赞助行为。对于企业来说，获利性相关各项指标的数据是比较容易获得的量化指标，企业只需从自身企业的相关数字报表中，即可以获得所需数据。可见，对于企业来说，获利性是评价企业赞助效果的一个简单、方便、易行的维度。

（2）企业可通过考察体育赞助前后企业品牌资产变化情况来评价体育赞助效果。企业进行体育赞助的目标之一就是要借助体育项目的知名度、影响力、球迷等无形资产增加自身的品牌资产。因此，企业通过对比赞助前后企业知名度、企业形象、顾客忠诚度和顾

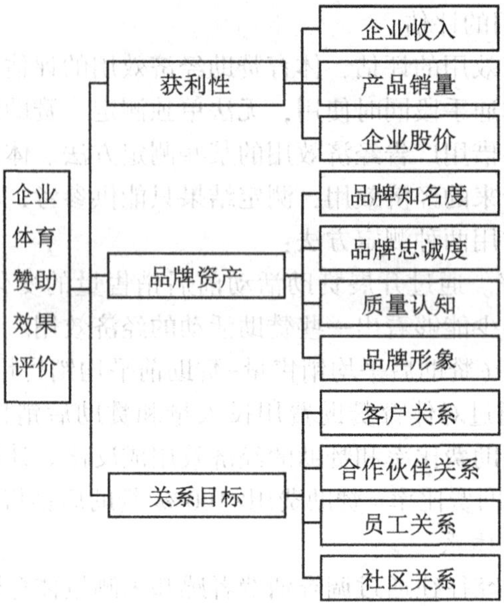

图 8-3　体育赞助评估体系

客质量认知等指标的变化可以判断体育赞助是否取得了预期的成效。虽然，对于一些知名度较高的企业，企业知名度指标的变化可能较不明显。但是企业通过对比赞助前后顾客忠诚度、顾客质量认知等较易量化的指标，可以清楚地判断出企业体育赞助是否提升了企业的品牌资产，从而评价出企业体育赞助是否有成效。

（3）企业可通过考察体育赞助前后企业关系目标的变化情况来评价体育赞助效果。雇员是企业最宝贵的财富，是企业的生存之本；社区是企业赖以生存的外在大环境，融洽的社区关系有利于企业长期、持续、稳定的发展；大客户是企业的主要收入来源；而合作伙伴是企业可持续发展的有力保障。改善社区关系、雇员关系、大客户关系和合作伙伴关系是许多赞助商所期望达到的赞助目标。企业通过对比体育赞助前后各种关系情况的变化可有效地判断出在达成关系目标领域，企业体育赞助是否取得了应有的效果。

第九章　体育营销策划

第一节　体育营销策划概述

一、体育营销策划的概念

体育营销策划是指组织在对内外环境进行准确分析的基础上，围绕组织发展的特定目标的实现，全面构思、设计和选择未来一定时间内体育营销活动的行为方针、战略、阶段目标以及实施方案与具体措施的谋划过程。体育营销策划并不是单纯的与体育有关的广告与产品的销售策划活动。它是全面性的，其内容包括实现既定目标的方法、途径，以及各项资源的配置。体育营销策划的目的在于赢得企业营销的全面胜利。

二、体育营销策划的基本特征

（一）目的性

体育营销策划具有明确的目的，即为了促进企业既定的发展目标的实现而进行构思、设计和选择。只有目标明确才能进一步考虑到实现目标的最佳途径，以及制订应该由何人、在何时、在何地采取何种具体行动的实施方案。

（二）前瞻性

体育营销策划是针对企业未来一定时间内的体育营销活动做出具体的谋划，具有指导未来工作的价值。这就要求营销策划要有前瞻性的特征。

（三）动态性

体育营销策划的动态性特征既表现在体育营销策划方案形成过程中，要充分考虑到未来形势难以把握的变化，使行动方案本身具有一定的灵活性，以便因时、因地、因情况变化机动执行。也表现在体育营销方案执行过程中，可根据情况变化和实施效果的阶段反馈，对营销方案的内容进行必要的补充和修正，使营销方案的实施效果更加显著。

（四）系统性

体育营销策划的系统性体现在，一切都要从系统的概念出发，注意每一个因素的变化所引起各种变化后产生的影响，把策划作为一个整体来考察。以系统整体与部分之间的相互依赖，互相制约的关系中进行系统综合分析，抉择最优方案，以实现决策目标。系统是个有机整体，并非各要素简单相加。无论是生产、销售，还是传播，都是系统的工程。为使系统最优化，必须对系统中各组成要素全盘考虑，并且要与外部环境协调起来，例如资源整合、政治糅合等。单靠肤浅的点子的时代已经过去，过于倚重一两个灵光突现的点子，没有系统的配套措施，对企业的发展有害无益。所以仅仅谋划出几个点子或建议，最多只能算是创意而绝不能说成是体育营销策划。

（五）可操作性

体育营销策划是逻辑思维过程，但又不能只是一种科学的假设，必须是组织现有条件下能够加以实现，具有很强的可操作性。或者说体育营销策划方案所期望达到的效果通过一定的努力是可以实现的。这就要求体育营销策划不仅是提供创意、思路，而且要通过制订方案，在方案中落实人、财、物的合理搭配；不仅在体育营销策划中要谋划战略、策略，还要谋划战术与技巧，以及具体的实施细则，尽可能通过谋划用较少的资源投入获取较大的产出效益。

三、体育营销策划方法

在营销策划程序的每个步骤和环节中都渗透着各种各样的策划方法。一个优秀的策划人会千方百计地调动一切可能获得的资源去实现心中的想法，而这些实现路径也可以归入策划方法之中。

（一）移植模仿法

所谓移植模仿法，就是以某一领域或地区已经成功的产品、事物、模式、项目为模板，进行本土化、个性化复制，模仿运用到当前的策划对象上。模仿、复制、移植本身也是一种创新策划。尽管或许相对于整个社会没有新颖性，但对于策划人自己当前的策划对象、行业市场、特定时空而言，却是新颖的。例如国内很多主题公园的建设策划、大型SHOPPINGMALL的商业规划，乃至节假日终端促销活动的策划，都是近似千篇一律地先找模板，再在别人模式上加小的改动，轰然推出，群起而仿之，形成从众效应，同质化竞争。

策划人对“移植模仿法”的运用可以通过对事物相似性的发现，套用某一事物的现成规律的结果。例如把成熟的产业流程、模式、方法等作为模板，应用于新的产业设计思路中，也是一种移植方法的策划运用。市场经营实战策划中有许多国内外的成功案例，在本质上有惊人相似之处，这说明策划思路是可以在更深、更高的层面上进行模仿复制的。

移植法的核心是人类的模仿本能，是最常见的接近人类本能的策划方法，很适合初学策划的新手能力的拓展提高。但“东施效颦”则是该法运用的大忌。运用这一方法成功的前提，是足够广博的信息和判断能力，寻求移植对象与策划对象之间的共同点。把一个事物搬到别的地方，将新事物移到别的领域，从而产生新的创意。如将电视上的拉杆天线“搬”到圆珠笔上去，成了可伸缩的“教棒”圆珠笔，再将它“搬”到鞋跟上去，可设计出后跟高低可调的新式鞋。

（二）罗列分解法

要思考进而解决任何一个客观问题，思维的第一步骤总是把这个问题的方方面面以及所涉及的各种问题，尽量周全细致地进行罗列分解，以求把问题简单化、明朗化，从而找到突破口。

所谓罗列分解法，就是把一个整体的商务过程分解成若干个步骤或相对独立的商务子过程，或把一个整体的商务内容分解成若干个内容或若干个相对独立的商务子内容。根据策划目标，寻找自我的差异、优势和客观环境中被对手所忽视的机会与利润点。尤其在竞争激烈的同质化市场，在大同之中寻找小异的过程也是一种分解。由于对手能力不断提高，寻求差异的难度也在不断提高，这就要求分解要更加细致、更加周密。细节往往带来机会，甚至决定成败。

分解是策划工作乃至所有管理工作的基础，我们所说的“分解”，是围绕策划的对象与目标，把这个点分解成几个点或者数个台阶来逐步引导消费者。这是一个细化的过程，也是寻找可操作方法和发现机会的过程。在策划思维过程中，细节往往带来引发机会，细节甚至决定成败。所以罗列分解法也是实现“独特的销售主张”（USP）的独特卖点、亮点和诉求点的前提保证。

（三）组合法

所谓组合法，就是把不同的商务内容组合为一体，或把不同的商务过程（形式）组合为一个完整的商务过程（形式）。具体而言，组合法是通过一定的程序和方式，将若干分立因素巧妙地结合或重组，从而获得新的创意优势；把似乎不相关的事物有机结合为一体，并产生新奇想法。组合是想象的本质特征，不仅仅停留在相似点的类比上，而是更进一步把二物为出发点（即焦点），联想其他事物并与之组合，形成新创意。

组合法作为常用的一种策划思路与方法，能够产生快速、强大的效应。但前期投入一般较大，没有足够的资源实力以及高执行能力的团队，不可轻率使用。

（四）重点法

客观存在的每个事物都一定有着其存在的独特性价值，策划创新思维的难处往往就在于能否找到这个独特点。所谓重点法，就是解决问题要抓住特点、重点，善于从策划对象的一点强化突破。

前面我们介绍了罗列分解法，罗列和分解的结果是产生了一个个的策划点，似乎每个点上都可以做一些文章。既然客观条件的限制难以面面俱到，那么究竟选择哪一个点用心着力呢？这就要运用重点强化法的原理了。重点强化法的目的是为了便于策划操作。例如肯德基在和麦当劳的中国市场竞争中，一再反复强调的本土化健康快餐概念“为中国而变”，其策划思维就是重点强化型的。

重点法是策划工作的重要思路之一，其核心是解决问题要善于从一点突破，不要眉毛胡子一把抓。策划人在面对复杂的策划问题和策划对象时，首先要努力寻求突出某一商务环节、某项业务等个别线索，主动地缩小策划对象，把策划的对象简单化、明了化，使这一点首先突破，进而把局部策划产生的功效传递给整个原策划对象，最终解决整体策划问题。也就是说，要善于捕捉要点并加以放大、突出，甚至要大肆张扬，使整个策划对象显现出不可替代的优势。如著名策划家王志纲先生策划的“碧桂园”房地产项目，就是从引入名校、保证子女享受最好的教育问题入手而拉动了整个楼盘的热销和融资。

重点法在营销及广告表现中，就是要着力加以突出和渲染其特征，以独到的想象抓住一点或一个局部加以集中描写或延伸放大，以更充分地表达主题思想。这种艺术处理以一点观全面，以小见大，从不全到全的表现手法给设计者带来了很大的灵活性和无限的表现力。同时，为接受者提供了广阔的想象空间，获得生动的情趣和丰富的联想。

重点法也是形成差异的关键所在，依照“USP——独特的销售主张”观点，这个

“点”必须是：

（1）强调策划对象具体的特殊功效和利益；

（2）这个特殊性是对手做不到或无法提出的；

（3）所强调的主张必须是强有力的，聚集一点，吸引消费者。

这个点是突出的一点，营销人员称为“诉求点”，传媒又称之为“卖点”“亮点”“炒作点”。对专业策划师而言，重点法的掌握和运用是一项必备的技能。用好这一方法，对个人洞察能力、分析判断力的提高都有着显而易见的作用。

（五）实证法

所谓实证法，就是用事实说话，用实际的、消费者看得见的、摸得着的功效来证实产品的优越性。在众多的策划创意方法中，实证法是最容易被理解的。通过实际的表现，向策划的目标对象展开显著性、戏剧性的结果。但实际运用起来，却绝对不是最容易操作、最容易起效的。

【案例分析】

蒋和平和他的富亚涂料——“人喝涂料”

为了展示富亚健康涂料的绿色无毒，说服大家更信服企业产品，北京富亚总经理蒋和平很认真地给大家做一个实验，请一只小猫、一只小狗喝富亚健康涂料。在北京公证处公证员的现场公证下，蒋和平打开了崭新的一桶涂料……一群举着抗议的标语和漫画的青年围了上来，他们是动物保护组织的成员。在此情景下，蒋和平站了起来，伸手把透明玻璃杯拿过来，一下子倒进大半杯富亚涂料，张口喝了下去……在场的人惊呆了。事后证明，富亚涂料当年的销量增加了400%，富亚总经理的“喝”就是资本，“喝”就是市场。

这真的是一个突发的经济新闻？非也。这是一个典型的策划。从策划的创意方法上看，属于典型的“实证法”。而更深的价值在于：不仅是用“人喝涂料”来证明涂料优质无毒这个策划点选择的新奇高妙，更显现出策划者能够分别站在企业、市民、宠物保护者、记者等对象的角度，在设计和完善“为什么喝”“在什么情况下喝”“在什么地方喝”“怎么营造出特定的气氛”“怎样让记者主动地大幅报道”等一系列细节的过程中，使策划自然而然、层层推进、直达高潮，实现了商务策划多快好省的最高原则。

（六）连环伏笔法

在信息过剩、变化多端，甚至“策划”过剩的市场环境中，要获得目标受众的持续关注，确保现实价值和效益的持续性，就必须保证精彩不断线。能够预见变化，并主动顺应客观需求的变化，实现策划思路步步为营，高潮迭起。所以，必须有一连串的“点子”连环出击，始终为下一个可能出现的环境需求或者变化留有伏笔，一切尽在策划人的“预料之中”。

所谓连环伏笔法，就是为开展心目中的策划方案，预先创造策划依据或实施基础。在进行当前策划时，在心目中进行下一个策划案开发，并在企业行动中为今后的深入策划及其实施奠定基础。策划往往是新的竞争或抗争行动的开始，只要开始第一个策划，就必然要有新的策划跟进。策划人应站在市场的前沿，努力面向未来，在当前的策划中，为未来的下一轮策划悄悄地打下基础。例如“变形金刚”从动画片免费赠播到玩具铺天盖地，例如宝洁公司、可口可乐公司等跨国巨头在中国市场的产品系列推广战略，就是典型的连环递进、步步深入，是一个接一个的伏笔谋略。

连环是前提，伏笔是目的，前后两个动作相辅相成，即所谓波波相连，层层递进，吊足目标受众的胃口兴趣，以倍增市场效益。策划人应站在市场的前沿，努力面向未来，在当前的策划中，为未来的下一轮策划打下伏笔。

（七）借势增值法

追求高价值、超值是几乎所有商务行为的本质目标。那么让策划对象因借助客观的资源、势能、背景，从而获得更高的市场价值和目标对象的心理价值认同，成为现代商务策划的市场导向。所谓“借势增值法”，就是在策划思维的罗列和细分过程中，努力寻找外部环境资源，乃至创造出更加有利于策划对象的环境背景，提升目标价值，从而使其效果和利益更加显著。把这些资源整合、捆绑或嫁接到策划对象的市场形象上或商务行为过程中。

借势增值法的社会心理学基础是：民众的社会共识心理是一种社会客观存在的心理势能，企业、人、产品等的价值往往与其环境背景以及民众心理认知有关。背景变化则背景下主体的所有组成要素都会发生价值变化。企业与强者为盟、商业活动与政府公益为伴、个人与名人为友、产品与名牌配套等都是利用捆绑连接的方法，使自己实现快速增值。此类案例在产品市场营销和品牌传播中比比皆是，其策划思维就是借势增值型。

（八）逆向法

逆向思维是求新思维的一种典型方法。所谓逆向法，就是把当前的思维角度、方向、内容、途径、目标等反过来，寻找解决问题的方案。“换一个角度”是很多神奇思维的开始，所谓“山重水复疑无路，柳暗花明又一村”。在思维被阻，实在找不到解决方案时，不妨把当前的思维角度、方向、内容、途径、目标等反过来，反向逆行寻找解决问题的方案。

（九）回避法

所谓回避法，就是不以原策划课题为解决对象，改换问题的内容，重新设立策划课题，再加以策划。要提高回避法应用意识，就要突出一个“换”字，即在遇到难以解决的问题时，主动地探索更换问题的可能性。遇到争论不下的问题，能否换个话题？遇到长期解决不了的问题，能否抛开当前的问题，再向问题的实质深入一步，探索潜在问题背后的深层次问题？遇到非付出较大代价不能解决的问题，自问解决问题是否值得，是否可以去解决更有价值的问题？是否存在迂回解决问题的可能性？

以上我们介绍了九种基本的策划创意方法，而实际上，每一个策划都可以创造性地运用很多方法。即使是以上我们提到的这几类方法也不是孤立的，它们之间完全可以相互联系、交叉运用，以至变幻无穷。策划方法的灵魂是同一的，无论何种策划方法都是继承与创新、灵感与科学、企业与消费者心灵交流与碰撞的完美结合，这就是策划方法的精髓所在。

四、体育营销策划应注意的问题

（一）充分考虑体育营销的高风险性

体育因其具有的健康向上、不断拼搏及公益性特点，易被广泛接受和追随，效果明显。但是，毋庸讳言，体育赞助资金投入也是到目前为止所有企业赞助中费用最高的一项。往往在企业赞助某个体育项目后，赞助资金就占据了营销费用的很大比重。全年基本上从资金、物力、推广主线都围绕着它来进行，且逐年大幅增长。因而，赞助项目的成败对全年乃至长远的品牌建设影响极大。而且因每家企业实际情况的不一样，对体育赛事的赞助评估、计划、资金实力、执行等的不足，体育赞助并非都能够取得预计的理想效果。据统计，在赞助亚特兰大奥运会的二百多个企业中，大约只有25%的企业得到回报。有些企业只得到一些短期效益，有些企业甚至血本无归。

毫无疑问，体育本身是一个非常优质的传播平台。从长期来看，对企业的品牌认知度和美誉度都有非常重要的价值，从短期来看对推荐新产品、扩展渠道、提供品牌曝光度都有积极的意义。但是也应看到，企业的营销主要取决于自身的产品实力，体育营销策划只能提供一个渠道，不能解决企业的全部问题。只有企业在产品方面有核心竞争力，体育营销策划才能让你的产品和你的目标受众有情感联系。

另外，对体育赛事的走向趋势预测也同样存在风险。因为体育比赛的风险就在于每一个运动员都有可能突然失误。和演艺明星不同，体育明星最大的风险是成绩，而消费者往往只记住冠军。所以，赞助某项体育赛事，签约某个运动员有点像“热点押宝”。处于成长期的运动员不但性价比较高，同时因为没有过度开发，具有较大的开发潜力。如果押中，就能带来巨大的商业价值，如果押空，就损失一大笔营销费用。对此，同样需要我们在进行体育营销策划时给予充分考虑，提前做好预案。

（二）体育赞助必须门当户对

体育营销策划中有一个很重要的方面就是体育赞助。体育赞助指向某一体育项目付出一定数额的现金或实物，作为与该体育项目合伙参与开发以达成各自组织目标的一种特殊商业行为。体育项目是企业赞助行为发挥商业效应的基本载体，是评估是否赞助、如何赞助最重要的指标。因此，体育赞助必须门当户对，主要需从以下几个方面考量：

1. 赛事是否适合目标消费群体

如果所赞助的体育项目不是目标消费群，也不被消费者所钟爱，商业价值也就无从谈起。这是门当户对最基本的考量因素，然而却有企业在实际操作过程中觉得某个项目不贵，有很多人关注，或者受到政府部门的重视就草草决定赞助。而实际上除了与非主要目标群打个招呼、图个脸熟，别无他用。

2. 体育赞助项目或运动员与品牌定位、产品特性是否相符

体育赞助不管采取什么样的形式、投入有多大，其终极目标都是为建立、巩固一个强有力的品牌定位服务，从而影响销售的。

首先我们所想要赞助的体育项目与销售的产品特性是否相一致。产品特性包括：产品的功能、特点、销售区域范围。比如一家区域性销售的女性保健品就不太适合赞助全国性的足球联赛。

还有，体育赞助项目必须与品牌的定位相一致。万宝路香烟品牌多次赞助欧洲一级方程式赛车，将世界顶级车手的阳刚与万宝路的男子汉气概的品牌内涵联系在一起。而后，万宝路把这一策略移植到了中国。在中国，万宝路先后冠名赞助了中央电视台《体育大世界》栏目和中国的甲 A 联赛。其赞助策略又成功地使中国受众将万宝路与激动人心的体育赛事和体育精神联系到了一起，阐发了万宝路的品牌内涵——自由、粗犷，具有冒险精神，再次获得了广大受众的青睐。万宝路一直赞助具有这种特征的赛事，一级方程式赛车、足球赛，如果离开这个品牌定位，赞助将是南辕北辙，毫无意义。

3. 赛事或运动员是否被普遍认同，且处上升趋势

所赞助的体育项目是否被普遍认同，这将决定品牌的传播广度和被公众认同的程度。体育赛事一样遵循波浪式发展的规律。如果在当时是体育方面的热点，是被议论的话题，当然传播就广，效应要比被动传播好得多。赛事呈上升或下降趋势，将影响品牌的美誉度。赞助一个充满生机、正在上升的赛事，往往让消费者感觉到你的品牌是年轻而具活力的；赞助一个让目标受众失望、走下坡路的赛事，往往也会相应让消费者觉得赞助品牌是老套的、不受欢迎的。

4. 竞争对手赞助情况

体育营销策划涉及对体育项目的赞助还要看自己的主要竞争对手。假如竞争对手赞助了同样或相类似的体育项目，且比你计划要赞助的项目更高一个级别，那建议你马上放弃，否则你将成为垫底的牺牲品。因为你选择的是与竞争对手直接作战，而对手明显强过自己，那最后只能留给目标消费者这样一个印象：提起所赞助的体育项目时，消费者所记得的是竞争对手品牌，而忘记了你。即使知道你，也自然而然地觉得你比竞争对手差。这种情况可以寻找一个适合自己定位，又能与竞争对手相区别的体育项目。相反，你赞助的项目比竞争对手强，且有能力做好，那就建议与竞争对手抢夺这一赞助品牌。

(三) 坚持体育营销的连贯性

1. 从战略的角度来看

对所赞助的体育项目缺乏长期的规划和经营，短视行为严重，这是中国企业的软肋。1996 年亚特兰大奥运会中国代表团的赞助商有 37 家之多，到 2000 年悉尼奥运会时就只剩下李宁公司一家了。这个数字变化说明了很多公司在体育营销策划上还不成熟，对体育营销的理解还太简单或片面。这使企业没有因此获得应有收益，有的甚至背上了沉重负担，所以被迫退出。

反观国外企业，它们都有一整套长期的体育营销计划，甚至将体育赞助作为企业营销战略的一部分。成立专门部门，专司赞助项目公关策划工作，或由总裁挂帅，瞄准体育赞助这一巨大市场。从研发到市场、从资金到人才，全面调动。真正把体育营销、打造自身品牌作为公司战略实施的一部分，并贯彻执行到位。

2. 从战术的角度来看

企业必须做到计划实施中的连贯性和节奏性，受众只会对连续而又有节奏的刺激产生印象，这是体育营销策划的生命。体育营销是以心理效应为主，各种收益只有经过长期不懈的努力方能实现，很难一蹴而就。因此，体育营销贵在坚持，要保持相对稳定，使之形成系统、完整的赞助品牌形象。

（四）具备完善的配套执行能力

体育营销策划是一个复杂的系统活动，要使赞助项目发挥出最好的赞助效益，必须具备完善的配套执行能力。而国内很多企业往往以为，企业出了赞助费用，有了广告方面等的权益后就完事了。其实这是一个误区，即使有了好的赞助项目，却舍不得多花点人力、物力做配合性的放大工作。这就好比买了一匹好马，却舍不得配上一个好鞍。真正要发挥好赞助的效益，必须通过高空媒体的宣传、地面的促销推广活动、新市场的开拓及企业内部的产品开发等方面相配合。

1. 制订长期而完善的配合执行计划

体育赞助因其非单纯的企业行为，它还涉及被赞助方、媒体、体育经纪公司等机构。且由于体育赞助活动的规模较大，涉及的营销工具与宣传手段丰富，往往不是企业能单独承担的。只有权衡各方关系，在互惠互利、密切合作中，才能共同创造一个体育赞助的良好效益。而对于企业来说，体育赞助已成为公司重要的营销战略。因此制订长期而完善的配合执行计划势在必行。一般来讲分两个部分：一是中长期营销战略计划。在这个计划中系统地说明其在公司整体战略中的地位，需要达到的目标，分几步走，每一年的目标计划如何，大致预算为多少。二是每年的详细执行计划。一般包括该年的营销目标、传播核心、配合此项目需要分几步走，如何配合（促销推广、媒体投放、产品配合等），人员组织等。

2. 配备专业的执行队伍

复杂的体育营销策划要求活动组织人员具有全面的、专业的实践经验与统筹组织能力，以调动整个执行团队完成任务。体育营销策划在中国仍是一个比较新颖的策划活动，未形成较为成熟的专业队伍与操作模式，这使企业在实施过程中碰到很大困难。企业可以从外借助体育经纪公司在这方面的丰富经验，培养公司主要的策划组织人员。同时，短期内对公司整个运作环节人员进行培训，并慢慢引导成为一个专业的执行人员，这种执行者既不离原有岗位，又能胜任体育赞助的工作。

做好计划，培养并配备好执行队伍，保证资金投入到位，才能发挥好赞助效应。防止因某个部门或环节的工作做得不充分，敷衍了事而导致整个赞助活动链条断节，使企业蒙受损失。

（五）要考虑媒体的参与程度，放大赞助权益

体育营销、体育赞助本身并不能产生多大的传播效果。真正起效果的是企业如何借助营销手段，善用传播策略，这是企业体育营销价值的精华所在。

体育赞助是一种借助体育项目品牌带动企业品牌的借力行为。通过体育公益性、广泛性的特点，使品牌悄然深入民心，并对品牌产生好感。在这个过程中，媒体对赞助品牌的曝光与曝光程度显得至关重要。然而在中国目前的媒体环境中，你的最基本赞助权益也会被媒体无情扼杀。因为媒体不认为你的赞助与他相关，也就不会提起你这个赞助商。所以赞助过后发现，人们只记得精彩的体育赛事，至于谁花了多大血本赞助就无人知晓了。

基于这种环境，在体育营销策划中，企业必须考虑与关键的媒体形成长期、深入的合作关系，如专业的体育类媒体、重点市场的大众媒体等，放大赞助的传播效果。通过媒体的空中传播，结合企业的地面促销等推广活动，接触并吸引目标顾客的群体参与，加深对

品牌的了解。

(六) 要有足够的财力支持

没有足够的资金，任何创意都不可能实现。国际上成功的体育营销经验显示，后期的市场推广和配合的营销活动还需要赞助费的3~5倍的资金支持，甚至更多。比如，早在1996年，可口可乐公司就在全球市场投入了4.5亿美元用于体育赞助。而用于赞助本身的经费仅为4000万美元，其他的4亿多美元全部用于外围的配合与市场的巩固。可口可乐公司每投入1美元的赞助费就要在外围和各目标市场投入11美元进行传播配合和巩固业绩。

再如，“奥运赞助”并不像买票入场那么简单，支付赞助费只是一个开始。据传闻，韩国三星公司成为第五期（2001—2004年）TOP赞助商时候的赞助费是6000万美元左右，但仅2001年一年，其用于品牌宣传的费用就高达2亿美元左右。联想成为2005—2008年奥运会全球合作伙伴，向国际奥委会支付6500万美元以上赞助费，并为此花费3~5倍配套资金，合计将超过20亿元人民币。可见，赞助费用只是一张入门券，维持整个配合推广活动是进行赞助的价值所在，因此持续的资金支持投入是关键。任何对体育赞助的误解及操作的不规范，只会让体育营销这把冲向市场的利器变得黯然无光，成为造成企业阵痛的“烧钱运动”。

第二节　体育营销策划的运作程序

一、初步调研，发现并设定策划问题

好的开始是成功的一半。一般地，人们往往急于尽快拿出方案，而不是先耐心界定所要解决的问题。其实，只要认真地界定问题，将问题细化，那么问题就有效解决一半。当前面对的是什么样的项目，客户对这个策划项目的期望度如何，这是策划工作应初步搞清楚的。找出这个答案的过程，就是发现并设定策划问题的过程。

策划问题设定的高低优劣，取决于提出问题的组织或个人的思维悟性、学术基础、经验积累以及对现实和未来的把握程度等各种因素。在策划的起始阶段。提出一个好问题胜过回答一百个问题。发现并设定策划问题就像一场比赛的开局一样，可以在很大程度上影响整场比赛的成败。

二、明确策划主题，确定策划目标

(一) 明确策划主题

在初步调研的基础上，根据策划对象的要求和期望，确定一个合适的策划主题。策划的主题是策划活动的宗旨，是整个策划运作的总纲。一个项目的开始则源自主题，只有确立了策划的主题，才能够目标明确，纲举目张。

在确定策划主题的过程中，要明确以下几个问题：做这个策划是基于什么理由和目的？为什么会挑选这个作为策划的主题？会产生怎样的效果？是否会被客户认同？我们需要把策划标的对象看成人，而策划对象出现问题，就像人生病一样，要找出生病的原因。

策划也就是找出问题、解决问题的过程。只要能找到问题的关键点，就找到了策划的出发点，也就找到了策划主题。此外，还必须确认策划委托者的本意，这也是明确策划主题的关键。

（二）确定策划目标

确定营销策划目标是为整个营销策划活动确定一个总体框架，是策划行动方向的指南，是整个策划过程的起点。起点是否得当，是策划的关键。过高、过低的起点都不利于策划，可谓相差毫厘，失之千里。只有根据实际情况选定合理、合适的目标，才能有效地进行以后几步的策划。

企业要将自己的品牌、产品打出去，必须有自己一些措施，制定切实可行的计划和目标，这个目标包括两方面：(1) 企业整体的目标。(2) 营销目标。

能否制定一个切合实际的目标是营销策划的关键。有的营销策划方案大有“浮夸”之风，脱离实际，制定目标过高，其结果也必然与实际相差千里；而有的营销策划则显得过于保守，同样也会影响营销组合效力的发挥。总之，制定一个适宜的目标不但是必要的，而且是关键的。此外，营销策划的目标值，要尽量量化、数字化。用数字表现出来的目标清晰、具体、有比较性，容易使人产生认同感。策划的目标，就是策划要实现的期望值，如市场占有率提高几个百分点等。目标不明确，策划的追求就会模糊，就不易产生有很强针对性的策划方案。

三、开展策划调研，分析策划环境

（一）开展营销策划调研

策划调研的目的之一是进一步深化策划问题并最终明确策划主题。这一过程并不一定遵循某个固定模式，它应该是科学的调研过程与策划人员的智力开发巧妙的结合。通常，策划人在递交内容充实、很有分量的调查报告时，策划的主题就应该明确了。因为策划调研报告的结论实际上就决定了与策划对象相关的问题是什么，与客户的期望有什么差距，在现有的环境约束下，可能的实现路径有哪些。因此只有了解策划对象的相关信息，并根据策划人的经验和知识，推测出未来的发展趋势，才能做出科学的符合事物发展逻辑的策划。

1. 营销调研的方法

营销调研方法一般有直接调研和间接调研两种。直接调研就是通过实地调查、统计调查、问卷、直接访问等技巧收集第一手资料；间接调研一般通过查阅文献、调查报告等技巧，收集第二手资料。形成书面的调查报告，为以后的营销创意方案设计提供依据。

2. 营销调研的内容

营销调研必须收集以下三方面的信息：

(1) 策划主体自身的信息。策划主体在策划过程中，要充分了解自己，过高地估计自己或过低地看待自己，都不利于策划的成功。

(2) 竞争对手的信息。要在竞争的策划中获胜，就要做到“知己知彼”。要了解竞争对手的历史、现状，了解竞争对手的意图和行动方案等。

(3) 策划环境的信息。策划者除了了解策划主体自身的信息和竞争对手的信息外，还要了解社会公众、政策法规、自然地理条件、社会伦理道德等有关策划环境方面的信息。

其中，组织（产品）自身的情况、市场营销环境、竞争对手的营销策略及营销方案、顾客的消费心理、消费行为等要作为调研重点。

3. 营销调研信息的要求

信息是进行策划的素材。因此，成功的策划对信息有着极高的要求，必须保证信息的准确、及时、完整、适度和适当。

(1) 保证获取信息的准确性。策划获得成功的前提是信息要如实地反映客观情况，否则，虚假的信息会误导策划者，使策划走向失败。策划所需的信息是否准确，关键在两个地方：一是在信息源那里；二是在传输与加工环节中。本来真实的信息，可能会由于某个环节处理不当而引起信息失真。

(2) 保证获取信息的及时性。在当代信息社会，信息资料越来越多，信息的变化速度也不断加快，变化周期大大缩短。因而信息的及时性也显得越来越突出。因此，再好的信息如果不及时获取，就会失去其效用。

(3) 保证获取信息的完整性。如果策划者所获得的信息不完整，在对信息进行利用时，容易犯以偏概全的失误。因此建立在不完整信息基础上的策划就不能保证能够获得成功。

(4) 保证获取信息的总量适度。过多过杂的信息使决策者无暇汲取其中的有用部分，也无法进行适当的判断分析。

(5) 要求提供的信息精度是适当的。一般来说，获取信息的精度越高，对策划者的价值越高，但是当精度达到某个点以后，信息的价值增量随精度增加呈很缓慢的渐进态势；相反，信息获取费用在低精度时很小，但随着信息要求的精度增长，增长得愈来愈快。在实践中我们应把握适当的精度要求，使信息价值对费用的比值达到最大。当用抽样方法获得必要的信息时，抽样点数目的选择应遵循以上的原则。

（二）分析策划环境

一个好的营销策划必须对市场、竞争对手以及行业动态有较为客观的分析，主要包括如下三个方面。

(1) 风险与机会的分析：分析市场上该产品可能受到的冲击，寻找市场上的机会和“空档”。

(2) 优势与弱点分析：认清该企业的弱项和强项，同时尽可能充分发挥其优势，改正不足之处。

(3) 结果总结：通过对整个市场综合情况分析，为制定应当采用的营销目标、营销战略和措施等打好基础。

四、形成营销策划创意

一项策划案在分析完各种环境后，紧接着就进入策划的核心阶段和最能体现策划人创造性的阶段。好的营销创意是营销成功的一半，创意对营销的重要性不言而喻。在掌握市场营销环境、竞争对手营销策略和方案、消费者心理和行为的基础上，拿出具有针对性、能够吸引消费者兴趣、激发消费者购买冲动且便于操作的创意。总的说来，创意具有新、奇、特、健四个特点。

完美的创意表达是策划创意形成的重要标志。没有好的创意表达，即使发现了很有价值的问题也无助于策划工作的有效完成。一个好的创意可能通过各种方式表达出来。可以是时间、空间的巧妙契合，可以是人文、历史、政策走势的完美统一，也可以是任何其他的惊人之举。表达策划创意的方法千差万别，但核心要旨都在于与策划所关注的目标群体实现真正的心灵沟通，对方被打动的同时就会在心里接受你的创意。

五、制订策划方案

策划创意形成后，就可以进入制订策划方案阶段了。这一阶段包括制作、筛选以及最后形成策划方案这样一个过程，该阶段的结果通过策划书表现出来。

(一) 定位策划方案

定位策划方案，也就是说，要考虑拿出一个何种品位和层次的策划方案来。这就像一场重要的演出上演之前，指挥家为演奏的曲目定调一样。定位将决定策划方案的制作风格，因此策划人员既要考虑客户的需求和口味，选择一种能够引起客户共鸣的策划方案，又要考虑自身的特点和风格。每一家策划公司都有它的风格和特点，应该给予充分的关注。

(二) 表现策划定位

策划方案的定位完成后，就要启动策划人员的智慧以及策划团队的知识积累，将有关策划内容表现出来。除了之前提到的主客观条件分析、策划主题和策划思路的确定、策划目标设计之外，此部分重点在于确定策划方案实施的具体步骤。具体包括：

1. 制定营销战略

围绕已制定的目标进行统筹安排，结合自身特点制定可行的市场营销战略。营销战略包括以下几个方面。

(1) 目标市场战：是指采用某种方法、手段去进入和占领自己选定的目标市场，也就是说企业将采用何种方式去接近消费，确定营销领域。

(2) 营销组合策略：是指对企业产品进行准确的定位，找出卖点，并确定产品的价格、分销和促销的政策。

(3) 营销预算：是指执行各种市场营销战略、政策所需的最适量的预算以及在各个市场营销环节、各种市场营销手段之间的预算分配。制定营销战略要特别注意产品的市场定位和资金投入预算分配。

2. 制订行动方案

营销活动的开展需要制订一个统筹兼顾的方案。从时间到协调方面，要求选择合适的产品上市时间，同时要有各种促销活动的协调和照应。有的营销策划如果忽略对产品上市最佳时机，会直接影响到营销活动的展开，而各个促销活动在时间和空间上也要做到相互搭配、错落有致。

3. 预测效益

在预算书的收入栏中列出预计的单位销售数量以及平均净价。要编制一个类似损益报告的辅助预算，在支出栏中列出划分成细目的生产成本、储运成本及市场营销费用。收入与支出的差额就是预计的赢利。经企业领导审查同意之后，它就成为有关部门、有关环节安排采购、生产、人力及市场营销工作的依据。

4. 设计控制和应急措施

营销策划人员的任务是为经过效益预测感到满意的战略和行动方案构思有关的控制和应急措施。设计控制措施的目的是便于操作时对计划的执行过程、进度进行管理。把目标、任务和预算按月或季度分开，使企业及有关部门能够尽快了解各个时期的销售实绩，找出未完成任务的部门、环节，并限期做出解释和提出改进意见。设计应急措施的目的是事先充分考虑到可能出现的各种困难，防患于未然。可以扼要地列举出最有可能发生的某些不利情况，指出有关部门、人员应当采取的对策。

（三）拟定多种方案

在整合策划方案的过程中，可能会出现几种不同的解决方案。这是因为每个人对客观事物的认识程度和方法是有差异的。因而人们在解决问题时，可以用多种策划方案来解决同一个问题。这些方案之间并不是互相排斥的关系，而是互相补充，互相融合，取其所长，去其所短的关系。如果只找到一种策划方案，就意味着这种策划方案不一定是最佳的，难以比较好坏，区别优劣，就没有选择的余地。因此，策划者在策划中应拟定多种方案，以备挑选，从挑选中比较，从挑选中择优。同时由于每备选方案都有其合理性和局限性，因此，在优选的基础上，还可以吸收其他方案的长处，补充所选方案，使之更加完善。

（四）制作策划书

事实上，从策划人的最初构想开始，策划书的制作工作即已开始，只不过那时的“策划书”存在于策划人的头脑中而已。随着构想的细化，策划书也粗具雏形，内容也渐渐丰富，直至最后水到渠成的完整的策划案的出台，并将其形成文字。策划书是策划人赖以展开策划内容，获得他人认同，并据以组织实施的“设计图”或“剧本”。它是策划由想法到现实的重要环节之一，决不能随意编制。

制作策划书时要注意：

1. 主题要单一，继承总的营销思想

在策划活动的时候，首先要根据企业本身的实际问题（包括企业活动的时间、地点、预期投入的费用等）和市场分析的情况（包括竞争对手当前的广告行为分析、目标消费群体分析、消费者心理分析、产品特点分析等）做出准确的判断，并且在进行 SWOT 分析之后，扬长避短地提取当前最重要的，也是当前最值得推广的一个主题，而且也只能是一个主题。在一次活动中，不能做所有的事情，只能把一个最重要的信息传达给目标消费群体。正所谓“有所为，有所不为”，这样才能把最想传达的信息最充分地传达给目标消费群体，才能引起受众群关注，并且比较容易地记住你所要表达的信息。

2. 直接地说明利益点

在确定了唯一的主题之后，受众消费群体也能够接受我们所要传达的信息。但是仍然有很多人虽然记住了某个产品信息，但是却没有形成购买冲动，为什么呢？那是因为他们没有看到与他们有直接关系的利益点。因此，在活动策划中很重要的一点是直接地说明利益点。如果是优惠促销，就应该直接告诉消费者你的优惠额数量。而如果是产品说明，就应该产品最引人注目的卖点。只有这样，才能使目标消费者在接触了直接的利益信息之后引起购买冲动，从而形成购买。

3. 活动要围绕主题进行并尽量精简

很多策划文案在策划活动的时候往往希望执行很多的活动，认为只有丰富多彩的活动才能够引起消费者的注意，其实不然。其一，容易造成主次不分。很多市场活动搞得很活跃，也有很多人参加，似乎反响非常热烈。但是在围观或者参加的人当中，有多少人是企业的目标消费群体，而且即使是目标消费群体，他们在参加完活动之后是否纷纷购买产品？目前一些策划者经常抱怨的一个问题就是围观者的参与道德问题。很多人经常是看完了热闹就走，或者是拿了公司发放的礼品就走了。其实这里的问题就在于活动的内容和主题不符合，所以很难达到预期效果。在目前的市场策划活动中，有一些活动既热闹，同时又能达到良好的效果，就是因为活动都是紧紧围绕主题进行的。其二，提高活动成本，执行不力。在一次策划中，如果加入了太多活动，不仅要投入更多的人力物力和财力，直接导致活动成本的增加，而且还有一个问题就是容易导致操作人员执行不力，最终导致案子失败。

4. 具有良好的可执行性

一个合适的产品，一则良好的创意策划，再加上一支良好的执行队伍，才是成功的市场活动。而执行是否能成功，最直接和最根本地反映了策划案的可操作性。策划要做到具有良好的执行性，除了需要进行周密的思考外，详细的活动安排也是必不可少的。活动的时间和方式必须考虑执行地点和执行人员的情况进行仔细分析，在具体安排上应该尽量周全。另外，还应该考虑外部环境（如天气、民俗）的影响。

5. 切忌主观言论

在进行活动策划的前期，市场分析和调查是十分必要的。只有通过对整个市场局势的分析，才能够更清晰地认识到企业或者产品面对的问题。找到了问题才能够有针对性地寻找解决之道，主观臆断的策划者是不可能做出成功的策划的。同样，在策划书的协作过程中，也应该避免主观想法，也切忌出现主观类字眼。因为策划案没有付诸实施，任何结果都可能出现，策划者的主观臆断将直接导致执行者对事件和形式的产生模糊的分析。客户如果看到策划书上的主观字眼，会觉得整个策划案都没有经过实在的市场分析，只是主观臆断的结果。

六、评估选择策划方案

一个策划会存在很多策划方案，要在各种策划方案之间选择一个最优方案。策划公司以及策划人员自己必须有一定的标准，并且依据这些标准进行自我评审。将各种方案的优点和缺点一一列示出来，经过权衡，拿出最优方案。

（一）评估策划方案的原则

在对策划方案的选择中，主要应当把握好以下几点：

（1）目标原则：优秀的策划方案，每一步都应围绕如何实现目标来展开既不能相悖也不能相离。

(2) 可行性原则：要求策划方案既是建立在实际条件之上，根据现有能力可以实现，又要有一定的挑战性，虚构变成现实具有合理的途径。

(3) 价值原则：即投入与产出的比例是否合适，既要追求经济效益，又要有好的社会效益。

(4) 择优原则：最好的未必是最优的，最优的是最适合自己的，现实可行的，且风险小、副作用小。

(二) 评估策划方案的标准

对于多个策划方案进行评估时，要先建立评估的指标体系。指标体系是由若干个单项主价指标所组成的整体，它反映了策划所要达到的目标和功能。

评价指标体系通常包括以下几个方面：

(1) 政策性指标：包括政府的方针、政策、法令、法律及发展规划等方面的要求，对宏观策划和中观策划尤为重要。

(2) 经济性指标：包括策划方案的成本、效益、投资额和利润等。

(3) 资源性指标：包括人、财、物等资源的保证程度。

(4) 时间性指标：包括策划进度、时间节约等指标。

以上所考虑的是大类指标，每一指标又可包含许多小类指标，在具体条件下，可以有所选择和增减。

(三) 评估策划方案的方法

一般来说，评估策划方案可采用经验判断法、数学分析法和经验法。

1. 经验判断法

经验判断法是基于决策人员的经验、知识、技术水平，对各个方案进行分析比较从而对其优劣作出判断而进行抉择的一种方法。这种方法主要用于包括较多难以定量化的抽象因素（如社会因素、人的因素、心理因素、道德因素）的决策问题。

采用经验判断法的决策方式可以由个人进行，也可以由集体进行。对于一些较简单的决策问题，由一个人进行评选即可。而对于一些较为复杂的问题，一个人进行评选显然不行，就有必要多人参与。用经验判断法来选定策划方案，其成功的关键，不仅取决于决策者的经验是否丰富和对经验的认识是否正确，还取决于决策者是否清醒地认识到作为过去经验来源的那些决策行为同现在需要做出选择的决策对象之间的异同点。

2. 数学分析法

数学分析方法是一种定量化的评选方法。它主要用来解决那些受多种复杂的数量因素制约的策划方案的评选。特别是在电子计算机广泛应用的今天，这种方法在评选中的应用越来越广泛。这种方法包括系统分析、线性规划、网络规划、层次分析法等一系列建立在数学手段基础上的定量化分析技术。

3. 试验法

试验法是通过试验的方式进行评选的方法。这种方法主要用于解决一些经不起失误的重大决策问题，尤其是一些缺乏经验的新问题。试验方法通过选取少数典型单位作试点，然后总结经验以做最后的评定。

七、实施策划方案

策划方案完成并不意味着策划已经成功，还必须对策划方案的实施过程进行实时指导、监督和调控。尽管策划方案的制订包括了策划项目具体实施的人员安排，但是，在策划的具体实施过程中，这个环节仍要引起充分的重视。一个好的策划项目，如果没有好的策划实施人员去完成它，也只能是徒劳无功。因此，在策划方案开始执行时，选择实施人员是非常重要的。必要时，应该对策划项目的具体实施人员进行培训，以保证策划方案的顺利实施。

在正式实施营销策划方案前，可进行营销方案试验。很多营销活动没有试验这一道程序，营销创意直接拿到市场上去操作，一旦失败，损失很难弥补。所以为了降低营销活动失败所带来的损失，这一程序必不可少。如何进行试验呢？通常的做法是在一个比较小的市场上进行短期操作实验一次，或者是公司内部一些专家，如营销经理等，对这次营销活动的各个方面的问题进行质疑答辩。

在策划方案运行过程中，应该密切跟踪其运行效果，发现问题应及时调整，以避免产生大的损失。美国一家体育用品公司为新推出的女式运动鞋起了一个新名字。但在产品推出去不久，发现这个名字在其主要出口国中含有对女性的非常不尊重的意思，于是立刻停止了这个品牌产品的出口，这样就避免了更大的损失。

八、策划效果评估与反馈

体育营销策划方案的实施过程结束后，还应对方案的设计和执行情况做出科学的评估分析。检查是否达到预期目的，有哪些成绩和经验，存在什么问题和不足，为今后更好地进行市场营销策划提供依据和指导。

总之，体育营销策划是当今体育经营企业在市场竞争中被广为关注的一项创意性营销活动。正是因为它带有一种主观意向，因此，策划活动除一些基本内容和原则外，并无固定的模式去套用。策划活动除应具有科学性、针对性、实用性外，还应具有艺术性，通过主观再造不断在企业营销管理中创造出新的营销策略，吸引消费者，抢占市场。在西方广为流传的一句名言是："管理是企业的效益，创新是企业的生命，策划是企业的翅膀。"在我国市场经济发育和发展过程中，体育经营企业应该学会营销策划，以提高自己在市场经济中的竞争能力。

第三节　体育营销策划书撰写

策划书的写作者常常会遇到下面两种情况：有时虽然选好了策划的主题，抓住了问题的核心，但却不知道如何用书面形式体现出来。结果，原本很好的策划创意就烂在了肚子里。有时对自己写的策划书感觉非常良好，但拿到会议上讨论时却不具备足够的说服力，无法得到别人的认同，最终难逃被毙掉的厄运。因此，优质的策划书是策划高手必须具备的"表演道具"，离开了这个"道具"，你的策划就不会张弛有度地"精彩演出"。

一、体育营销策划书的内容与结构

（一）策划书的基本内容

5W3H 是策划行业中约定俗成的策划书应该充分表达的内容，它们分别是：

What（什么）——策划的目标是什么？

Why（为什么）——策划的依据是什么？

Who（谁）——为谁策划（策划的对象）以及谁来策划（策划的有关人员）？

Where（哪里）——在何处策划（策划的场所）？

When（时间）——什么时候进行策划以及策划的日程安排？

How（方法）——策划的方法是什么？

How（怎样）——策划的步骤和表现形式如何？

How（多少花费）——策划涉及的预算情况。

这是的策划书内容比较全面的表述方法，当然，这也只是策划书应该包括的一般内容。在具体操作时，策划者可以根据情况有所增减变更。对于有着丰富经验的策划机构来讲，其策划书的体例、格式应自成一体，特征鲜明而稳定。如果策划行业比较成熟，各个策划机构的策划书甚至可以代表该策划机构的品位和层次。因此，编制策划书应引起策划机构和策划者的足够重视。

（二）策划书的基本结构

策划书虽然不能千篇一律，但有着基本结构。按照形式结构的进一步分解，策划书可以分为以下几个部分：

1. 策划书的封面

策划书的封面要提供的信息：

（1）策划书的名称。将策划主题体现出来，让使用者一目了然。

（2）策划的主体。也就是策划者及其所在的策划机构。

（3）策划书制作时间。

（4）策划书的编号。

此外，还可考虑在封面做简洁的内文简介。封面设计尽量精美，厚度要比内文的纸张稍厚，以便于传阅和保存。

2. 前言

前言或序言是策划书正式内容前的情况说明部分，内容应简单明了，最多不要超过500字，让人容易理解。其内容主要是：

（1）接受委托的情况。

（2）本次策划的重要性与必要性。

（3）策划的概况，即策划的过程及达到的目的。

3. 目录

目录的内容也是策划书的重要部分，应让人读后了解策划的全貌。目录具有与标题相同的作用，同时也应使阅读者能方便地查询营销策划书的内容。

4. 摘要

阅读者要能通过摘要大致理解策划内容的要点。摘要的撰写同样要求简单明了，文字不能过长。另外，概要提示不是简单地把策划内容予以列举，而是从策划书内容中提炼出的，因此其遣词造句等都要仔细斟酌，让人一目了然。

5. 正文

正文是营销策划书中最重要的部分，具体包括以下几方面内容：

（1）营销策划的目的。营销策划主要是对本次营销策划所要实现的目标进行全面描述，它是本次营销策划活动的原因和动力。这一部分使整个方案的目标方向突出明确。

（2）市场状况分析。着重分析以下因素：

①宏观环境分析。着重对于本次营销活动相关的宏观环境进行分析，包括政治、经济、文化、法律、科技等。

②产品分析。主要分析本产品的优势、劣势、在同类产品中的竞争力、在消费者心目中的地位、在市场上的销售力等。

③竞争者分析。分析本企业主要竞争者的有关情况，包括竞争产品的优势、劣势，竞争产品营销状况，竞争企业整体情况等。

④消费者分析。对产品消费对象的年龄、性别、职业、消费习惯、文化层次等进行分析。

以上市场状况的分析是在市场调研取得第一手资料的基础上进行的。

（3）市场机会与问题分析。营销方案是对市场机会的把握和策略的运用，因此分析市场机会就成了营销策划的关键。只要找准了市场机会，策划就成功了一半。

①营销现状分析。对企业产品的现行营销状况进行具体分析，找出营销中存在的具体问题点，并深入分析其原因。

②市场机会分析。根据前面提出的问题，分析企业及产品在市场中的机会点，为营销方案的出台做准备。

（4）确定具体行销方案。针对营销中问题点和机会点的分析，提出达到营销目标的具体行销方案。行销方案主要由市场定位和4P's组合两部分组成，具体体现两个主要问题：

①本产品的市场定位是什么？

②本产品的营销组合具体是怎样的？具体的产品方案、价格方案、分销方案和促销方案是怎样的？

6. 预算

整个营销方案推进过程中的费用投入，包括营销过程中的总费用、阶段费用、项目费用等，以较少投入获得最优效果。用列表的方法标出营销费用，让人醒目易读。

7. 进度表

把策划活动起止全部过程拟成时间表，具体到何日何时要做什么都标注清楚，作为策划进行过程中的控制与检查。进度表应尽量简化，在一张纸上拟出。

8. 人员分配及场地

此项内容应说明具体营销策划活动中各个人员负责的具体事项及所需物品和场地的落实情况。

9. 策划的期望效果与预测效果

指明策划中的关键环节，策划实施中应注意的事项。

10. 结束语

结束语主要起到与前言呼应的作用，使策划书有一个圆满的结束。

11. 附录

附录的作用在于提供策划客观性的证明。因此，凡是对策划参与者提供必要的参考，有助于阅读者对策划内容理解、信任的重要资料，都可以考虑列入附录。如供参考的文献与案例，第二、第三备选方案的概要等。附录的另一种形式是提供原始资料，如消费者问卷的样本、座谈会原始照片等图像资料。为避免太过杂乱，资料不能太多，要择其要点而附之，有时也可略之。附录也要标明顺序，以便阅读者查找。

二、体育营销策划书的表达技巧

一份优质的策划书仅仅有生动流畅的文字还不够，还必须采用各种艺术化的技巧，使之在形式上美观大方，简洁明了，实现立体化的视觉效果。

（一）语言应力求明白易懂

策划书的实用性决定了其语言必须明白易懂。要做到这点，就必须注意以下的表达技巧：

1. 使用逐条列举法来表现

将重要内容逐条列举，能够在第一时间抓住读者的眼球，同时节省读者的时间；反之，若无法将策划内容逐条列出来，那么这个策划书就不够鲜明，无法说服别人。那么可能意味着必须重新梳理一下思路、组织逻辑。

2. 用语精确、表达简练

策划书的写作目的是为了向委托方传达策划思考过程和解决问题的方案，其写作态度要明确，用语要准确、甚至精确。要根据阅读对象的认知习惯和认知水平，有针对性地使用合适的词语，准确地传达自己的意图。同时在数据与图表的使用上，要做到精确、规范。

另一方面，策划书是广泛应用的商务应用文之一。商务应用文的基本特征，就是在文字的使用上不过分地强调文章的色彩、韵味和意境。而是就事论事，表达商务活动中的意图。因此，在语言表达上，要尽量做到凝练准确，直达根本，直陈要害。

3. 逻辑清楚，层次分明，前后照应

策划书的写作涉及问题的界定、成因分析、解决方案的获得以及最终行动方案的选择等环节。如果要做到令人信服，就需要在内容组织上体现出良好的逻辑性、层次性，并且将若干步骤融合为一个整体，给人完美的整体感。这样才能利于读者阅读、理解，进行完整的思考。要达到这一要求，首先是策划活动的每一个环节都必须在明确的逻辑指导下完成；其次，策划书材料的组织要有逻辑性，文字、数据、图表、图片之间的逻辑关系要紧密，能够很好地支持论点和结论；最后，策划书的句子、段落、部分和整体之间要用良好的连贯性，前有伏笔，后有呼应。要避免出现突然和孤立的表述，让人摸不着头脑。

（二）使文字视觉化

视觉化也就是对策划书的某一部分文字进行强调、归纳，以更好地表现文章的思想和内容的方法。提高文章的视觉化效果大致有两种途径：一是在文字上下工夫，即文字的视觉化处理，如前文所述逐条列举法；二是注意版面处理所带来的视觉化。如：

（1）给文字加网格。

（2）重要部分用不同的字体来表现。

（3）重要部分用大号来表现等。

（4）使标题或小标题彩色化。

（5）在力图强调的地方进行划线处理。

（6）篇幅长的文章以句子为单位分为几个小块。

（三）用流程图来表现逻辑

逻辑顺序和结构用流程图来表现，往往明白易懂，效果比用文字表现要好得多（见图9-1）。要做到流程图的尽善尽美，恰当地表现策划者的逻辑思维，必须注意流程图的制作技巧：

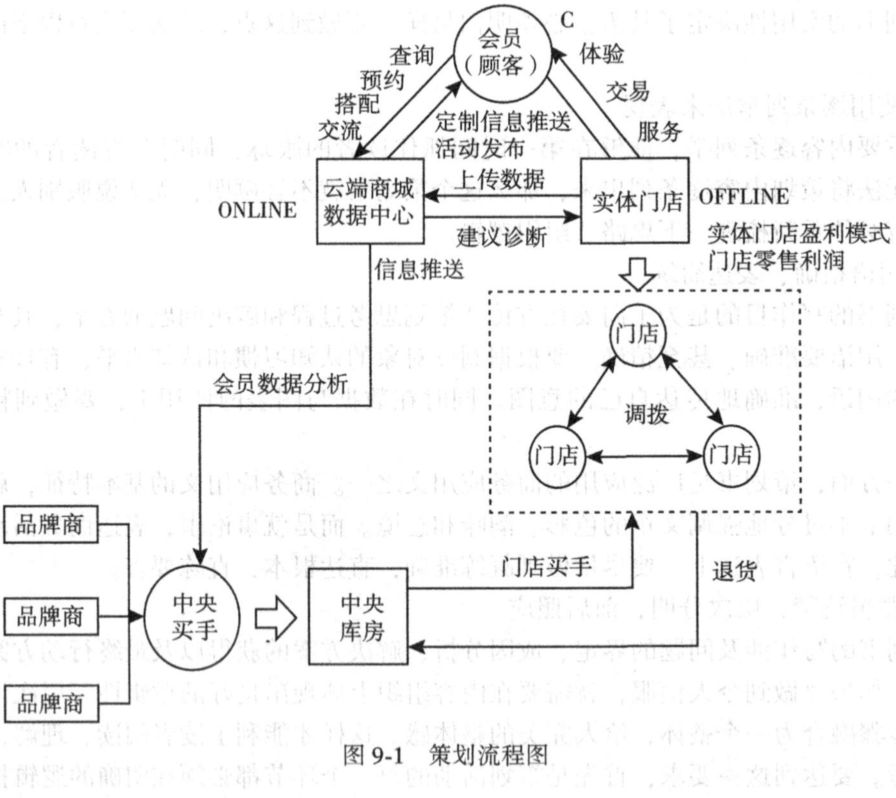

图9-1　策划流程图

（1）图要尽量制作得简单。因此箭头的走向要固定。另外，不要过于伸展图的枝叶部分。这一点主要是为了防止逻辑颠来倒去产生混乱。

（2）要重点突出。这一点则是为了强调最重要的项目和结论等部分。

（3）图示化后，要果断省去那些不太重要的句子。这样有助于突出策划书主次分明、逻辑性强的整体效果。

（四）将枯燥的数据图表化

数据可以成为策划者调查结果的最好凭证，数据的说服力有时是其他表现手法所无法比拟的。但是，与数据的精确性相伴的是它的索然无味和带给人们的视觉疲劳感。为此，选用适合数据表现的图表，不失为解决这一问题的一种好办法。它可以使枯燥的数据形象比，增加策划书的可读性。

适合表示数据的图表主要有以下几种：

1. 条形图

用一个单位长度（如1厘米）表示一定的数量，根据数量的多少，画成长短相应成比例的直条，并按一定顺序排列起来，这样的统计图，称为条形统计图（见图9-2）。条形统计图可以清楚地表明各种数量的多少。条形图是统计图资料分析中最常用的图形。适用于表示销售额等数量，特别适用于观察销售额每月的变化等数量变动，或各店铺销售额比较等数量排位。条形统计图的特点：能够使人们一眼看出各个数据的大小；易于比较数据之间的差别；能清楚地表示出数量的多少。

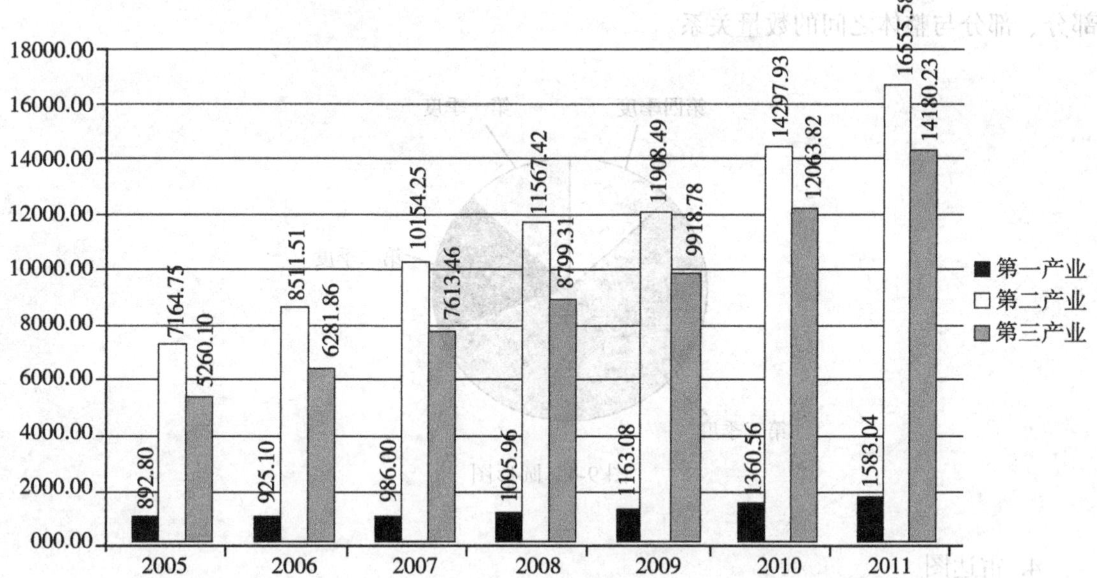

图9-2　条形图

2. 折线图

以折线的上升或下降来表示统计数量的增减变化的统计图，叫作折线统计图（见图9-3）。与条形统计图比较，折线统计图不仅可以表示数量的多少，而且可以反映同一事物在不同时间里的发展变化的情况。折线图在生活中运用得非常普遍，虽然它不直接给出精确的数据，但只要掌握了一定的技巧，熟练运用“坐标法”也可以很快地确定某个具体的数据。折线统计图的特点：能够显示数据的变化趋势，反映事物的变化情况。

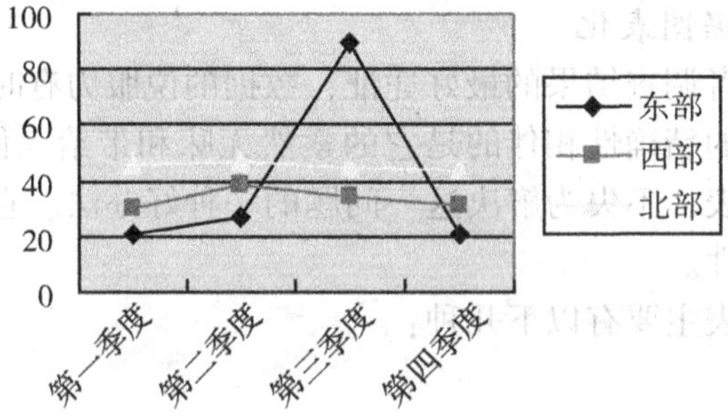

图 9-3 折线图

另外，如果将几对考察因素相同的带状图组合起来，可以对这几个构成要素进行比较，较容易看出它们之间的差别。

3. 圆形图

以一个圆的面积表示事物的总体，以扇形面积表示占总体的百分数的统计图，叫作扇形统计图（见图 9-4）。也叫作百分数比较图。扇形统计图可以比较清楚地反映出部分与部分、部分与整体之间的数量关系。

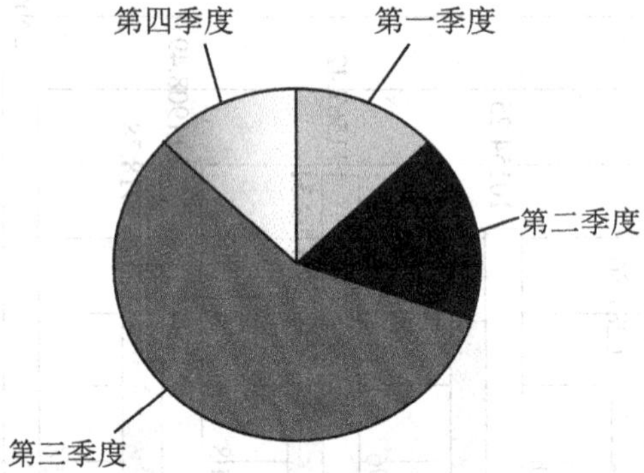

图 9-4 圆形图

4. 雷达图

雷达图（见图 9-5）主要应用于企业经营状况——收益性、生产性、流动性、安全性和成长性的评价。上述指标的分布组合在一起非常像雷达的形状，因此而得名。组织中的各种各样的因素的综合表现都可以用雷达图来表示，以便综合把握现状。

5. 散点图

散点图（见图 9-6）是用两组数据构成多个坐标点，考察坐标点的分布，判断两变量之间是否存在某种关联或总结坐标点的分布模式。散点图将序列显示为一组点。值由点在图表中的位置表示。类别由图表中的不同标记表示。散点图通常用于比较跨类别的聚合数据。

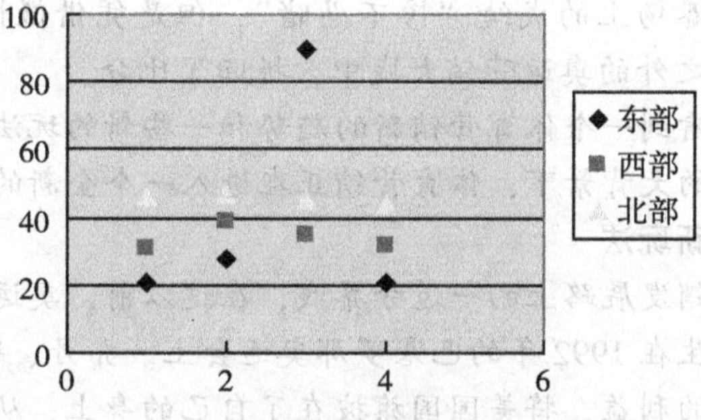

图 9-5　雷达图

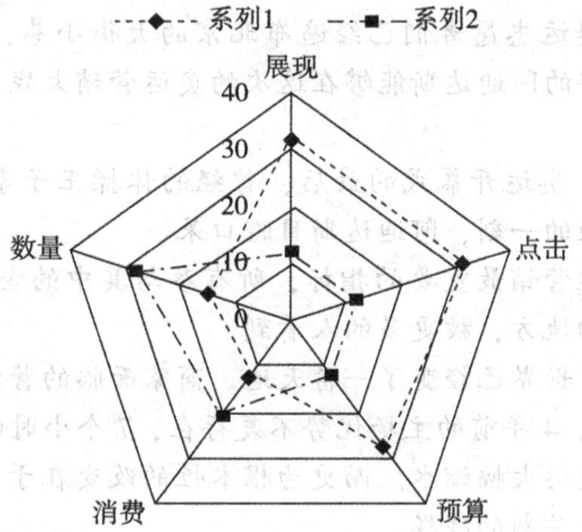

图 9-6　散点图

（五）用图片来表现形象

策划书中往往需要使用大量的图片。对于实物产品、产品售点陈列、项目使用场地、展览会、新闻发布会、广告设计与制作等内容，用文字、图表是很难表达的，而图片则有很强的表现力。所用的图片可以是现成的照片，还可以是手绘或者电脑绘制的插图（如素描、速写等这样艺术性强的图），还可以是漫画的手法做出的插图式的说明图。在策划书中使用说明图，让人更加明白易懂，而且还感到有种亲切感。

三、体育营销策划案例

耐克掀起体育营销新时代

——耐克“伟大体”的背后

伦敦奥运会哪个品牌的奥运营销最让人印象深刻？耐克显然是其中的一个。

2008 年刘翔的退赛给耐克带来的是一场公关噩梦，2012 年，耐克其实面临的是一个更加糟糕的局面：刘翔悲剧重演，李娜女单首轮即被淘汰，易建联领衔的中国男篮小组赛五战皆负，尴尬出局，耐克在中国市场最具影响力的三大运动资源“全军覆没”。

不过，即便在奥运赛场上的成绩“惨不忍睹”，但是凭借微博上“逆天”的“伟大体”文案，耐克在赛场之外的奥运营销大战中，扳回了比分。

从它身上，人们在看到一个体育营销新的趋势和一些新的玩法。国人的心态在变，媒介的环境在变，在这样的大背景下，体育营销正在进入一个全新的时代。

新时代，新战场，新玩法

伦敦奥运是奥运营销发展路上的一道分界线，在这以前，奥运营销大战的主轴在于线下。最为经典的案例发生在1992年的巴塞罗那奥运会上。乔丹、巴克利等一干NBA巨星为了维护其赞助商耐克的利益，将美国国旗披在了自己的身上，从而遮住了领奖服上的锐步Logo，巧妙绕开了美国奥委会与锐步的合同限制，只留下锐步有苦难言。

16年后的北京奥运，“郁闷”的人换成了锐步的东家阿迪达斯。奥运开幕前，身穿阿迪达斯祥云图案T恤的奥运志愿者们已经遍布北京的大街小巷，几乎所有人都以为身为北京奥组委官方合作伙伴的阿迪达斯能够在这次的奥运营销大战中稳操胜券，然而事与愿违。

2008年8月8日晚，奥运开幕式的最后，曾经的体操王子李宁举着火炬出现在了鸟巢顶上，在他点燃主火炬的一刻，阿迪达斯目瞪口呆。

过去，曝光度是奥运营销最重要的指标，所有参与其中的企业都希望自己的Logo能够出现在所有可能出现的地方，被更多的人看到。

然而短短4年时间，世界已经变了一番天地。商家面临的营销环境也彻底改变，伦敦与北京的相隔8000公里，4年前的主场优势不复存在，7个小时的时差也注定让奥运赛事转播的收视状况比北京奥运大幅缩水。而更为根本性的改变在于，微博等社会化媒体的兴起为奥运营销战开辟了一片新的战场。

2012年8月6日，也就是110米栏预赛的前一天，耐克在微博上发布了一张海报。海报上的刘翔直视前方，做起跑状，上面的文案写到“伟大，无需给别人答案”。

回顾奥运期间耐克在微博上发布的所有以“活出你的伟大”为主题的海报，你会发现只有这一张是在相关比赛开始以前发布的。

当赞助商在比赛前就为代言人努力营造“重在参与”而非“力争第一”的舆论氛围时，稍稍动一下脑子就应该知道，它的潜台词是——坏了，刘翔情况不妙。

刘翔摔倒后仅仅14分钟，耐克就在微博上发布了全新的海报图片，上面的文案是：“谁敢拼上所有尊严，谁敢在巅峰从头来过，哪怕一无所获，谁敢去闯，谁敢去跌，伟大敢。”而微博的文字部分则写着：“让13亿人都用单脚陪你跳到终点。”

发布后的10分钟内，这条微博就被转发超过1万次，3个小时后，仅在新浪的转发量就超过10万。耐克以“伟大”为主题的系列文案就此被彻底引爆。

此后，“伟大体”迅速掀起了一波当年“凡客体”似的小高潮，被众多网友不断PS演绎。

当众多企业还在线下严防死守、拼得头破血流的时候，耐克已经在微博上完成“逆袭”，创造了一次教科书式的经典体育营销案例。

“伟大体”的走红也让耐克背后的公关团队浮出水面，这支团队由耐克以及W+K、睿域（Razorfish）、雅酷（AKQA）、佳艾（CIC）、传立（Mindshare）五家公司共同组成。在上海思南路的地下室内，5家公司的30余名员工在共同奋战了17个日夜，为的就是能够确保对于任何赛场的意外都能在第一时间做出反应。

除了赛后第一时间的反应，赛前的预案同样重要，刘翔受伤退赛后，耐克在十几分钟内便发出了文案和海报，但由于反应过快，也引发了一些负面争论。

其实，因为刘翔有过4年前的退赛经历，而且教练孙海平此前也向媒体透露过刘翔的脚伤“有反复”，因此，心有余悸的耐克事先做足功课是一件非常自然的事情。事后，有耐克公关团队的成员私下表示，刘翔以跟腱撕裂如此极端的方式结束了比赛，这也在他们的预料之外，组里甚至有人为此伤心地哭了。

耐克将准备工作做到了极致，再加上过人的应变能力，最终帮助他们在线上这块全新的奥运营销战场上大获全胜。而充分的预案，迅速的反应，也是成就一次成功的事件营销的关键。

值得一提的是，刘翔退赛后半个小时，微博上向来喜欢“插科打诨”的杜蕾斯也来凑热闹，一条“最快的男人并不是最好的，坚持到底才是真正强大的男人”的微博引得不少人拍手叫绝，轻松赚得超过45000次的转发。

奥运结束后，耐克将目光转向了下一个战场——微信。2012年8月14日，耐克的代理公司传立就高调宣布与腾讯建立合作伙伴关系，在微信推出耐克品牌订阅平台，耐克正式开始试水微信营销。8月23日-26日，耐克在上海体育举办的线下活动中，雅酷（AKQA）为耐克打造的微信互动游戏“扫描二维码，收集徽章”已经崭露头角。

体育营销到底营销什么？

耐克被业界称道的原因不仅仅是精妙的文案和迅速的反应，还有他们打擦边球的能力。

乒乓球男单决赛中，连续3届奥运杀入决赛的王皓输给了张继科，又一次获得银牌。

“3次亚军，证明的是你3次想赢冠军的决心。”耐克的文案如是说。

中国乒乓球队的赞助商是李宁，赛后第一时间，李宁推出了以张继科为主题的海报，虽然文案图片同样精良，并且取得了不错的传播效果，但是耐克却另辟蹊径，抢走了李宁不少风头。

这种“擦边球”的营销方式让一些奥运会官方赞助商大为光火。

“作为中国奥委会合作伙伴，安踏一直不赞同任何形式的‘擦边球’营销和隐形营销，同时也有责任与中国奥委会一起反对奥运隐形营销。”面对记者提出如何看待耐克的潜伏式营销，安踏官方这样回答。

安踏的不满情有可原，几年来的巨额投入和辛苦准备，对手耐克仅仅凭借十几条微博就完成了“逆袭”——至少在微博这块全新的战场上，耐克“伟大体”的传播效果要远远胜过安踏的“冠军龙服”，谁也不能否认这一点。

其实无论是耐克的“擦边球”，还是安踏的稳扎稳打，模式不同的背后是对最适合自己品牌特性的策略选择。

在行业不景气的大背景下，对于深陷泥沼中的本土体育品牌们来说，夯实基础自然是当务之急。安踏的“龙服”广告很难打动一线城市推崇外国品牌的年轻消费者，但是对于安踏本身的目标消费群体来说，却是符合他们心理预期和审美习惯的。因此通过冠军龙服来保持持续曝光，在公司上半年业绩下滑的情况下，这些“落地”的做法更为务实，也是更能直接作用于销售端的方式。

分析两种策略，不难发现其背后是完全不同的两种商业逻辑，安踏讲求的是实用，因此，品牌的曝光率是最重要的，即便“龙服”很难和体育精神扯上关系，但是随着中国运动员一次次登上领奖台，安踏同样大出风头。

而耐克则不然，为了保持品牌的一流形象，它必须不遗余力地打造品牌，这时品牌的美誉度成为关键。

耐克的擦边球策略还引出了业内新的讨论，那就是花费巨资成为奥运官方的合作伙伴究竟值不值？而这个问题的答案取决于企业本身的诉求就是什么。

坊间流传安踏与中国奥委会3年合作期内投入的资金高达6亿元，安踏方面并未向记者确认这一数字，但是表示“这次合作的费用是安踏历史上也是中国奥委会最大的一笔体育资源的赞助”。

虽然投入巨大，但与中国奥组委的合作为安踏赢得了在国内众多赛事和群众活动中“露脸”的机会，而这些活动所覆盖的人群恰恰是安踏的目标消费者，因此，双方的合作其实是双赢的。

2004年时的联想同样如此，当时寻求国际化的联想成为国际奥委会的TOP合作伙伴，这为它在海外的拓展提供了绝佳的机会。

不过，在大家将焦点放在“擦边球”营销的时候，其实更应该去挖掘耐克文案流行背后更深层次的原因：在运动场上，不只有金牌和胜利才能传达品牌的内涵。而在举国体制和唯金牌论的中国，这样的思维方式却相当另类。

“伟大的反义词不是失败，而是不去拼。”这是李娜奥运首轮出局后耐克发布的文案。

已经31岁的老天王费德勒第三次冲击奥运单打金牌失利后，耐克则在文案中这样写道：“你会不会为伟大再战四年?”

赞助的运动员成绩不佳，许多本土企业认为是对企业形象的一种损害，而耐克则不然，对于耐克来说，“失败”同样是有价值的。敢于围绕赛场上失利的一方做文章，这需要极大的勇气以及对于品牌本身的足够自信。

中国社会正在不断开放，国人的心态也在发生改变，金牌已经不再是唯一的评判标准，这才是“伟大体”能够走红的根本原因。

不以成绩论英雄的另一个好处就是，这使耐克与所赞助的运动员之间能够保持持久稳固的合作关系。李娜在看到耐克为自己制作的文案后，旋即在微博上表示：“喜欢你是因为我们的合作，爱上你是因为你一直都这么懂我们。”

运动员状态的起伏是非常正常的事情，奥运失利后一个月，李娜便在辛辛那提大师赛上夺得冠军，打破了自己长达15个月的“冠军荒”。

抛开各种争议不谈，耐克最值得其他公司学习的地方还在于它总是能找到独特的视角去诠释体育精神，并且善于把自身品牌与这些精神紧密地连接起来。

北京时间2012年8月12日晚10点，奥运男篮决赛打响，在美国队与西班牙队的这场史诗对决当中，耐克却将焦点对准了比赛的解说。

“解说别人的伟大，也是一种伟大。”开赛一小时后，耐克发布了这条文案，短短13个字的文案唤起了媒体人心理上的共鸣，解说本场比赛的CCTV5头牌篮球评论员于嘉在赛后第一时间转发了这条微博。

体育营销貌似是一个谁都可以参与的东西，但是体育营销的精髓到底是什么？如何才能做到事半功倍？这届奥运会期间很多经典的案例正在让越来越多的企业看到，品牌曝光率不是奥运营销的唯一追求，如何让品牌的精神与公众形成共鸣，如何把一个全人类最伟大的体育盛会真正变成输出品牌价值观的舞台，这离不开对体育资源长期的积累和投入，但是也离不开对社会环境和传播环境与时俱进的理解。

体育营销，应该开始一个新的时代了。

（资料来源：网易新闻，2012-09-20）

思考题：

1. 结合材料，体育营销到底营销什么？
2. 分析安踏与耐克的体育营销战略。

第十章 体育营销案例分析

一、可口可乐的奥运营销

在众多的企业增值方式中，奥运体育营销是可口可乐最为成功的方式，被称为“教科式的营销”。作为一个拥有近90年体育赞助历史的企业，可口可乐的足迹遍布了奥运会、世界杯等各大国际体育赛事，其赞助策略水平也一直在线。

1928年，可口可乐用1000箱可乐赞助了阿姆斯特丹奥运会，此后每一届都可以看到可口可乐的身影，它的许多营销故事已经成为体育营销的典范。1992年赞助6名中国选手参加巴塞罗那奥运会的火炬接力长跑。1994年赞助冬奥会金牌得主王秀丽在瑞典传递圣火。1996年赞助许海峰及12名其他代表参加亚特兰大奥运会的火炬接力。2000年悉尼奥运会期间组织奥运先锋队，从中国大学生青年才俊中挑选代表前往悉尼观战。2001年成为九运会的碳酸饮料的独家赞助商。2008年，可口可乐与央视强强联手，赞助CCTV火炬传递节目《与圣火同行》与奥运特色栏目《中国骄傲》，并将历届奥运会的精彩瞬间制作成70部纪录广告片，于奥运期间播出。2008年，可口可乐中国区业务增长19%，巩固了在中国市场的地位。由于可口可乐对中国申奥的大力支持，申奥成功后，成为中国境内被授权可以使用五环标志的10家企业之一。在中国申奥成功的消息传出不到半个小时内，3万箱特别设计的包装销往全国各地，罐体由金、红两色作为主色调，并巧妙地加入长城、天坛等中国和北京的代表建筑以及各种运动画面，罐身还写有“为奥运牵手、为中国喝彩”。作为奥运会TOP合作商，可口可乐在2012年伦敦奥运会继续发力，启动本土化策略，邀请刘翔、孙杨等多位奥运冠军参与系列广告拍摄，并在央视购买“奥运中国队冲金赛事套装”以及“可口可乐中国节拍”项目，进一步加深了企业的认同度。调查结果显示，CCTV是可口可乐品牌信息的主要传播渠道，在奥运会期间，CCTV作为主渠道的作用更加明显，经过奥运广告宣传，认为未来肯定会购买可口可乐的消费者增长了5.7%。

一个成功的体育营销活动除了以体育赞助树立形象、明星代言吸引关注之外，还必须再配以一定的辅助活动，增加效应，以争取最大的效果。

在2016年里约奥运会中，除了宣传片、奥运主题曲等固定动作之外，可口可乐还开展了一系列旨在吸引粉丝进行互动的营销活动，其中最值得一提的，当属他们的拿手好戏——瓶子营销。而在里约奥运季里，可口可乐上线了“金牌点赞双瓶”，即“身份瓶+赞美瓶”，消费者可以自由组合向亲人、朋友、爱人、同事表达情感。这一活动伴随着父亲节、毕业季不断刷着存在感，也为奥运会的到来积攒了热度，更给消费者传递了可口可乐的新理念——比起明星和成就，身边的普通人也同样值得关注。2016年可口可乐延续

“换装热潮”，揭开2016里约奥运会营销序幕，推出《此刻是金》广告大片，这也是除2008年外历届奥运会期间，可口可乐在中国最早启动的奥运主题营销活动，瞬间引爆社交媒体。同时可口可乐是里约奥运会火炬传递的首席赞助商。在赛前，奥运火炬在巴西境内进行了95天的传递，为比赛烘托气氛。为了影响到年轻人群，可口可乐在巴西建了一个“可口可乐奥林匹克站”，成为青少年必参观的官方活动之地。这是一个翻新了的火车站，有现场音乐表演、运动员出席以及高科技元素。这里还有可口可乐“里约2016”的新闻室，可口可乐全球的博客写手以及在社交媒体上有影响力的人物，和可口可乐实时待命的营销团队合作，制作和传播能解释什么是That's Gold（黄金时刻）的内容。很多国家的社媒影响力人物，还号召他们的粉丝在社媒上分享自己的“黄金”时刻。在奥林匹克公园内，举办That's Gold体验活动：用有纪念意义的金铝瓶子展示可口可乐的产品；庆祝奥林匹克火炬传递，提供和火炬合影的机会；展示可口可乐和奥林匹克运动会长期合作中的精彩时刻；销售主题别针。Google报告曾说过，可口可乐是里约奥运的最大赢家。

（资料来源：可口可乐官网，2016-11-07）

思考：

1. 可口可乐成功的关键因素是什么？
2. 可口可乐的奥运营销反映了什么营销观念？
3. 可口可乐品牌的营销策略是什么？

二、阿迪达斯的中国市场营销

阿迪达斯在中国大地上也展示出了其深谙中国文化的营销功底。

2008年北京奥运期间，在阿迪达斯的终端，标有“中国”“北京2008”以及中国印的阿迪达斯运动服放在显著位置，并运用了祥云、龙和明亮的传统颜色。同时，阿迪达斯设计的中国运动员领奖服也缀上了富有奥运和中国风格的祥云图案。甚至，为了展现阿迪达斯对中国文化的热情，在2008年1月份奥运会工作人员和志愿者服装的新闻发布会上，阿迪达斯还别出心裁地把T型台换成了传统的京剧舞台；而在使用奥运会的体育明星时，和中国的奥运冠军“一起2008”也成为阿迪达斯拨动中国消费者心弦的一个点睛之笔。

在美国市场上，耐克抢占了年轻而富有活力的芝加哥马拉松，阿迪达斯则选择了历史最为悠久的波士顿马拉松。波士顿马拉松也是全世界最古老的城市马拉松比赛。1967年，一位名叫Katherine Switzer的女跑者靠“蹭跑”完成了波马的全程赛事赛，成为世界上第一位跑完全马的女性跑者。值得一提的是，Switzer本身也是阿迪达斯的忠实用户，2018年是她穿着阿迪达斯运动鞋站上波马赛场的第五十一个年头。之后Switzer创立了一个名叫261Fearless的非营利组织，阿迪达斯将会为这一组织提供跑步装备和专业的跑步指导。在1896年夏季奥运会的刺激下，1897年4月19日，首届波士顿马拉松在美国马萨诸塞州波士顿市举行，至今已经成功举办了121届，并且从未间断，赛事规模也从最初的15人达到了27221人（2017年数据）。波马的一大标签，就是其极高的参赛门槛（Boston Qualification，BQ），即跑者必须要达到相应的全马成绩，才能报名参赛。但这并没有阻止人们前去尝试，正是由于有了这一门槛，才更增加了波士顿马拉松的吸引力，这项赛事不仅拥有超高的全马完赛率（2017 年为 97%），还能让跑者们常常以能站上波马赛道为荣。阿迪达斯于 1989 年成为波马的官方赞助商，最新的一份合同已经延续到了 2023 年。据悉，阿迪达斯平均每年要花 30 万美元广告费，而随着实物成本和员工增加，这一金额可能将达到 100 万美元。在波马的赞助中，阿迪达斯也采用了推出主题跑鞋、开展波马训练营等运动品牌常用的营销玩法，也借助社交媒体的力量开展了许多互动活动，但更值得我们注意的，或许还是其针对女性群体的营销活动。

NPD 发布的数据显示，阿迪达斯在 2017 年收获了超出预期的业绩数据，而这一数据背后的另一大支柱，就是中国市场。在中国市场上，阿迪达斯也锁定了顶级赛事——北京马拉松。2010 年，阿迪达斯取代耐克成为北马的官方赞助商，今年已经是第九个年头。在赞助的第一年，或许是为了短时间内尽可能扩大其营销活动的影响力，阿迪达斯邀请了人气组合五月天前来助阵，为他们制订了一个为期 80 天的“超越五公里”跑步计划，并全程为其提供跑步装备和训练指导等支持。除了跨界娱乐带来的影响力，打造一个良好的企业形象也必不可少。为此，针对北马举办的各种公益活动也成为阿迪达斯的保留节目。这些活动大致可以分为两类，一类是通过跑步来募集善款的慈善活动，另一类则是跑步推广活动，上文中提到的“一人一公里，北京跑起来”活动，正是属于后者的范畴。到了 2017 年，阿迪达斯又和北马组委会一同开辟了新的玩法，首次举办了“2017 阿迪达斯线上北京马拉松”，参赛者只需要在比赛期间（9 月 17 日 00：00—9 月 17 日 23：59）使用指定的 App 选择跑步，单次跑步完成所选项目的里程，上传跑步记录并点亮“2017 阿迪达斯线上北京马拉松”电子勋章即为完赛，并获得线上北马的实体完赛奖牌。值得一提的是，参赛者还可以在本次活动中定制自己的虚拟号码布，获得专享的赛事体验。

2017 年 2 月，阿迪达斯名为“Sub2”的两小时马拉松项目“已筹备多年”的消息同样不胫而走。阿迪达斯相关负责人表示，中华地区将成为公司全球扩张最大的市场。目前，阿迪达斯在大中华地区拥有约 1 万家门店，预计到 2020 年将增长 1 倍。由此，我们或许可以这样推测：在未来，包括北马在内的优质马拉松赛事，或许仍然会是阿迪达斯在中国市场上的营销重镇。

2012 年阿迪达斯赞助的西班牙队接连赢得了世界杯和欧洲杯冠军。阿迪达斯是伦敦奥运会的官方赞助商。阿迪达斯（中国）赞助了中国一个非常著名的拳击运动员，他有望卫冕。还赞助了跆拳道卫冕冠军，以及中国排球队。在中国开展营销活动的方法和理念有以下几点：首先，大力支持深受中国人欢迎的篮球，这是很多青少年非常喜爱的运动。比如邀请 NBA 球队 2017 年 10 月到中国打比赛。还邀请了 NBA 著名球星到中国基层做一些活动，如到学校互动。此外，足球也越来越受欢迎。过去 30 年来，一直支持中国足协，未来仍将支持。同时开展了一系列基层足球活动，让中国小朋友和基层民众更多地参与到足球运动中。根据中国消费者喜欢的体育运动开展营销活动，然后根据每一年的计划有所改变。

在中国市场，阿迪达斯一直沉醉于流量明星，无法自拔。这甚至让我们感受不到阿迪达斯是一个运动品牌，也许这就是品牌想要达到的效果吧。2016 年年底，Angelababy 从 adidas NEO“转投”至 adidas Originals 阵营，让本来就大牌云集的三叶草如虎添翼。谁承想，这只是开篇序曲。2017 年，三叶草军团又增加两位顶级代言人——鹿晗和杨幂，延续了 adidas Originals 的一贯传统。adidas NEO 也没闲着，同样补充了迪丽热巴和易烊千玺两位流量大咖。说到娱乐营销，应该没有哪个运动品牌能和阿迪达斯分庭抗礼。

（资料来源：禹唐体育网，2017-11-21）

思考：

1. 请评价阿迪达斯的渠道策略。
2. 阿迪达斯为什么要选择中国市场？
3. 阿迪达斯初次进入中国市场的环境如何？

三、耐克的明星效应

耐克是在1985年以后崛起的，主要原因是成功塑造了一个明星迈克尔·乔丹。“飞人乔丹”开始家喻户晓，耐克也从一个小品牌迅速成为国际知名品牌。1992年耐克签约的半数以上大学的运动联盟的篮球冠军球队都穿耐克的鞋子，60多所体育知名大学院校是“耐克学校”。此外在324名NBA球员中，就有200名球员穿耐克运动鞋，其中80位与耐克签有合约。275位职业美式足球球员、290位职业棒球球员，穿耐克鞋。耐克充分发挥了这种明星效应，牢牢把握了体育市场。

传统的体育营销模式是靠技术、产品，靠顾客的认同或者围绕产品做广告宣传，耐克是依靠寻找社会热点，带动、推动、渲染、塑造了品牌。

2012年伦敦奥运会，耐克作为非官方赞助商，却比那些全球伙伴和赞助商更为引人注目。Nike在上场营销战场中大打了一场“伟大”的奥运营销擦边球，努力向奥运凑近还不被抓到把柄，真是高明！2016年擅长埋伏营销的耐克终于取代了阿迪达斯成为里约奥运的官方供应商。为此，扬眉吐气的耐克拍摄了很多与奥运相关的片子，发起了很多活动。

2014年，耐克和芝马冠名赞助商美国银行（Bank of American）就联合美国防艾组织（RED），共同开展了一场名为“TURN YOUR MILES（RED）”的公益活动，并且这一次，活动的范围也扩大到了国际层面。TURN YOUR MILES（RED）是一项为期八周的运动，鼓励全球竞走和跑步运动员及健身爱好者们为挽救生命和带来重大改变贡献自己的一分力量。跑者只需要登录耐克官网加入（RED）运动，并下载Nike+ Running跑步应用，然后用该应用记录自己的跑步情况即可参与活动。每名跑者每跑完一英里，美国银行（Bank of America）就将捐出40美分（100万美元封顶），以支持阻断母婴艾滋病毒传播的计划。

资料显示，在体育用品领域，北美地区的市场规模能占到全球三分之一份额，因此，这也成为大牌们的必争之地。得益于运动习惯的广泛普及，以及发达的路跑产业，美国的马拉松赛事无论是在数量上还是在赛事运营水平上都居于世界前列。在马拉松界，以世界六大满贯赛事最负盛名，其中就有三个来自美国，它们分别是波士顿马拉松、纽约马拉松和芝加哥马拉松。同样来自美国的耐克自然不会错过如此优质的资源，2008年4月，耐克与芝加哥马拉松达成赞助协议，成为赛事的官方赞助商。创办于1977年的芝加哥马拉松，是美国的三个世界大满贯赛事中最年轻的一个，但其发展速度不容小觑。从2008年起，耐克每年都为赛事推出主题商品，包括芝马主题跑鞋、T恤等，这也成为世界各地跑步爱好者一年一度的期待。与此同时，耐克还在每年赛前在芝加哥举办一个为期17周的马拉松训练营，帮助跑者备战芝马。这一训练营，恰好是耐克推广新产品的绝佳平台。在2008年的训练营中，耐克就将当年的新产品——耐克运动手环（Nike+ SportBand）植入其中，这一手环可以用于监测跑者的跑步时长、距离、步频步幅以及所消耗的卡路里。此外，耐克还在当年的训练营中上线了Nike+ Coach系统，跑者可以在其中设定五公里、十公里、半程马拉松以及全程马拉松的目标，系统就会自动为其设计训练计划，同时，这一系统还能将跑者们引向耐克的线上跑步社区，为其提供一个社交场景。

惊人的是，耐克正式进入中国市场的契机也是来自马拉松赛场——有资料显示，早在1982年，耐克就赞助了第二届北京马拉松，为赛事提供了运动服、袜子和跑鞋等装备。可以说，正是此举为耐克在中国消费者心目中打响了知名度，成为后续市场营销战略的开端。到了2007年，耐克和北马已经分别成为中国市场上各自领域内的佼佼者，此时，双方再次携手开启了一段新的旅程。在当年的赛事中，耐克祭出了其最擅长的广告营销大招，为北马推出了一系列颇具创意的平面海报。凭借着浓厚的本土气息，这套广告被各路网友大量转发，让耐克在赛事期间赚足了存在感。尽管这一赞助商身份在2010年被阿迪达斯所取代，但耐克这一波广告营销仍然让人印象深刻。

2012年，耐克回到了其中国总部所在城市——上海，与上海马拉松展开了四年的合作，又于2016年与这一赛事续约五年。从2012年起，耐克每年都会推出不同的市场推广活动激励跑者，从2012年的“上海只向前”，到2013年的“跑了就懂”，再到2014年的“跑到着迷”，耐克试图从不同角度感召上海市民参与到跑步运动中。到了2015年，耐克的营销活动从线上拓展到了线下。除了惯用的线上内容和活动手段之外，耐克还在当年的上海马拉松赛前夕开启了上海耐克世纪公园跑步体验店，为跑者提供了一个购买马拉松装备的新去处。同时，跑者也可以在此报名参加耐克推出的马拉松训练课程，在专业教练的指导下备战上马。除此之外，耐克还招募了144名成绩优异的领跑员，以帮助不同水平的跑者完成全程比赛。在此后的两年中，耐克的营销重点逐渐转向了为赛事寻求新突破。2016年，耐克将全新升级的Nike+跑步应用软件融入了赛事当中，协助上马实现数字化国际马拉松的转型；之后，耐克又在参赛者服务上找到了新的突破点，不仅为参赛者推出了定制手环，还在本次装备包中的比赛T恤上加入了特别设计，以鼓励每一位跑者在完赛后，写下自己成功突破挑战后的战绩，强化跑者在参赛过程中的成就感，以及他们与耐克这一品牌之间的情感联系。这一系列的营销活动，让耐克逐渐锁定了中国国内跑步市场的领先地位。有数据显示，在2015年的中国运动服装领域，Nike拥有零售市场份额的14%，而在这家世界体育用品巨头未来5年500亿美元的销售计划中，跑步类产品的销售额将达到75亿美元。由此看来，Nike不惜重金投入马拉松营销的做法也就不难理解了。

2016年12月，耐克宣布了Breaking2计划。耐克在执行层面上先行一步，将他们的活动于今年五月在意大利蒙扎率先落地，马拉松名将埃鲁德·基普乔格（Eliud Kipchoge）、勒利萨·德西萨（Lelisa Desisa）以及泽森内·塔德塞（Zersenay Tadese）三箭齐发，一同对跑进2小时这一目标发起冲击。遗憾的是，三人当中率先抵达终点的基普乔格跑出了2小时25秒的成绩，以微弱的劣势与这一目标失之交臂。尽管如此，这一活动还是为耐克吸引了世界各地的关注，事后，老对手阿迪达斯也颇有风度地在推特上表达了对这一活动的敬意。

耐克也在尝试追随阿迪达斯的脚步，虽然它几乎从来不用娱乐明星做品牌代言人。2017年3月，王俊凯参观耐克总部的消息在微博上引起不小轰动，紧接着，李宇春为耐克拍摄的广告大片就与粉丝见面了。七月份，又一支全新的耐克广告上线，这次主角换成了金马影后周冬雨。用流量明星的战术，耐克也不是说说而已。耐克与阿迪达斯的战争一直在进行，2016年就已经把一份历史级别的球衣合同送给了巴萨，还从阿迪达斯手里抢来了切尔西。2017年，耐克与托特纳姆热刺签下一份每年价值3000万英镑的合同，但是曼城方面已经向耐克发出威胁，要求大幅增加赞助费，否则就要改换门庭。耐克手中的足球豪门资源已经不多了，它们自然要格外珍惜，有消息称，巴黎圣日耳曼有望与耐克在续约问题上达成一致，价格自然是不菲的。同时在中国，2015年耐克以每年不低于1亿元的赞助费与中国之队签约12年，终结了中国队30余年的阿迪达斯时代。

（资料来源：搜狐体育，2016-08-11）

思考：

1. 耐克选定的营销战略有什么特征？
2. 耐克选定的目标市场有什么特征？
3. 耐克的目标市场是通过什么样的目标细分过程来决定的？

四、伊利的奥运营销

首先打上奥运印记的是本土的乳品企业伊利，与13亿国人共同努力，“为梦想创造可能”，通过大量线上线下活动，将“有我中国强”的传播理念进行病毒式传播，目前伊利在整个国人心目中的品牌美誉度都取得了不错的效果。应该说，伊利的奥运营销主题真正契合了国人的时代精神，这种精神在北京奥运这个环境下显得尤为夺目。因此，这是品牌借助民族精神传达的胜利，很好地迎合了中国消费者的奥运情怀。

在北京奥运会期间，中央电视台是伊利在所有媒体投放中的重中之重。2006年11月18日，伊利以8008万元拿下央视奥运广告产品“圣火耀星途”。2007年9月18日，伊利以2008万元的价格购买了北京奥运会开幕式、闭幕式前后的4条15秒广告，创造了中国广告单价最高的15秒广告。益普索的调查数据显示，经过几轮的覆盖式宣传后，消费者对于伊利的品牌认知度及购买意愿指数分别达到了81.8和87.2，处于北京奥运会食品供应企业之首。

2005年11月，伊利正式成为2008年北京奥运会乳业独家赞助商。2008年5月，根据新生代市场监测机构发布的《2008奥运媒介行为与奥运营销效果研究报告》，在中国消费者印象最深的奥运赞助商Top10中，非奥运赞助商的蒙牛乳业竟然以15.5%的认知比率排在第三，伊利以14.6%的认知率紧随其后。

2012年，伊利再次联手央视，独家冠名“奥运奖牌榜”。调查结果显示，经过伦敦奥运广告的传播，伊利品牌在消费者心目中的第一提及率、未来购买率、忠诚率、喜欢度、质量形象等均有明显提升，取得了良好的奥运传播效果。

在央视2016年黄金资源广告招标大会上，伊利在众多企业的激烈竞争下夺得第一标“2016年里约奥运会《中国骄傲》独家庆贺”，对“奥运品质”的不懈追求和经受奥运考验后的自信和坚定已经成为伊利未来应对挑战、继续成长的精神动力。

（资料来源：禹唐体育网，2016-03-31）

思考：

1. 从市场竞争的角度看，伊利的竞争环境是什么样的？采用了什么样的竞争模式？
2. 你认为伊利今后应采用什么样的方式去参与体育赛事？

五、李宁的战队合作

李宁品牌经过十几年的发展，2002年销售收入为10亿元，2003年受非典影响对市场产生较大冲击和影响，但当年的销售收入为15亿元，创历史新高，已经远远超过国内的其他品牌。近几年李宁品牌除了奥运行销策略之外，将更多的市场中心转移到中国学校体育尤其是高校体育市场方面。就目前而言，李宁的赞助越来越以国内体育活动为主。首届中国大学生五人制足球联赛的冠军赞助商，中国大学生运动会代表团，支持国内大学生篮球运动、足球运动、排球运动、健美操运动，成为中国大学生篮球联赛（CUBA）、中国大学生足球联赛（CUFL）、中华少年小甲A足球活动等全国性重大赛事的体育服装赞助商。

2004年6月，李宁公司与西班牙篮协签约，8月，李宁篮球装备伴随着西班牙篮球队杨威雅典奥运会，使李宁及李宁篮球品类受到空前的关注。9月，借势推出专业篮球鞋Free Jumper系列，成为国内第一个进军专业篮球市场的品牌。10月，李宁公司成为大超联赛唯一指定运动装备赞助商，通过赛事影响了中国境内最大的消费群体——大学生，推出三对三校园篮球赛，配合大超赛事在校学生展开互动交流。2005年1月，李宁公司成为NBA战略合作伙伴，极大地提升了篮球品牌的专业形象后举办校园篮球总决赛，冠军队可以赴西班牙比赛学习。2006年赞助的西班牙队获得世界篮球锦标赛冠军，同年与洛杉矶湖人队的奥尼尔签约。李宁与CBA签下了五年续约协议，继续作为联赛的官方战略合作伙伴。在篮球营销领域，李宁也有大手笔，开拓者主力得分手C. J. 麦科勒姆在本赛季NBA开赛前正式加入李宁大家庭。相比特步，则继续着自己的娱乐营销战略，先后与赵丽颖和林更新签下代言合同。而匹克依然聚焦于海外体育资源布局，前不久刚刚与德国篮协续签了十年长约。

李宁品牌的成功还是得益于李宁个人品牌的号召力，在北京奥运会上，李宁本人为奥运点火，达到了最大的广告效果。李宁的广告词也在不断探索其本身的品牌内涵，从最开始的“中国新希望”到“把精彩留给自己”“我运动我存在”“运动之美世界共享”“出色，源自本色”，再到现在的“一切皆有可能”，李宁逐渐认识到其品牌内涵。

李宁赞助了大量国内外赛事和比赛队伍，领域包括篮球、足球、网球、田径、网球、羽毛球、撑竿跳、标枪等，范围涵盖亚洲、南美洲、欧洲、非洲。与NBA合作以及和NBA球星的签约使李宁在国际篮球赛事上的地位进一步提高。李宁从1990年开始活跃在国内外运动赛场上，1992年李宁成为首个出现在奥运会上的国产体育用品品牌，自此成为中国运动品牌的开创者。而后李宁又拿到了1996年、2000年、2004年奥运赞助，其中2000年悉尼奥运会上的“龙服”和“蝶鞋”还被评为“最佳领奖装备”。国内外各种类型的赛事赞助提高了李宁国内外声誉和运动专业化形象，使李宁成为家喻户晓的国产运动鞋服品牌。

直到2009年，李宁已经与中国五支金牌梦之队——中国乒乓球队、中国体操队、中国跳水队、中国射击队和中国羽毛球队签约。2001年，北京申奥成功，2004年李宁率先在香港上市，而后“晋江系”的鸿星尔克、安踏、特步、361度、喜得龙等品牌相继上市。国内运动品牌加速扩张。2008年，国内运动鞋服市场规模增长达到43.98%，李宁、安踏、特步、361度的营收同比增长分别为53.8%、45.3%、110.1%、253.1%。北京奥运会的成功举办让国内运动品牌对未来表示乐观，各品牌加速扩张开店。李宁品牌的营销支出占收入百分比领先于国产品牌：2017年以前，李宁的营销支出占收入百分比高于竞品品牌，在2013年曾触及峰值24.2%。

（资料来源：虎嗅网，2018-09-19）

思考：

1. 你认为李宁的营销组合策略是什么？营销观念是什么？
2. 你认为李宁成功的关键是什么？
3. 怎么评价李宁的现状？

六、嘉士伯的足球营销

作为众多足球杯赛的赞助商，每年啤酒节期间它们都会推出特别的啤酒款式和相关周边，执着于绿茵场，嘉士伯在足球赛中印证价值。

提起赛事品牌营销，尤其是篮球等重大体育赛事的营销，大多数人的反应都是一样的：广告版贴品牌logo，现场广告播放形象短片，啦啦队穿品牌特色服装。可以说，这样的三板斧打法，在过去的几年里是诸多品牌商的惯常做法，也确实起到了一定的作用。但是随着新媒体时代的来临，粉丝经济越来越火爆，赛事品牌的互联网营销也变得越来越重要，成为大家越来越重视的品牌营销主战场。

嘉士伯（Carlsberg）是世界第五大酿酒集团，于1847年创立，总部位于丹麦哥本哈根。同时，嘉士伯也是该公司主要的啤酒品牌。嘉士伯对各种级别的足球比赛的赞助可以说是源远流长，自1988年开始，来自丹麦的啤酒品牌已经连续赞助了7届欧洲杯赛事。嘉士伯赞助的其他顶级赛事还包括1990年世界杯、欧洲联盟杯、英格兰足总杯、欧洲超级杯、欧洲足协杯等。

1992年，嘉士伯首次成为利物浦的胸前广告赞助商，直到2009年一共赞助了17年之久。2010年开始，渣打银行成为利物浦的胸前广告赞助商，但嘉士伯并没有结束与利物浦的关系，而是成为利物浦官方啤酒赞助商。到2018年，双方已经合作了26年，可谓英超球队赞助商中最长情的。嘉士伯爱足球，坚信足球赛场从不缺少惊喜，从1988年起连续赞助了7届欧洲杯赛事，向消费者们传递他们的品牌信号——嘉士伯能为消费者带来意想不到的惊喜。2017年8月，利物浦和啤酒赞助商嘉士伯共同推出特醇嘉士伯利物浦限量罐，在中国发售，售价为 5 元。

足球营销可以称得上嘉士伯的一大法宝，也是嘉士伯品牌整合推广的重要战略方针。透过与足球赛事的结合，巩固品牌的忠诚度并改善品牌形象，嘉士伯通过特定的线下活动，巧妙地向消费者输出其品牌文化。通过足球赛事，嘉士伯希望传递一种信号，即这个啤酒品牌能为消费者带来意想不到的惊喜。

嘉士伯自 1988 年起就已开始赞助欧洲杯，是历时最长的欧洲杯赞助商之一。在 2012 年，嘉士伯更是将集团市场预算中的 70%都投入这场盛会中，足以显示欧洲杯在嘉士伯营销战略中有着举足轻重的重要性。这次欧洲杯中更是增添了很多足球元素标新立异的易拉罐设计，推广到全球市场。超过 2 亿人通过电视收看了欧洲杯转播，六百多万球迷前往嘉士伯球迷公园狂欢，欧洲杯参赛的十六个国家里，嘉士伯在其中十五个市场都是数一数二的领先位置。

嘉士伯赞助英超后，借助英超的影响力拍了一段广告。广告的名字叫“The Ride”，内容汇集了英超的很多元素，包括杰拉德、大卫·席尔瓦等球员、教练、俱乐部董事会、彩票、球场保安、球迷等所有能在英超比赛上出现的人，并捕捉了他们坐过山车时候的面部表情。

嘉士伯中国在 2014 年 3 月份的时候宣布与中超联赛签约。这是继 2012 年赞助欧洲杯、2013 年开始成为全球最大的足球联赛之一英超的官方啤酒后，嘉士伯再度“拥抱”足球赛事，这也体现了嘉士伯对中国市场的看重。据之前嘉士伯公布的报告，其亚洲地区（以中国为主）的销售业绩已经有所上升。在赞助了中超以后，嘉士伯的品牌会推向更多的中国球迷以及足球爱好者。这样一来，嘉士伯的品牌影响力在中国得到了不小的提升。

除了官方赞助中超以外，嘉士伯还不遗余力地在中国开展一些线下活动，增强与消费者的互动。比如，今年 5 月份的时候，备受关注的广州德比在恒大和富力之间展开，作为中超赞助商，嘉士伯当然不会放过这样的契机。于是，嘉士伯在广州中华广场举办了“一起喝彩，值得来杯嘉士伯”的看球活动。在活动中，嘉士伯邀请了前广州太阳神队名将袁俊晖、著名球评员丁伟杰、陈曦作为嘉宾，不断地与球迷在游戏中进行互动，使得活动现场气氛高涨。而在前几年欧洲杯之际，嘉士伯还在大连等地举办了“有足球，就有嘉士伯”的啤酒节。嘉士伯再次成功利用足球营销，包括欧洲杯奖杯的 3D 立体模型、赛事精彩画面回放等足球元素，再加上即兴表演，营造出热烈的观赛气氛，为观众带去了不一样的观赛和啤酒节体验。正如香港董事总经理艾天赐（Ted Akiskalos）曾所言：“红酒可以独饮，享受情调；但啤酒要一大班人去街饮才会尽兴。讲气氛的活动，啤酒最给力。”

嘉士伯集团全球高级营销经理 Richard Whitty 就表示，他们在进行体育营销的时候，就会去寻找自己的产品和赛事的契合点，以塑造自己的品牌形象，扩大品牌的价值。他们确实也是这么做的。足球赛场从不缺少惊喜，嘉士伯也抓住了这一点，从 1988 年起连续赞助了 7 届欧洲杯赛事，向消费者们传递他们的品牌信号——嘉士伯能为消费者带来意想不到的惊喜。在 2012 年欧洲杯期间，嘉士伯还抓住了社交媒体大热的机会，推出了一个 2012 年欧洲杯应用程序。球迷可以在欧洲杯 31 场比赛期间为嘉士伯最佳球员进行投票，决定比赛后哪名球员应获得嘉士伯最佳球员奖。而且，还能收看嘉士伯全球大使、丹麦著名门将彼得·舒梅切尔的实况比赛解说，并搜索足球数据和专题内容。

（资料来源：禹唐体育网，2015-06-13）

思考：

1. 你认为嘉士伯成功的经验是什么？为什么要选择足球作为其主要赞助？
2. 企业竞争战略的制定应该考虑哪些方面？对案例中的竞争案例进行评价。
3. 公共关系活动在竞争战略中有什么地位？
4. 对啤酒市场进行多级细分，对嘉士伯进行品牌定位，阐述你定位的原因。

七、奔驰赛事营销

作为历史悠久的百年老店，梅赛德斯-奔驰一直是体育营销赞助领域的行业领袖。无论是在体育职业赛事、体育明星赞助还是体育场馆的经营中，都能见到这家企业的身影。2014年，仅在美国本土，这家诞生于德国的汽车品牌就花费5500万美元进行各类体育方面的赞助营销活动。梅赛德斯-奔驰长年坚持不懈在三大体育项目中做体育营销及在职业体育场馆中进行冠名投资，回报颇丰，值得深入分析。赛车、网球、高尔夫是梅赛德斯-奔驰品牌在体育营销方面聚焦的三个方向。

早在1894年，作为“汽车之父”的卡尔·本茨就亲自上阵为参与汽车公路赛的车手设计赛车，奠定该品牌体育营销赛事基础。穿越历史长河，梅赛德斯-奔驰品牌在与时间赛跑的120年中，凭借自身产品特性和追求卓越的理念，始终保持与职业赛车比赛的亲密关系。2012年底，该公司3年1亿美元重金签下F1车手汉密尔顿，进一步加大其在职业赛车领域的投资。2014年，梅赛德斯AMG车队受到回报，见证了汉密尔顿再次称霸F1赛场以及整个车队收获年度总冠军的殊荣。

梅赛德斯-奔驰在网球和高尔夫项目中的体育营销工作也是由来已久，拥有超过22年的职业赛场赞助经验。作为美国职业高尔夫球员协会的官方合作伙伴，每年花费500万美元的梅赛德斯-奔驰公司拥有在莱德杯、PGA锦标赛以及常青藤PGA锦标赛中获得品牌曝光的良机。作为高尔夫个人赛场的圣地，美国大师赛举办地奥古斯塔球场只有三家官方赞助，梅赛德斯-奔驰便是其中之一。2008年度，它们同时成为除美国公开赛以外的三大满贯高尔夫赛事官方汽车品牌，花费近3000万美元。根据梅赛德斯-奔驰公司的数据显示，该品牌在美国的购买人群中已婚人士为73%，男性为63%，平均年龄为53岁，年收入在18.5万美元，78%拥有大学学位。很多高尔夫行业从业人员和球迷较为符合这一购买人群特征，他们的平均年龄在40~50岁，家庭幸福，拥有不错的大学背景，年收入在10万美元以上。1990年，奔驰开始赞助德国第一个国际职业高尔夫球锦标赛“梅赛德斯-德国大师赛”。在1999年到2009年，奔驰冠名赞助了“梅赛德斯-奔驰冠军赛”。而从2008年开始，奔驰成为世界顶级别高尔夫比赛“美国名人赛”的汽车类独家合作伙伴。在与PGA签约后，奔驰也顺势成为“PGA锦标赛”“PGA元老赛”和莱德杯的“官方车辆”合作伙伴。在2011年的时候，奔驰的高尔夫赞助延伸到了世界历史最悠久的高尔夫锦标赛——“英国公开赛”。因此，奔驰也成为“世界四大满贯”中的三项高尔夫赛事的赞助商。奔驰很好地借势这三大赛事，积极地展开了商业推广，除了利用商业广告和软性广告植入，还添加全方位的客户关怀活动，有效地增强了用户的忠诚度。同时，梅赛德斯-奔驰还支持了多个国家级的业余赛事和职业赛事，像梅赛德斯奔驰的业余高尔夫系列赛“梅赛德斯杯”已连续举办了20多届，现在遍及60多个国家，参赛选手达6万多名。这样一来，奔驰在利用高尔夫大满贯赛事做品牌纵深的同时，又顾及了品牌推广的广度，使品牌曝光度进一步提升。

网球方面，自2009年起梅赛德斯-奔驰就一直是美国公开赛官方用车品牌。在全球范围内的推广过程中，梅赛德斯-奔驰在2010年、2011年先后邀请如日中天的前世界第一费德勒和我国一姐李娜作为其形象推广大使。17座大满贯得主费德勒助其主攻欧美市场，而亚洲第一位女子大满贯得主李娜则针对开拓大中华地区，梅赛德斯-奔驰公司意在全球范围的体育行销覆盖。除此之外，在马术、冲浪乃至极限探险领域，梅赛德斯-奔驰也都积极融入，在这些领域中分别选择形象代言人竞争各种体育赛事或是参与活动，持续打造品牌稳重、高贵、精英形象。在网球方面代言人分别是男子罗杰·费德勒，女子李娜；极地探险迈克·霍恩；冲浪加勒特·麦克纳马拉；马术麦克尔斯·比尔鲍姆；F1赛事中刘易斯·汉密尔顿。

2011年，梅赛德斯-奔驰取得NFL球队新奥尔良圣徒队主体育场的未来十年的冠名权，这是其在北美大陆冠名的首座大型户外体育场馆。从2012年至今的3年中，该体育场就已经举办过三场全美最受关注的赛事决赛：超级碗、NCAA四强赛和全美橄榄球冠军赛。2013年度的超级碗，4个小时面向全球观众的直播至少可以为奔驰带来4000万美元的媒体曝光价值。此前，在其公司诞生地德国以及我国上海市，他们分别取得两座体育馆的十年冠名权。

超级碗是橄榄球领域的顶级盛会，每年能吸引过亿的粉丝关注，在全球拥有超高的人气。奔驰美国营销副总Glaser曾表示，为了在超级碗决赛做广告，奔驰提供了充足的预算。为此，2013年奔驰不惜花400万美元买下了一个30秒时长的广告位。那年超级碗决赛期间，超级巨蛋球场内的媒体曝光价值高达3380万美元，而奔驰和新奥尔良圣徒队无疑成为最大的直接受益者。

对于全球最受关注的体育盛事奥运会，奔驰从不缺席。在2012伦敦奥运会期间，奔驰集旗下8款车型打通央视奥运广告全线资源，利用奥运专题套装、新闻套装、直播赛事、开闭幕式等各类资源高频度播出系列广告，同时线下组织奥运老爷车展，发起“快乐奥运教室”、中国网球“明日之星”计划，密集强化了奔驰在受众心中的影响力和美誉度。其中，在CCTV-1、CCTV-13的黄金资源招标段全方位覆盖各层次受众；在CCTV-1、CCTV-5通过投放奥运专题套装、新闻套装稳抓奥运会爱好者；在CCTV-1、CCTV-5、CCTV-7的开闭幕式、奥运直播赛事中锁定体育赛事发烧友。

奔驰赞助S7总决赛是2017年引人瞩目的车企体育营销案例，而奔驰也借此进一步强化了自己的电竞基因。在赞助S7之前，奔驰就已经赞助了去年八月在汉堡举行的Dota2大赛——ESL One Hamburg。赞助电竞比赛，奔驰可以对线上观众以及他们的消费能力产生认知。

（资料来源：新浪体育，2015-09-01）

思考：

1. 奔驰采用的是什么渠道策略？其市场营销组合策略是什么？
2. 你认为企业设计营销组合的步骤是什么？
3. 选定的代言人是哪些？为什么要这样选择？这样选择能带来什么好处？

八、欧米茄的企业精神营销

自1848年诞生以来，欧米茄（OMEGA）无与伦比的精确性能、高贵华丽的外观设计逐渐被世人公认。1898年欧米茄制造出第一只秒表。1905年，欧米茄便开始担任在瑞士本土及海外地区超过16项体育比赛大会的指定计时器。1909年，为在苏黎世近郊施利伦（Schlieren）举行的戈登·本纳特（Gordon Bennett）热气球赛计时。欧米茄与奥林匹克的初次接触是1916年在瑞士洛桑为庆祝国际奥委会成立25周年举行的体育赛事上。1932年的洛杉矶奥运会，欧米茄为有史以来第一家担任奥运会指定计时器的钟表厂商，为所有的比赛项目记录时间，欧米茄不负众望，将奥运会计时精度由此前的1/5秒提高到1/10秒，奠定了与奥运会合作的坚实基础。从此，欧米茄便与奥运会结下了不解之缘。我国第一个走进奥运赛场的刘长春的比赛成绩，就是由欧米茄计时秒表永恒记录的。1948年伦敦奥运会，欧米茄研制出第一部终点摄影照相机，所拍摄的照片可以解决那些裁判肉眼无法判断的胜负之争。1968年墨西哥城奥运会，欧米茄触摸垫在游泳馆投入应用，使计时精度达到了1/1000秒，使选手不再需要像以前那样亲自按停终点处的计时表。欧米茄曾经先后25次为奥运会担任指定计时，2008年北京奥运会和刚举办的2012年伦敦奥运会都是由欧米茄担任指定计时的，有每秒钟可以拍摄2000张照片的欧米茄摄影系统作保障，这样的业绩是其他手表制造商难以企及的。如在2008北京奥运会上，欧米茄为36个竞赛场馆举行的28个大项的比赛提供计时、计分和公布赛事结果的服务。一系列专业计时系统、终点摄影和显示装置、无线电发射机应答器和触摸板都是由欧米茄专业计时团队进行全方位测试的，为所有比赛结果的精确公正保驾护航。1952年，因其对国际体育所作出的杰出贡献，欧米茄荣获了奥林匹克荣誉十字奖章（Olympic Cross of Merit），这是对欧米茄精准计时和技术创新的崇高褒奖。因为欧米茄制表公司认为，在为运动项目计时的同时，也体现了欧米茄手表的宗旨和追求，持久以恒的追求精确、完美和成功。欧米茄把这种精神和理念巧妙地融入激烈的商场竞争中去了。在2012年，作为国际奥委会TOP赞助商，欧米茄抓住了其计时产品“精准”的特性，配合同样需要“精准”的伦敦奥运会计时赛事项目，优先认购央视“倒正计时”奥运广告项目，于2012年1月1日登陆CCTV-5，以“奥运倒/正计时”提示的方式，与受众一起关注、期待奥运。充分利用央视独有的奥运资源，把17天的奥运会放大成一个持续8个月的不间断的广告宣传攻势，对精准受众进行精准传播。2016年里约奥运会，欧米茄已经是第27次承包奥运会计时工作。欧米茄推出2016年里约奥运会全球广告宣传片，影片中四位欧米茄名人大使共同出镜——美国游泳名将迈克尔·菲尔普斯（Michael Phelps）、南非游泳运动员查德·勒·克洛斯（Chadle Clos）、西班牙高尔夫球手塞尔吉奥·加西亚（Sergio Garcia）以及英国七项全能选手杰西卡·恩尼斯-希尔（Jessica Ennis-Hill）。且在里约奥运会期间，坐落于伊帕内玛海滩的欧米茄之家也将成为欧米茄的专属会员俱乐部。他们将在这里举办一系列庆祝活动，特邀贵宾也将精彩亮相。

1932年欧米茄率先推出海洋系列（Marine）潜水表。此后又生产出海马系列（Seamaster）专业潜水表。由于它精密准确坚实可靠，在非常险峻的环境下，依然运转如常，获得了俄罗斯游泳名将亚历山大·波波夫的青睐。

欧米茄代言人还有高尔夫名将加西亚、魏圣美等。欧米茄是职业高尔夫球发展的先锋，早在1995年至1998年就成为亚洲PGA巡回赛首个冠名赞助商，2000年起，连续5年成为香港高尔夫球公开赛的冠名赞助。除此之外，欧米茄还是欧洲PGA巡回赛的冠名赞助商，美国PGA巡回赛及元老巡回赛的大会指定计时。2007年，欧米茄签下了连续12年对中国观澜湖高尔夫世界杯的冠名赞助权，为此，欧米茄推出了“欧米茄观澜湖高尔夫世界杯”双鹰同轴计时表。

欧米茄作为运动计时不只是在奥运会和高尔夫运动中，它还广泛涉及田径、游泳、赛车和帆船等运动项目。1996年，在德国的Kerpen，舒马赫驾驶着童年的赛车，推出了这款手表。这款手表的特点是性能极强，能抵御各种剧烈撞击。2000年至2003年，欧米茄担任美洲杯帆船赛大会指定计时。2001年，年轻的新西兰帆船队船长迪安·贝克加入欧米茄名人大使家族。独立帆船好手爱伦·麦克阿瑟作为欧米茄名人大使之一，在2005年2月7日晚，以71天14小时18分33秒完成环绕世界的航程，打破了由法国人保持的记录，缔造了单人环球航海的新纪录。

更快、更高、更强是奥林匹克的精神追求。奥运会反映出欧米茄品牌的价值，速度与精确、耐力与卓越。在一个多世纪里，欧米茄为人类计时的发展作出了巨大贡献。

（资料来源：杨晓玄，杨向东．欧米茄的体育经营之道．商场现代化，2012（29）：63-65）

思考：

1. 欧米茄有什么样的经营观念？观念与市场营销观念有什么区别？
2. 欧米茄的品牌定位是什么？目标市场如何选择？
3. 欧米茄采取了什么样的营销策略？

九、光明乳业的女排营销

越是贴近大众的消费品越看重体育营销，而光明乳业一直与体育有着不解情缘。光明乳业从2016年初与中国女排签署战略合作到今年初成为中国排球联赛的创始合作伙伴，从“光明CHANGE U上海国际半程马拉松赛”助力2017上海国际半程马拉松赛，到赞助莫斯利安2017HHI世界街舞锦标赛中国赛以及上海交大安泰EMBA戈壁挑战赛，除了对大型体育赛事给予支持，光明乳业在2016年1月7日与上海曹燕华乒乓球俱乐部达成战略合作协议，其意在支持祖国的体育教育事业。光明乳业已与中国排球联赛运营商排球之窗文化产业有限公司确定了战略合作关系，不但被授予“2016—2019赛季中国排球联赛乳品行业创始合作伙伴”及“2017中国排球全明星赛冠名赞助合作伙伴”称号，还在2月26日获得中国排球协会颁发的《特殊贡献奖》。

业内人士指出，尽管中国乳制品行业与体育赛事有不少合作的典范，但光明乳业与中国女排如此紧密的战略合作可谓“天作之合”。仅从营销层面来讲，光明这一次的赞助事宜实现了“完胜”。随着中国女排一场场赛事的胜利，光明乳业品牌和产品的广告也在微博、微信等自媒体端迅速传播。有媒体称，仅 7 个月的时间，光明乳业的品牌形象已经随着中国女排的优异表现，得到迅速提升。

2016 年，为了迎合当下主流消费群体的消费习惯，光明乳业发起了奥运营销攻势。2015 年 11 月 18 日，光明乳业以 1.37 亿元拿下了中央电视台 2016 年里约奥运会《奖牌榜》独家冠名项目，抢先占领营销先机。2016 年 1 月 12 日，光明乳业与中国国家女子排球队签约，成为其官方战略伙伴。恰逢光明乳业三年规划之际，光明乳业在奥运品牌大战中的积极动作，有将中国乳制品推向世界之愿景，也印证了光明乳业股份有限公司总裁朱航明的话：“光明会以更加开放的姿态推动发展。”

（资料来源：禹唐体育网，2016-03-31）

思考：

1. 你认为光明乳业的营销有什么局限性？你有什么办法可以加以改进？
2. 分析参与体育赞助后对光明乳业品牌的影响。对品牌以后经营策略有什么建议？

十、万达的赛事营销

2016 年 11 月 3 日“万达体育赛事资源推介会”在北京万达索菲特酒店举行。重点围绕“中国杯”国际足球锦标赛、世界铁人三项赛（IRONMAN）中国赛系列、UCI 公路自行车世界巡回赛（UCI World Tour）、国际篮联（FIBA）赞助权益、世界羽联（BWF）赞助权益等项目展开。在成立至今短短两年的时间内，万达体育以“高举高打”的姿态进军体育领域，频频出招，在中国乃至世界的体育界掀起了一阵巨浪。

2015 年 1 月，万达集团出资 4500 万欧元正式收购西甲马德里竞技足球俱乐部 20%的股份，进入其俱乐部董事会；2 月，万达集团战胜 11 家来自全球的竞争对手，以 10.5 亿欧元的高价收购了全球最大的体育媒体制播公司也是全球第二大体育市场营销公司——盈方体育传媒集团 100%的股权；5 月，万达领投了对乐视体育的 A 轮融资；8 月，盈方体育与美因茨签下一份 10 年 2.6 亿欧元的合同，这份营销合同分两部分：签字费 1000 万欧元，另外 2.5 亿欧元分 10 年注入美因茨；同月，万达体育宣布以 6.5 亿欧元（约合 41.66 亿人民币）美元并购美国铁人三项公司（简称 WTC）100%的股权；11 月，万达集团正式宣布成立万达体育，万达体育盈方体育传媒和世界铁人三项公司（WTC）合并而成；2016 年 1 月，万达体育旗下的铁人公司宣布收购拉加代尔体育的耐力部门；同年 3 月，万达与国际足联（FIFA）签订战略合作协议，成为中国首个国际足联顶级赞助商，赞助金额数亿美元，协议有效期长达 15 年，获得今后四届世界杯的顶级赞助权限；6 月，万达集团与国际篮联（FIBA）战略合作签约，万达体育控股与国际篮联成为全球独家商业开发合作伙伴关系。正式成为 2016 年至 2033 年期间国际篮联主办的 FIBA 篮球世界杯及预选赛、各大洲杯赛及预选赛、FIBA 女子篮球世界杯和世界青年篮球锦标赛的全球赞助、特许权销售和市场营销的独家商业伙伴，其中包括四届男篮世界杯。内容涉及在品牌、营销、赛事接待、现场运作和营销合作伙伴支持等方面提供综合性的服务；此外，万达将与国际篮联共同推出全新的亚洲篮球赛事；独家获得在中国举办 3×3 职业篮球联赛的权利，中国 3×3 联赛冠军将代表中国参加世界 3×3 篮球锦标赛。以上两项赛事万达与国际篮联共同拥有赛事 IP；9 月，盈方体育成为世界羽联全球独家商业合作伙伴，获得从 2017 年到 2025 年世界羽联主办的所有国际比赛的全部商务开发权。10 月，万达体育及旗下盈方体育传媒，在“2016 年度全球体育电视大奖评选”中以绝对优势胜出，荣获“年度最佳体育营销公司”（Agency of the Year）称号。

万达正式宣布成为 UCI 公路自行车世界巡回赛的战略合作伙伴，共包括 5 项赛事资源，有与环法同级别的 UCI 男子、女子世界巡回赛、UCI 年度颁奖盛典、Veloton V-乐城市自行车节、公路越野赛以及 UCI 都市自行车世界锦标赛。在获得 Veloton 全球独家运营权后，万达在 2017 年在中国举办首站比赛，未来 5 年拓展至 8 到 10 个大型城市。2017 年万达与 WMM 达成战略合作，世界马拉松大满贯赛事将落户中国。4 月 26 日，万达集团与雅培世界马拉松大满贯联盟（WMM）在北京签订战略合作协议，未来 10 年，万达将在亚太地区举办 3 个世界马拉松大满贯赛事，其中在中国的一站赛事，将成为首个在发达国家之外举办的大满贯赛事，填补中国马拉松运动缺乏世界顶级赛事的空白。同时万达与国际篮联、世界羽联的合作，在这一具有优势的基础上进一步推动国内羽毛球、篮球的发展，也带来了许多商机。2019 年，每四年举办一次的 FIBA 篮球世界杯走进中国，将在北京、上海等 8 个城市举办。

（资料来源：体育 BANK，2016-11-18）

思考：

1. 万达成功的关键是什么？为什么热衷于赛事举办权？
2. 万达的营销战略有什么特征？采用什么样的营销渠道？
3. 怎么评价万达的市场定位和目标人群的选择？

十一、三星的赛场体验营销

三星在 1979 年，还在制造廉价的 12 寸黑白电视机。后来依靠给著名国际品牌制造芯片及电子产品，称为韩国最成功的制造企业。却一直没法与世界一流企业同日而语。然而现在三星经过短短五六年的时间，一跃成为具有奥运全球赞助商身份的世界级品牌，其获得如今的成就，体育营销功不可没。三星几年时间内，品牌效应增长速度极快。

1997 年三星与国际奥委会签署了 TOP 协议，在无线通信设备方面正式成为奥委会的国际合作伙伴。1986 年赞助汉城亚运会，1988 年赞助汉城奥运会，1990 年赞助北京亚运会，1994 年赞助广岛亚运会，1996 年赞助亚特兰大奥运会期间的亚特兰大展示会，1998 年是曼谷亚运会和长野冬季奥运会的全球合作伙伴，2000 年是悉尼奥运会全球合作伙伴。2002 年 10 月 23 日，三星电子与国际奥委会签约，成为 2006 年都灵冬季奥运会和 2008 年北京奥运会的无线通信设备的官方赞助商，正式加入奥运会第 6 期全球赞助伙伴计划（TOP 计划）。2002 年釜山亚运会期间，三星除了通过赞助树立品牌形象外，还通过现场体验的形式推广产品，使得产品迅速为广大消费者接受。除了在视听设备、家用电器和无线通信设备方面的亚运会赞助费外，还提供了 300 万美元的设备，供场地、运动员村和其他地点的使用。还提供了包括赞助中国、印度、印度尼西亚、泰国和菲律宾的国家奥林匹克委员会，以及在主要亚洲市场进行本地的营销计划。

除了赞助商树立品牌形象外，三星海通过现场体验的形式进行产品推广。OR@ S 展台体验，是在悉尼奥运会上建造的一个运动员和家属娱乐中心，它的娱乐项目吸引了超过 130 万的运动员及其家属和观众，取得了极大的成功。同时还提供了“三星欢乐时刻共享”的特别服务，向观众展示了三星手机的最新功能。

（资料来源：搜狐体育，2013-07-30）

思考：

1. 三星体育营销的特点是什么？对企业经营和品牌有什么影响？
2. 三星采用了什么营销渠道战略？你认为三星的营销观念是什么？
3. 你认为三星成功的关键是什么？下一步三星会怎么做？

参考文献

[1] 菲利普·科特勒，凯文·莱恩·凯勒，等．市场营销原理（亚洲版）[M]．李季，等，译．北京：机械工业出版社，2014.

[2] 布拉德·汉弗莱斯，丹尼斯·霍华德．体育经济学（第一卷）[M]．邓亚萍，等，译．上海：格致出版社，2012：1-17.

[3] 陈启杰．市场调研与预测 [M]．上海：上海财经大学出版社，2015：72-85；298-300.

[4] 刘勇．体育市场调查与分析 [M]．北京：高等教育出版社，2012：23-28；50-51.

[5] 陈林祥．体育市场营销 [M]．北京：人民体育出版社，2013：86-87.

[6] 王召令，吴小焱．贵州民族体育旅游消费现状调查与对策研究 [J]．贵州民族研究，2012，33（5）：186-190.

[7] 卢勇．《广告策划》慢慢说 [C]．//中国广告业生态环境——2002 年全国广告学术研讨会讨论集萃，2002：275-303.

[8] 李舟，高扬．体育明星广告代言商业价值探讨 [J]．体育文化导刊，2011（10）.

[9] 杨海军．论广告的起源问题 [J]．史学月刊，2000（4）.

[10] 顾春先，何文涛．体育广告的特点与基本形式探讨 [J]．成都体育学院学报，2005（5）.

[11] 李宝凤．我国体育明星形象代言广告市场的现状与发展对策研究 [J]．北京体育大学学报，2006（9）：1193-1195.

[12] 杨珍．未来体育传播的发展趋势探析 [J]．体育成人教育学刊，2016，32（6）：49-52.

[13] 熊炎，赵雅玲，朱丽君，曹雪君，翟寅飞．国外体育赞助成功案例分析及其启示 [J]．河北体育学院学报，2008（2）：6-8.

[14] 李铁君．企业体育赛事赞助资源需求特征研究 [D]．上海体育学院，2013.

[15] 沈佳．体育赞助目标和策略研究 [J]．搏击（体育论坛），2015，7（6）：7-9+12.

[16] 李屹松．体育赞助效果评价体系研究——基于企业视角的实证研究 [J]．武汉体育学院学报，2014，48（1）：57-64.

[17] 苏睿．营销与推广：体育赞助营销的致胜之本——体育赞助营销概念新解 [J]．西安体育学院学报，2017，34（2）：195-198.

[18] 许永刚，王艳丽．中国体育赞助研究综述 [J]．湖北体育科技，2004（2）：152-154.

[19] 魏光．基于品牌资产理论的体育赞助对象选择策略研究［D］．上海体育学院，2014.
[20] 张颖慧，姚芹，李南筑．体育赛事赞助的概念分析与界定［J］．上海体育学院学报，2010，34（2）：19-23.
[21] 汪际慧．体育明星商业价值评估框架理论构建［J］．北京体育大学学报，2009，32（12）：38-41.
[22] 赵昌莉，李成．企业体育赞助对体育产业产生的影响［J］．时代金融，2012（18）：177-178.
[23] 彭浩．电视节目赞助的匹配性研究［D］．华中科技大学，2007.
[24] 刘叶飞．谈我国企业对体育进行赞助行为的分析与评价［J］．中国市场，2007（52）：99-100.